管理进化简史

世界因管理而巨变，企业因管理而发展，人生因管理而精彩！

谭梦 ◎ 著

中国商业出版社

图书在版编目（CIP）数据

管理进化简史 / 谭梦著 . -- 北京： 中国商业出版社，2020.9
ISBN 978-7-5208-1182-8

Ⅰ.①管… Ⅱ.①谭… Ⅲ.①管理学—思想史—世界 Ⅳ.① C93-091

中国版本图书馆 CIP 数据核字（2020）第 112505 号

责任编辑：侯静　杜辉

中国商业出版社出版发行
010-63180647 www.c-cbook.com
（100053 北京广安门内报国寺 1 号）
新华书店经销
三河市长城印刷有限公司印刷
＊
710 毫米 ×1000 毫米　16 开　15 印张　228 千字
2020 年 9 月第 1 版　2020 年 9 月第 1 次印刷
定价：68.00 元
＊＊＊＊
（如有印装质量问题可更换）

夫以铜为镜，可以正衣冠；以史为镜，可以知兴替；以人为镜，可以知得失。

——（唐）李世民

你能看到多远的过去，就能看到多远的未来。

——[英]温斯顿·丘吉尔

管理的进化

  管理一直存在于人类历史之中。在远古时代，人类的捕猎管理在哺乳动物中恐怕是最出色的了，证据就是人类凭借远比大型肉食动物弱小的身体，最终爬上了食物链的顶端。

  自人类有文字记录以来，管理经历了一个长达数千年的孕育期，直到18世纪第一次工业革命时，才有了"管理"的概念。而此前的历史中，人们并没有真正认识到管理的价值，也很少有人意识到应该有这样一种专门的学问。管理这种隐形的"刚需"，无论是在人类发生战争时，还是在人类与饥荒和疾病的斗争中，都一直伴随着氏族、部落、王朝和帝国的兴衰，时隐时现、时枯时荣。无论是在古巴比伦、印度、埃及、古希腊、古罗马等国家和组织中，还是在中世纪之后的文艺复兴、宗教改革和光荣革命中；无论是中国的夏、商、周、春秋、战国，还是秦、汉、隋、唐、宋、元、明、清，我们都可以看到管理的萌芽及其思想的火花闪耀。但是，此时的"管理"一词并未成为专有名称，也没有得到足够的关注，更缺乏正式、系统的传承和进化。

  1474年，威尼斯人开始为300年后的第一次工业革命奠基，然而当时的他们并不知道自己的行为对人类后续历史的发展，产生了什么巨大的影响。

  1474年3月19日，威尼斯颁布了世界上第一部专利法令——《发明人法规》，以共和国的名义对新技术发明人进行保护。从此，人类开始有意识有依据地给新技术发明者授予专利。

管理进化简史

随着威尼斯人的四处迁徙,专利制度扩散到了英国,开始了它改写历史的进程,这本质上也是管理的进化。

1624年5月29日,英格兰议会通过了《专利法》法案,这标志着在过了100多年之后,英国的专利制度终于从当年威尼斯专利法的源头,演变成了世界上第一个现代版专利制度,这为后来工业革命在英国的兴起和繁荣奠定了法律基础。

从那时起,历史就开始耐心地等待着工业革命的点火者了。

又过了100多年之后的1765年,工业革命的点火者詹姆斯·哈格里夫斯终于出现了。[①]

哈格里夫斯是一位织布工和木匠,出生在英国兰开夏郡的一个叫斯坦希尔的村子里。据说他身高5英尺10英寸,是当地身材最宽大肥胖的人,目不识丁,一生中大部分时间都在做手工织布,育有7个孩子。他完全不知道自己的一项小小发明,会引爆一场持续近百年的工业革命,进而还间接诱发了后续的三次工业革命。

1765年,哈格里夫斯发明了"珍妮纺织机",第一次工业革命的导火索被点燃。

珍妮纺织机的发明,在英国的棉纺织业掀起了机器发明、技术革新的热潮,行业中相继出现了骡机、水力织布机等先进机器。也正是在这样的大背景下,瓦特改良了第一台有实用价值的单动式蒸汽机,注册了发明专利并将其用于商业上。不久,在采煤、冶金等许多工业部门,也都陆续有了机器生产。随着机器生产越来越多,替代手工作坊的工厂大量涌现,世界工业革命由此拉开序幕。

工业革命的进步意义,无论怎么描述都不为过。可以说,在人类历史上,只有金属的使用和农业的普及,才能与之相提并论。

然而在本书中,我并非要讲工业革命,而是要介绍管理这门学问伴随工业革命的进化历史。

如果说工业发展的时代更替是一次次摧枯拉朽的"革命"的话,那么,

---

① 对于哈格里夫斯的描述,转引自爱德华·贝恩斯《英国棉花生产的历史》,伦敦:H.Fisher, R.Fis, 1835年。

管理发展的时代更替，更像一次次推陈出新的"进化"。

根据现有的共识，历史上已经完成的工业革命共有三次，目前，第四次工业革命正向我们走来。

历次工业革命都带来了生产方式的翻天覆地的变化，并催生出一种新的管理模式与之相匹配。由此，历史上已经完成的管理进化也已经有三次了；目前，全人类正在走进第四次的管理进化。

简单的结论是，管理的进化与工业革命一一对应。

例如，过去的管理 1.0 时代，对应着工业 1.0 时代……依此类推，如今的管理 4.0 时代，也正对应着今天的工业 4.0 时代。

每个时代的工业革命，都深刻影响着人们的生活和工作，无论是个人、企业、组织还是国家，无不被它掀起的浪潮波及和裹挟。历次工业革命，都在广阔的范围内催生出新的生产关系，人类生活也随之发生巨变——企业生生灭灭，人生载沉载浮，适应环境者生存并发展，不适应者被淘汰。工业革命带来的不是人类生理的进化，而是观念、方法和生存方式的进化。这样的进化，本质上可以说就是"管理的进化"，是从对个人生活的管理，到对企业、组织和国家的管理。

管理的进化，其实是为适应新时代的环境而奋力求生，唯有适应新环境者才能生存。

在本书中，我试着向读者描绘自瓦特改良蒸汽机后的 200 多年，管理随工业革命波澜壮阔的进化图景，这是一段"管理英雄"辈出的历史，也是工业革命之前人类数万年慢速管理进化史的延续。本书中，既有历史，也有未来。在前三篇，先展现管理 1.0 时代到 3.0 时代的历史画卷，再展望管理 4.0 时代的产业图景；通过追寻前辈们推动管理进化的路径，研判未来的管理模式和生产生活方式。

由此我深深地感到，历史的就是现代的！我们可以从历史中看到现在的自己：我是谁，我从何处来，现在站在何处，又要到何处去。在本书中，我将带领读者一起循着历史的脉络，对管理及其进化史进行探索，这是一件很有意思且很有意义的事情。我相信，随着读者对工业革命和管理进化史了解得越深，就会越发切实地感受到，管理这门学问，无论是对国家还是对企业

管理进化简史

抑或个人,都非常重要。

"世界因管理而巨变,企业因管理而发展,人生因管理而精彩",这是我秉持的坚定信条之一,也希望它在你的心里播下一粒种子,并长出一株小苗,进而成长为支撑你人生大厦的参天大树。

对于我们每一个奋力谋求生存与发展的个体来说,无论你是否以管理为职业,管理的进化之路,都是我们共同的必由之路。

目录

第一篇 管理1.0：工厂管理时代

引　言 / 2

第1章　工业1.0时代：专利保护催化的产业革命 / 4

专利催化了技术进步　/ 5

工场手工业的鼎盛期——工厂由此诞生 / 10

织布机和蒸汽机——技术井喷时代的产物 / 12

阿克赖特工厂——工业1.0时代转型升级的标杆 / 15

第2章　工业1.0时代的管理进化：工厂管理 / 18

现代工厂制的形成 / 19

《工厂法》的诞生——工厂管理时代制度基础的进化 / 20

万国博览会——工业1.0时代的高潮盛典 / 25

第3章　向工厂管理时代的英雄们致敬 / 27

亚当·斯密 / 27

罗伯特·欧文 / 30

查尔斯·巴贝奇 / 35

安德鲁·尤尔 / 40

夏尔·迪潘 / 42

第4章　中国：痛失第一次工业革命的大好机遇 / 44

本篇小结 / 48

第二篇　管理2.0：科学管理时代

引　言 / 50

第5章　工业2.0：电气化时代和流水线大规模生产 / 51

电力的发明 / 52

福特——工业 2.0 时代转型升级的标杆 / 54

第6章　工业2.0时代的管理进化：科学管理 / 59

从系统管理到科学管理的进化脉络 / 60

系统管理的贡献者：铁路管理天才和钢铁大王 / 60

科学管理成为主流精神 / 62

全球工业工程（IE）的发展 / 64

第7章　科学管理时代的巨匠们 / 67

泰勒 / 68

亨利·法约尔 / 83

马克斯·韦伯 / 87

吉尔布雷斯夫妇 / 89

乔治·埃尔顿·梅奥 / 95

亚伯拉罕·马斯洛 / 97

第8章　中国无缘第二次工业革命 / 101

本篇小结 / 106

第三篇　管理3.0：精益管理时代

引　言 / 108

第9章　第三次工业革命：从平和到剧烈的改变 / 109

第三次工业革命的三大主线 / 110

日本丰田——精益生产方式的创立者和最佳实践者 / 114

第10章 第三次工业革命时代绚丽的管理进化之路 / 121

从科学管理到精益管理的进化路径 / 121

精益管理发展前期：运筹学风靡全球 / 122

精益管理发展中期：日本在品质和效率上的赶超 / 124

精益管理发展后期：自动化和信息化的融合 / 127

花开遍地：精益管理思想在全球的广泛实践 / 131

第11章 人才辈出的精益管理时代 / 158

丰田生产方式——自働化：丰田佐吉 / 159

丰田生产方式——JIT：丰田喜一郎 / 160

丰田生产方式的实践者和整理者：大野耐一 / 162

丰田生产方式——SMED & Pokayoke：新乡重夫 / 165

改善之父：今井正明 / 168

精益学说创始人：詹姆斯·P.沃麦克和丹尼尔·T.琼斯 / 169

精益思想传播者：杰弗瑞·莱克 / 170

质量大师：戴明 / 170

现代管理之父：德鲁克 / 173

平衡计分卡创始人：罗伯特·卡普兰 / 174

企业再造之父：迈克尔·哈默 / 175

第12章 从落后到紧跟，工业3.0时代的中国企业 / 177

本篇小结 / 184

第四篇 管理4.0：敏捷管理时代

引　言 / 186

第13章 第四次工业革命：超乎想象的"爱"（AI）时代 / 188

德国提出工业4.0战略 / 188

工业4.0时代的雾里看花 / 189

从优秀到卓越，中国和中国企业走上前台 / 202

第14章　工业4.0时代的典型企业：它是谁 / 206

第15章　第四次工业革命时代的管理进化 / 209

工业4.0时代的特征 / 209

敏捷管理的来源及内涵 / 211

敏捷管理的发展 / 213

工业4.0时代的人才发展：人力资本时代 / 214

第16章　工业4.0和管理4.0的智慧贡献者 / 219

德国弗劳恩霍夫协会：全球智能制造权威机构 / 220

里海大学亚科卡研究所：敏捷制造的研究机构 / 221

本篇小结 / 223

后　记 / 224

第一篇
管理1.0：工厂管理时代

管理进化简史

引 言

这是一个最好的时代,也是一个最坏的时代;

这是一个智慧的年代,这是一个愚蠢的年代;

这是一个信任的时期,这是一个怀疑的时期;

这是一个光明的季节,这是一个黑暗的季节;

这是希望之春,这是失望之冬;

人们面前应有尽有,人们面前一无所有;

人们正踏上天堂之路,人们正走向地狱之门。

——查尔斯·狄更斯《双城记》

狄更斯被尊称为"英国批判现实主义小说家",在他的小说里,用写实的手法,再现了第一次工业革命时期英国工厂的真实场景和复杂的社会现实:轰鸣的机器、污浊的天空、肮脏的工人居住区、骨瘦如柴的童工、被辛苦工作折磨得神经麻木的工人、大腹便便的资本家……从他描写的为数众多的中、下层社会小人物中,我们可以很容易感受到,这是一个最坏的时代。

但是,与此相反的另一面却是:工业革命以后,尤其是1800年以来,英国工人的实际生活水平就一直在提高。1780年的人均工资是11英镑,到了1860年,人均工资上升为28英镑[①]。人均消费量不断增长,以前被视为奢侈品的鱼、肉、糖、茶叶、啤酒、鸡蛋和水果已经成为人们

---

① 有关工人人均工资的数据来源:李子旸《"血汗工厂"的历史与现实》。

日常的消费品。到了 19 世纪 50 年代，英国已经成为世界第一的工业大国，成为世界上居民平均营养水平最高的国家。所以，从经济上来看，这无疑是一个最好的时代。

第一次工业革命，大约从 18 世纪 60 年代开始持续到 19 世纪 40 年代，其标志是蒸汽动力的发明、纺织业的机械化和工厂的诞生。

同时，由于工厂的诞生，基于工厂范畴的正式、系统的管理也开始形成，管理进化到 1.0 时代——工厂管理时代。

第1章
工业1.0时代：专利保护催化的产业革命

工业1.0：机械化时代

第一次工业革命期间，人类的生产动力（肌肉和自然动力）又增加了强大的蒸汽动力，人类的技能（手工技能）又增加了由技术赋予机器的技能，人类的通信手段（驿马、信鸽、风火信号等）又增加了电报……生产方式由以前的手工单件生产转变为机械化批量生产。

为什么工业1.0时代能超越历史，创造这么多颠覆时代的技术呢？原因当然是多方面的，但其中专利制度的产生和发展起到了至关重要的作用。

专利催化了技术进步

理查德·阿克赖特是工业1.0时代的企业家明星,是当时英国的"棉布之王"。像后世的亨利·福特一样,他是专为工业革命而生的人物:大胆、执着、态度蛮横,他不懂得怎样搭配服装,也弄不明白上层社会那些规矩。理查德·阿克赖特是最早成功进行工厂制生产的棉纺企业主,也是英国专利制度最大的受益人之一。阿克赖特众多的专利保护迫使他的竞争对手要么每年缴纳昂贵的专利费,要么望而却步成就阿克赖特的垄断经营,他因此赚得盆满钵满,堪称那个时代的"首富"。他甚至宣称,如果我能活得相当久,那我就能富有到可以把国债还清。

但阿克赖特的人生却并非一帆风顺,专利保护这个东西也差点让他搭上性命。

1782年11月28日,一封死亡威胁信送到了理查德·阿克赖特在曼彻斯特的律师办公室,信中有这样的内容:

我一定会杀死你。你真的认为我们这个城市会被你这个剃头匠统治吗?小心点,如果你下个礼拜六在城里,无论在哪儿碰见你,我都会结果了你。

信的落款是:我不是你的朋友,但我是曼彻斯特全市人民的朋友。

写信者在信末不是用yours(你的朋友)作为结尾,而是一语双关地说:"我不是你的朋友",可见其对阿克赖特的仇视。

为什么有人如此仇视阿克赖特呢?这是有原因的。

阿克赖特为了在专利上赚到更多的钱,企图延长自己在许多技术方面的专利(如水力纺纱机)期限,这当然引起了同行的愤怒,结果之一就是收到了上面的死亡威胁信。

收到这封信后,阿克赖特把它发表在《曼彻斯特导报》上,以此来揭露竞争对手的不择手段。

然而，在三年后的1785年6月，伦敦高等法院发生了历史上影响最大的专利官司，一贯作风蛮横的棉纱之王理查德·阿克赖特受到了沉重的打击，他建立自己财富帝国的那些专利受到了同行的质疑。到1785年，阿克赖特为了保护自己的发明，已经打了三场专利官司，控告非法使用者。诉讼的结果出乎意料：赢了一场，输了两场。

阿克赖特是此前200多年来英国专利制度重要的推动者之一，尽管他并不是主动这么做的。

在继续追踪阿克赖特专利官司的细节之前，我们先要追溯一下专利制度在英国的发展历程。这样我们才能更加明白，专利制度在工业1.0时代起到了多么重要的作用。

在阿克赖特的时代之前，专利政策在英国已经发展了200多年，其最早的推动者之一是威廉·塞西尔（William Cecil）。

从16世纪60年代起，威廉·塞西尔就利用专利保护来吸引外国的生产商到英国来。他鼓励外国生产商，如果他们使用英国没有的技术，会得到21年的专利保护期。这一政策使得生产玻璃、肥皂、丝绸、纸张和开采矿石的新技术都被引进到英国。塞西尔对技术移民也很重视，因为他认为这些人可以教授本地人技术。塞西尔为英国的专利制度确定了基调，这种基调一直持续到工业革命。

伊丽莎白即位之初，英国正处于内外交困的窘境。英国历史学家杰索普曾评论说，可以断定，如果伊丽莎白王朝没有塞西尔，她的王朝就不会如此耀眼；如果塞西尔未能控制局势，这个国家也就无法渡过难关，也不会如此繁荣、强大和自信。

专利制度在英国的发展并不是一帆风顺的，特别是在塞西尔和伊丽莎白一世相继去世、斯图亚特王朝开始统治英国之后，专利权和垄断权变得非常混乱。斯图亚特王朝的国王们限制制造行业使用专卖权，以对抗国会对王室挥霍的限制，这样的局面使发明家变得非常不幸。

尽管国会在1624年颁布了《专卖法》，试图挽救专利制度，但王室仍旧滥用权力。因此，1624年法案激起大法官爱德华·库克为专利的认可条件立法。自此，英格兰国王詹姆斯一世（苏格兰六世）被迫撤销所有现存的垄断，议会明确地限制了官方的权力，国王只能向发明人或原始发明的引进者发出固定年限的专利。此年的《专卖法》，成为英格兰和其他地方专利法后续发展的基础。

通常我们认为，专利的批准，会给专利的持有人相应的合法权益，然而当时的专利局并没有行使法律的权力。对于需要法律保护的真正发明家和改革家来说，保护自己的专利非常困难。因此，每一次批准专利的结果和过程都可能成为法律纠纷，保护专利权的负担转嫁到了专利持有人身上。

到了18世纪，情势仍然不乐观，人们普遍认为专利是公平交易的障碍，同时还认为专利是政府授予的奖励，所批准的专利如果会妨害政府利益的话，那么就不会被批准。这样的认知确是事实，有一个典型的例子，18世纪20年代，有发明人三次试图为用牛油制造蜡烛申请专利，但是牛油蜡烛的税率是每英镑1便士，而普通蜡烛的税率是每英镑8便士，因此如果鼓励牛油蜡烛的生产，将对政府的财政收入造成巨大的威胁。所以最后，没有任何悬念地，此项专利被拒绝了。税务局一直以这样的方式干涉技术的进步，直到18世纪60年代，税务局才失去了这样的权力。

随着时间的推移，专利制度还是在发明者和有识之士的推动下逐渐走上正轨。从18世纪60年代后期开始，由于发明者和支持者的法律和政治技巧日臻成熟，英国在专利保护方面有了越来越多的进步，发明家和支持专利制度的队伍变得越来越强大了。

与此同时，专利在法律层面也不断获得进展。到了18世纪80年代和90年代，专利方面的法律变得更加清晰，不确定的地方越来越少，且在博弈中不断完善。专利制度在社会对专利的各种思考中前进着，并推动着英国社会大步向前。英国的发明使之成为世界工业的翘楚，反对力量反而激发了人们对专利制度的更多思考，使专利制度更快地进步。

第一次工业革命时代发明家的动力来自商业回报。专利制度的应用，以及通过出售和授权，使发明家进入更多的行业领域。尽管受到多方批评，专利制度仍然得到了延续，并得到了工业家和发明家的认可。他们不希望这项制度被废弃，而是希望这项制度得到保护和改进。法官席曾经是技术进步最后的阻碍，随着时间的推移，法官最终接受了这样的观点：发明创造会促进而不是阻碍工业的进步。带来的结果是，几乎所有18世纪后期的伟大发明都被授予了专利，而大部分获得批准的专利的发明人都受到了奖励。

阿克赖特的专利纠纷，正是发生于专利制度接近成熟的时候。

1769年，阿克赖特因为发明纺纱机而被授予了一项为期14年的专利。1775年，他又被授予一项梳棉机的专利——也包括其他一些环节，如预备粗纱——这项专利时限到1799年。到18世纪80年代早期，阿克赖特的设备在德比郡、兰开夏和苏格兰的棉纺厂里被广泛授权使用。大多数的工厂主都付款，但有一些工厂在没有得到许可的情况下也偷偷使用。

1781年2月，阿克赖特对侵犯他1775年专利的几个纺织商提出了抗议，威胁要使用法律手段。被警告的纺织商中有三个工厂主立刻与他达成了协议，但是曼彻斯特的工厂主们决定抵制。3月，这些工厂主见面"商议采用最有效的手段，免费使用机器来制造棉纱，反对任何企图独占这种使用权的个人和集体"。作为反制，阿克赖特立刻采用法律手段起诉这9家曼彻斯特的工厂，战役就此拉开序幕。

律师们提交的文件显示，工业机密影响了棉纱产业。阿克赖特声称，他被阻止收集证据，由于"那些偷偷使用机器的工厂的特别关注——在很多工厂，当一个人进去的时候都要发誓不向任何人，甚至自己的朋友说出他们看到的任何东西……在极大的困难和人身威胁之下，他的手下才得以观察到这些"。

1781年7月17日，诉讼案由曼斯菲尔德勋爵在威斯敏斯特教堂开始审理。第一个应诉的人是莫多特上校，他的律师爱德华·班克罗夫特指出了原告阿克赖特的一个明显缺陷——没有对专利进行详细说明。结果，陪审团认为专利不成立，阿克赖特撤回了他的起诉。

曼彻斯特的纺织商们正在高兴的时候，一个更大的灾难降临了。阿克赖特找到了议会法案来延长他的1769年纺纱机专利期限。

1782年末，阿克赖特的反对者在议会游说反对他的专利，有人甚至威胁他的生命，他收到的那封死亡威胁信就是其中之一。虽然阿克赖特在《曼彻斯特导报》上发表了这封匿名信予以揭露，但是没有用——议会驳回了他的上诉。

作为回应，阿克赖特用了几个月的时间积极追查侵犯他1769年专利的那些纺织商。他挑出诺丁汉的托马斯·詹姆斯作为一个靶子，并投入了很大精力关注专利说明。

1783年12月，阿克赖特说服民诉法院接受他的申诉。最后法院判决阿克赖特和斯特拉特只能得到很少的补偿，并且不能再要求补偿。但这次胜利却让阿克赖特决心追偿他1775年梳棉机专利的损失。这次他又挑出一个靶子——他的邻居彼得·南丁格尔。

1784年，他继续为诉讼做准备，直到他的案子在1785年2月被送到民诉法院拉夫伯勒勋爵面前。这个案子上午11点开庭，晚上9点才结束，陪审团认为阿克赖特胜诉。在这个案子中，阿克赖特花费了1000英镑，然而他只得到了他要求的1先令作为赔偿。

阿克赖特和他的律师立刻返回德比郡，造访马特洛克、波顿和阿什本的工厂，警告他们停止侵权。

1785年2月，阿克赖特梳棉机专利的恢复使整个纺织业非常难受。这个专利涵盖的范围那样宽广，如果执行的话，每个英国的纺织商都要付给阿克赖特专利费。此前由于1781年的裁决，纺织商都在工厂和机器上投入了巨资，因为他们认为这个专利是免费使用的，但棉纺业的扩张现在却成了一种冒险。曼彻斯特的纺织商们立刻向法院提出申诉，法庭接受了申诉，1785年6月，雷克斯开庭审理阿克赖特的案子。

经过长时间的审理和大量评价的举证，到了总结的时候，布勒法官就这两项专利向陪审团提了三个问题，最后一个问题是，对专利说明进行了充分的论证吗？法官强调专利说明书必须让公众知道这项发明的具体细节，一项专利申请必须展现它对于世界的独创性，如此才能换来期望中的保护。这是对阿克赖特的致命一击，陪审团甚至没有离开法庭就立刻宣布了反对阿克赖特的裁决。1785年11月14日，阿克赖特的专利被撤销。

法庭的裁决使曼彻斯特欢呼雀跃，当时的一份报纸称："让成千上万的人兴高采烈的是，老狐狸最终在自己设计的圈套里被自己的长胡子暴露了……"

这个案子也是一个标志，它向所有发明家传递了一个明确的信号：如果他们不提供精确的、原创的、可用的专利说明书，他们可能失去这个发明的权利，无论这个发明是否被授予过专利。阿克赖特至少在这个层面上，是一个不情愿的先行者。

通过以上阿克赖特的专利案，以及对早期专利制度发展的回顾，我们看到专利制度在历史中的艰难进步。然而最后的结果是：18世纪混乱的专利制度实际上促进了发明。一向争议很大的专利制度，逐渐变得对发明者有利了。

1700年到1740年，政府每年平均授予的专利不足5个，而1740年到1780年，每年平均的专利授予数是19个，1780年到1800年，每年平均的专利授予数上升到了52个。这个不断完善中的制度给了发明家足够的保护，也起到了鼓励他们创新的效果，还使新观念和创新精神传播到了整个工业界，鼓励了大量一线技术人员参与到轰轰烈烈的技术变革中，掀起了工业革命的大潮。

工场手工业的鼎盛期——工厂由此诞生

14—15世纪的资本主义萌芽时期，以英国为主的西欧工场手工业开始出现，到第一次工业革命之前的16—18世纪，工场手工业进入鼎盛时期。

西欧工场手工业大体上可以分为两种形式：分散的手工工场和集中的手工工场。16—18世纪西欧工场手工业是两种形式同时并存的。但无论在哪一种形式下，生产规模较小，市场有限，生产是劳动密集型而不是资本密集型的。商人都执行着组织与管理等重要职能，在生产与销售两个基本环节中都发挥着重要的作用。

在英国，16—17世纪大规模的圈地运动，既为工场手工业的生产提供了充足的原料，又把被剥夺了土地的农民大批转化为雇佣劳动者，使得工场手工业有了很大的发展，特别是毛纺织业工场遍及全国各地，成了早期工业发展的主导部门。

在17—18世纪，英国至少有1/5的人口靠毛纺织业维持生活，毛织品占了英国出口额的1/3。此时英国的毛纺织业已经形成了固定的中心：在北部地区，手工业生产往往与土地经营结合在一起，雇用帮工，外购羊毛进行加工；在西部地区，小手工业者已逐步丧失了独立的地位，由包买商控制的分散的手工工场十分普遍；东部地区最为先进，那里集中的大型资本主义手工工场特别发达。1736年，最大的呢绒工场拥有600台织布机。

英国其他行业如制盐、啤酒、丝绸、棉织等工场手工业的发展也很快，并且技术水平较高，内部分工较细，如制针的劳动分为18种不同的作业。分工的发展和劳动生产率的提高使得英国从18世纪60年代起在主要工业部门中出现了从手工生产过渡到机器生产的趋势，英国资本主义生产的发展进入了产业革命时期。

第一次工业革命的早期，纺织工厂往往通过个体工匠逐渐结合在一起、分享共同的场所而形成。

在曼彻斯特附近，梳棉工、纺纱工、织布工开始结合在一起工作，甚至雇用其他工人，并把工作场所从家里搬到了作坊、车间和改造过的谷仓当中。

从1780年到1810年，所谓的珍妮机工厂和手工工场遍地开花。

接着，拥有资本的人很快发现，将纺纱机和织布机安置在大型的动力源头并雇用工人操作，会带来可观的利润。

工厂由此诞生！

从经济的角度，纺织厂是生产体系的一大发展，不同于传统的布商将原料送给工匠加工，纺织厂将纺纱工和织布工固定在机器上。这样的优点非常明显，因为在工厂里机器可以保证不被破坏，工人可以被管理和监督。

管理进化简史

织布机和蒸汽机——技术井喷时代的产物

到了 18 世纪 60 年代，工业革命的舞台已经搭好了。专利保护的政策，激起了工匠和商人们的发明热情，他们孜孜不倦地寻找可以节省时间、心力和劳动力的更便利、更廉价的方法来生产商品。数百年来，人们一直在不同程度上进行发明和创造，但从未有过这样辉煌和持久的技术井喷；从未有过速度如此迅速、影响如此深广的技术革命；人类史从未通过一代人的劳动而发生如此大的变化。这就是这次伟大潮流的开端，我们称之为工业革命。尽管有些重要的发明在 60 多年前就已经产生，但是 1770 年之后，半个世纪里产生的那些技术、设备和流程，还是前所未有地改变了人类历史的进程。

那么，这些推动了制造革命的发明是什么？这些发明家又是谁呢？

我们先来看看几位先驱。

1709 年，一位名叫亚伯拉罕·达比的铁匠，在希罗普郡的煤溪谷，发明了一种用煤在鼓风炉里制造生铁的方法。之前，因为煤里面包含有破坏生铁质量的杂质，木炭是制造生铁唯一合适的燃料。几十年来，铁匠们一直在努力解决这个问题，因为用来烧木炭的木材越来越稀少、越来越昂贵。达比是一位经验丰富的专家，他发现只要足够用心，把煤炼成了焦炭，就可以用这种新型燃料生产出质量很好的生铁。从此，铁的产量不再受到森林数量的限制。

几乎同时，生活在德文郡达特茅斯市的炼铁工人托马斯·纽科门，发明了一个单活塞的发动机。该发动机以蒸汽为动力，可以把水从矿井里打出来。世界上第一台能持续工作的蒸汽发动机，于 1712 年被安装在达德利，这是人类历史上具有标志性意义的一个事件。

大约 20 年之后，在 1733 年，来自兰开夏郡贝里市的机械师和发明家约翰·凯伊发明了飞梭，它能够自动让纱线来回地穿过织布机，而过去这是要手工操作的。自此，每个织布工的产量得到了大幅提高。

这三项发明——焦炭炼铁炉、纽科门蒸汽机和飞梭——在即将到来的工业革命中都具有奠基性的意义。然而，这些发明并没有为1770年之后的变革带来巨大的动能，也没有导向煤炭主导的经济。达比和凯伊所做的，不过是给生产系统带来了更大的压力，而纽科门在瓦特将来要走的道路上迈出了意义深远的第一步。生产效率的提高，人口的增长，更多的投资和消费，加大了英国社会对技术革新的需求，而且更重要的是，为革新者提供了获得财富的诱因。

这种需求的压力不断增大，并在1760年爆发。首先是詹姆斯·哈格里夫斯发明的珍妮纺纱机，1764年这项发明获得改善，1770年申请到了专利。凯伊的飞梭极大地提高了织布的能力，因而对棉纱产生了大量需求，但手纺车无法满足这种需求。经过了一段缓慢的发展，到18世纪60年代，飞梭推广到了兰开夏郡的所有棉布产区，造成了棉纱的持续短缺。珍妮纺纱机打破了这个瓶颈，它可以使一个人同时操作8个，后来是16个，最后达到120个纺车。

1769年，理查德·阿克赖特为他自己的纺纱机申请了专利。这种纺纱机由水力带动，在当时是一种全新的方法。为什么提高纺线的速度对工业化有如此重要的作用呢？因为棉布是那个时代的高新产业，等同于现在的计算机或互联网。织布工业的巨大增长潜力值得去持续改进技术。之后的事实也表明，更好的机器不仅没有使人们失业，反而创造了更多的就业机会。

1769年，也就是阿克赖特为他的纺纱机申请专利的同一年，一个名叫詹姆斯·瓦特的苏格兰测量员工程师，也因自己改进的蒸汽发动机获得了一项专利。瓦特的本意是节省纽科门蒸汽机巨大的燃料消耗，办法是通过从主汽缸里把蒸汽冷凝到独立的汽室。

1772年，阿克赖特在德比郡克隆福德一座5层的工厂里，将纺纱机与分拣、漂洗、标签和包装的设备安装在一起。这类工厂以前就存在，但是阿克赖特的工厂遇到了最佳的商业时机。棉布在消费者当中越来越流行，而机械化提高了质量，降低了价格，工业进入了一个需求和供给同步增长的良性循环——这持续了超过一个世纪。阿克赖特先进的棉纺工厂很快就被人们模仿，因此克隆福德工厂的建立，标志着工厂时代的开始。

1780年，马修·沃斯布鲁、约翰·斯蒂德、詹姆斯·皮卡德三个人一起，在伯明翰为一个曲柄加飞轮的装置申请了专利，并把它安装在一个蒸汽发动机上，以此来给一个面粉厂提供动力。詹姆斯·瓦特认为这三个人剽窃了自己的想法，他与同事威廉·默多克很快就造出了自己的旋转装置——太阳和行星齿轮，并在1781年为这个装置申请了专利。博尔顿与瓦特公司成了国内最重要的蒸汽发动机制造商，蒸汽发动机随后被广泛地安装在作坊、车间和工厂里。

1784年再次改进的蒸汽机，不仅能够驱动各种机械运动，而且还增加了一种自动调节蒸汽机速率的装置。不同于珍妮纺纱机和水力纺纱机，瓦特的蒸汽发动机还没有造好——他为一个经过测试的设想申请了专利，而不是一个完整的发动机。但是很明显，纽科门的发动机用途仅限于把矿井里的水抽上来，瓦特的发动机用途却广泛得多。全国机械师都开始用瓦特的冷凝装置来改进纽科门的蒸汽机——既有违反专利权非法进行的，也有在专利许可下进行的。

瓦特的实用蒸汽机是一个具有划时代意义的发明，它提供了利用热能为机械供给推动力的手段，因而结束了人类对畜力、风力和水力由来已久的依赖。蒸汽机使人类获得了一个巨大的新能源，它导致西欧和北美洲每人可得到的能量大增，是当时亚洲每人可得到能量的10—20倍。在一个经济力量和军事力量直接依赖于所能获得的能源的世界中，19世纪欧洲对世界的支配，本质上是以蒸汽机为基础的。

自1785年之后，蒸汽机在棉纺织业、毛纺织业、采矿业、冶金业、造纸业、印刷业、陶瓷业等工业部门都得到了广泛的应用。其中，蒸汽船只和蒸汽机车是工程师对交通问题的最好解决方案，利物浦和曼彻斯特之间修建的第一条铁路也开始运行。铁路线的扩建使工业获得了新的活力，大量生产的时代开始了，英国走上了世界第一工业国的道路。

由于上述的各种发明创造，工业生产对机械化和能源的需要得到了彻底满足，使乡村手工业转变为以工厂为基础的大工业生产。

在18世纪80年代到90年代，瓦特不断进行突破性的技术革新，包括并行的传动装置、往复式发动机和离心调速器，他研究的领域不包括对高压蒸汽的使用，他认为它太危险而不愿意去做。但是到了1800年，在瓦特的专利过期仅仅几个月的时候，康沃尔郡的工程师特雷维西克就沿着坎伯恩大街用一个高压蒸汽机发动了一节车厢。1804年，他在梅瑟蒂德菲尔的潘尼达伦沿着一段9英里的轨道开动了世界上第一台蒸汽火车，由此证实了很多人的想法：高压蒸汽可以安全地使用，高压蒸汽机可以很轻便地安装到它需要驱动的车辆上。和以往一样，特雷维西克的成功引发了另一项主要的创新——铁路。

到了1804年，很多发明家都证明煤可以用来作为推动机械的能源，这是人类历史上的第一次，工作可以用机器进行，而不是人力或者畜力进行。由于煤炭丰富而廉价，人类可用的能源数量几乎没有限制。随着蒸汽动力的机械进入各个工业领域，以及随后以煤为基础的工业体系的建立，其他发明，如动力织布机、提花机、自动纺纱机、长网造纸机、煤气灯、矿工安全灯等纷至沓来。发明在继续，因为未来40年关键的基础已经打好。

第一次工业革命时期的制造革命，就在这一系列发明的推动下展开了。

阿克赖特工厂——工业1.0时代转型升级的标杆

英国阿克赖特的纺织厂，是当时英国最大的棉纺厂。它率先实现了机械化生产，完全替代了手工作坊。阿克赖特工厂在当时已经达到了员工数千人的惊人规模。

阿克赖特是一个新型的大制造业者，他既不是一个工程师，又不只是一个商人，而是把两者的主要特点综合在一起，即有他自己特有的风格：一个大企业的创造者、生产的组织者和人群的领导者的风格。

——保罗·曼多《18世纪的工业革命》

工业1.0时代的典型工厂出自"近代工厂之父"理查德·阿克赖特，他在德比郡建立的克隆福德（Cromford）工厂是工厂制正式诞生的标志。除此之外，他在米德兰地区投资兴建了6座棉纺厂，这些工厂大多以当地的地名来命名。由于史料不足，我们无法准确查证阿克赖特一生总共建了多少工厂，它们遍布在德比郡、约克郡、兰开夏郡、曼彻斯特郡，甚至扩展到了苏格兰地区。为了方便叙述，我们把这些众多工厂统称为阿克赖特纺织厂或者阿克赖特工厂。

从历史中可以看到，阿克赖特工厂充分体现了工业1.0时代的典型特征：

管理进化简史

技术为王。技术发明大潮使机器淘汰了家庭手工业，生产方式的变化还带来了工厂管理的巨大发展。

18世纪60年代，阿克赖特开始研究制造一种纺纱机。1768年，阿克赖特离开普雷斯顿，带着自己的两个亲戚约翰·斯莫利和大卫·索恩利来到了诺丁汉（同一年，哈格里夫斯也到达那里）。阿克赖特和他的亲戚立刻成立了合伙公司，开始利用阿克赖特的新机器生产。公司很快就授权一位建筑商在诺丁汉那块土地上建造一座用马作为动力的工厂。后来，他们又购买了一座1714年的老房子，他们用这座房子的石头建立了一座工厂。在随后的150年里，这座工厂成为全世界工业建筑的样板。这些建筑在英国甚至全世界建筑史上都是首例，现在看起来，仍然非常完美。

1769年7月，阿克赖特的纺纱机被授予了一项专利，这项专利被描述得十分细致。得到专利后，他们立刻就得到了一块土地的使用许可权，年限是91年，用于建一座纺织厂。这里距离哈格里夫斯的工厂很近。在1769年之前，工厂就建好了。由于资金紧缺，1770年1月，阿克赖特又找来另外两位投资人，萨缪尔·尼德和迪戴亚·斯特拉特用500英镑换得了阿克赖特公司一半的股权。然而，工厂的管理权一直掌握在阿克赖特手中。

当克隆福德的第一家工厂建成开始运转赚钱的时候，阿克赖特开始展现他超凡的商业交易才能。首先，他在1774年6月和斯特拉特促使议会通过一项法案，区分国内生产的棉布和印度生产的棉布，解除对国内生产的棉布的限制，结果，大量投资涌入英国的棉纺业。英国的细布每一节有3便士的税收，细布带来的税收从1775年的710英镑，增长为1780年的14288英镑，再到1783年的44732英镑，显示了这个行业的迅速发展。这是对手工劳动的革命，阿克赖特打开了工业生产这扇大门。

其实，在棉纺业爆发之前，阿克赖特就是世界上第一个工业家。1775年，他发明了一种新式的梳毛机，与他的纺纱机一起，涵盖了从原料到成品的整个生产过程。当他为自己的新发明申请专利的时候，他觉得不需要再和自己最初的创业伙伴合作了，他想甩开斯莫利，但后者也不是好打发的，他们之间的法律纠纷一直持续到1777年2月。1781年，阿克赖特和斯特拉特购买了萨缪尔·尼德继承人的股份，由此控制了自己的公司。

从 18 世纪 70 年代中期到他去世的 1792 年，阿克赖特一直忙个不停，签订交易、买卖土地、与新合作伙伴建立新工厂、出售旧工厂。他把自己的商业帝国扩展到斯塔福德郡和曼彻斯特，甚至在 1784 年一次特别的旅行之后，扩展到了苏格兰。1784 年 10 月 7 日的《格拉斯哥导报》曾报道："理查德·阿克赖特先生，来自德比郡的克隆福德，棉纱的天才制造者，现在来到我们这个城市，他正在对苏格兰的生产企业进行考察……星期五，镇长先生和地方法官在市政厅宴请了他，阿克赖特先生给城市带来了自由。"

阿克赖特受到了英雄般的对待，他为苏格兰带来了棉纺业的财富。在欢迎列队中有一个人名叫大卫·戴尔，是拉纳克一座棉纺厂的主人。据说在某次宴会后，戴尔带着阿克赖特来到了克莱德弗斯。这个地方让阿克赖特印象深刻，他决定在新拉纳克建一座工厂，用这里丰富的水力做动力。1786 年，他们的工厂开始纺纱，但这次合作很快就结束了。1810 年，这个工厂被转给了戴尔的女婿罗伯特·欧文，而欧文以他的空想社会主义和慈善事业闻名于世，他也是那个时代管理学家的杰出代表。

阿克赖特的工厂成了工业革命的榜样。除了购买他的机器，其他的工厂主也模仿阿克赖特工厂的模式。阿克赖特工厂引领了工业 1.0——机械化时代的生产方式。

阿克赖特于 1792 年 7 月病倒，随后的一个月就去世了。他的葬礼在马特洛克举行，有超过 2000 名哀悼者参加，他被埋在一座他自己在克隆福德建立的小教堂里。《绅士杂志》描述阿克赖特爵士"死的时候非常富有，他留下的工厂的收入超过了大多数德意志公国的收入，他的个人财产估计将近 50 万英镑"。维多利亚时代的完美主义者喜欢说他的肖像体现出他是一个粗鲁而冷酷的人，由此可以看出英国还不知道怎样对待它的第一位工业家。

阿克赖特是那个时代的新人类——他是第一个拥有全国视野的工业巨头，同时也是第一个由企业家而升为贵族的人。他发明并完善了机器，使之成为赚钱的工具；他设计了工厂体系，使之运转良好；他以跨朝代的综合能力建立了空前庞大的商业帝国；他把英格兰北部和苏格兰的棉纺工业从一个小产业变成全球经济的引擎；最后，理查德·阿克赖特在自己纺织工厂实践中，逐步整理出一套完整独创的管理制度，被称为"现代工厂制的创立人"。他使管理从漫长的孕育时期破宫而出呱呱坠地，进化到一个全新的时代——工厂管理时代。

第2章
工业1.0时代的管理进化：工厂管理

管理1.0：机械化批量生产的工厂管理时代

　　第一次工业革命的一个经典产物就是工厂，将机器集中摆放在一个专用的场所，工人聚集在一起，使用机器进行生产，分工协作完成产品制造。机械化批量生产方式的发展，促进了工厂制的形成和《工厂法》的诞生，奠定了工厂管理时代的理论基础。

现代工厂制的形成

在工业革命之前，经济理论关注生产的两个要素——土地和劳动力。随着教会管制的放松，资本成为第三种投入要素。工厂成为工业化生产的最主要组织形式后，管理成为生产的第四要素。

在工业革命期间出现了大量企业家，表明了这个时代对管理——企业家才能——这一生产第四要素的迫切需求。

在工业1.0时代，一些企业家拥有企业，但是更多情况下，他们仅拥有其中的一部分股份，他们向他人贷款或者与他人形成一种合伙关系。因此，企业家成为投资人委托的一位管理者。随着组织的成长，企业家一个人无法领导和控制所有活动，因此将一些活动授权给次级管理者成为必要。这些次级管理者是第一批不拥有所有权的、领取薪酬的管理者，他们负责在企业家已经确定的一个更为广泛的策略框架中作出决定。

工业革命预示着一个文明新时代的到来。机器作为重要的工具进入了人类的生产领域，工场主们开始极其重视技术，资本和管理成为新的生产要素，文化的重生也为科学与技术的进步创造了新的社会、经济和政治条件。随后的一系列技术改革，使得物质资源和人力资源的大规模结合成为可能，并且引导工厂制代替了工场手工业。

现代工厂制（factory system）是指资产的运营或经营活动主要以工厂为基本单位的企业组织制度或组织形式。它是第一次工业革命时期，用工厂代替了手工工场，用机器代替了手工劳动。从社会关系来说，工业革命使依附于落后生产方式的自耕农消失了，资本家和工人产生了。

现代工厂制的产生要归因于工业革命，在机器大工业发展之后，生产组织和管理形式发生质的变化。

现代工厂制使资本和管理成为新的生产要素，将雇佣劳动者集中在一定规模的工厂里，有严格的规章制度和劳动分工，同时使用机器进行生产，人类的生产方式第一次进入大生产阶段。

现代工厂制度最早产生于英国纺织行业，其诞生的标志，就是1771年阿克赖特建立的水力纺纱厂。到19世纪中叶，现代工厂制度已经成为英国工业中占主导地位的生产组织形式。

现代工厂制使人类来到了一个新的发展时代，它为工厂管理的实验、实践研究提供了肥沃的土壤，有利于运用科学的管理方法，正规的管理探索。工厂管理体系基本形成，有利于提高生产效率和经济效益。工厂的生产环境有利于机器设备最大限度地发挥出生产效能。自此，人类由农业社会迈向工业社会，人们的生活方式发生了显著变化；管理成为生产要素，管理者和工人阶层形成，工人中劳动分工越来越细，有利于工人发挥最大的劳动潜力。另外，资本成为生产要素，合伙制得到迅速发展，有利于工厂充分利用社会富余资金扩大再生产；经济形态也由农业经济转向工业经济，极大地促进了经济发展。

《工厂法》的诞生——工厂管理时代制度基础的进化

随着工业革命的加速，全英国出现了几千家工厂。当时并没有关于如何规范工厂管理和运营的法案，因为此前根本就没有这样的需要。结果，许多工厂使用危险的机器，经常给工人造成巨大的伤害。更有甚者，工人被要求超长时间工作，整夜工作司空见惯。此外，工业时代最恶劣的现象是使用童工，孩子们很小就开始被迫进行超长时间工作，出了错就受到严厉的惩罚，上班迟到会被巨额罚款，甚至可能是殴打；在机器上打瞌睡很容易导致工伤事故，常常失去肢体。

除非你已经到过制造业城镇，看到曼彻斯特的工人，否则你无法理解他们躯体的痛苦和道德的沦落。大多数工人缺乏衣服、床、家具、燃料，以及健康的食物，甚至是土豆。他们要在小房间中工作12小时，呼吸着污浊的空气。他们大都体弱多病，眼睛无神。如果你到过这里的一间工厂，你可以看到，工人的福利从来就没有在工厂主的脑子中出现过。上帝啊，怎能只用生命的代价换来发展呢？

——[法]崔斯坦

如果用我们今天的眼光来看，当时的工厂几乎全都是赤裸裸的"血汗工厂"：在恶劣的工作生活场所里，童工、超时劳动、污染、工伤甚至是暴力，不一而足，司空见惯。

慢慢地，人们终于开始意识到，许多工厂的条件是多么糟糕，并开始为改善这些情况而努力。有很多工厂主对此加以抵制，他们认为这会减慢工厂的运转，使他们的产品更昂贵。另外，许多成人也不喜欢政府干涉他们的生活——一些父母需要他们的孩子从小就外出工作，因为他们需要钱来帮助养家糊口。

然而，并非所有工厂主都让他们的工人处于恶劣的环境中。罗伯特·欧文在苏格兰拉纳克拥有一家棉纺厂，他为工人们建造了新拉纳克村。在这里，他们可以上学、看病，每个家庭都有自己的房子。

1802年，英国议会通过了第一项工厂法，称为"1802年工厂健康与道德法"，主要适用于棉花和毛纺厂的学徒，但不限于此。该法的前言如下：

鉴于最近在棉纺场、毛纺场、棉纺厂和毛纺厂雇用了大批男女学徒，以及在同一幢建筑物内雇用其他人，因此，为保持这些学徒的健康和道德，必须有某些规定。

自此后的近100年内，到1901年，政府已经通过了许多涉及工作条件和工作时间的法案。1833年的法案建立了专业的工厂检查机构，1844年的法案将工作时间的规定扩展到了妇女身上，1847年的法案满足了呼声已久的工人每天只工作10小时的要求；1867年，工厂法从以前的主要面对纺织行业，扩展到面对所有雇用5个以上工人的行业；1901年，所有行业工人的最低年龄提高到12岁。

作为工厂法的开端，1802年的工厂法具有重要的历史意义。

1802年的工厂法，全称为《保护棉纺织厂和其他工厂的学徒和其他工人的健康与道德法》，是英国政府在工业革命时期就规范工厂的立法迈出的第一步，它的出台，与英国工业革命首先发生在棉纺织业密切相关。

直到19世纪30年代，棉纺织业是唯一一个由工厂占主导地位的英国工业。在人们的观念里，新的工厂法所说的"工厂"，在19世纪60年代以前主要是指纺织厂。

18世纪后期，棉纺织厂的生产动力主要还是水力。这一时期的棉纺织厂大多傍河而建，阿克赖特初建的纺织厂就是如此。然而，包括儿童在内的当地大部分劳动力，已经基本上被原本就广泛存在于这些地区的传统家庭作坊吸纳了，因此，早期的棉纺织厂面临的一个严重问题就是劳动力匮乏。为此，工厂主们开始贩运伦敦、伯明翰和其他人口密集地区的教区学徒，这成了工业革命早期工厂主解决劳动力短缺问题的主要途径，被招来的学徒就成了棉纺织厂的重要劳动力来源之一。

当时，儿童经常在5岁时就开始每天工作12个小时（包括进餐时间），而且经常要在工厂工作14个小时。这种情况广泛存在于棉纺、羊毛、亚麻、丝绸加工等工厂。低工资、极端恶劣的工作条件，以及非常严厉的处罚方法，就是当时儿童的处境。工厂主为了让机器不停地运转，实行轮班制，一组学徒休息，另一组马上顶上，使得"床铺从未凉过"。为了节省成本，多数工厂的厂房天花板都支得很低，窗户也很小，厂房十分潮湿阴暗，空气混浊，对学徒的身体危害极大。此外，工厂提供给学徒的食宿非常糟糕，监工一般都是把没有营养的粗劣食物按最少分量发给学徒；宿舍通常十分拥挤，甚至有一位工厂主居然使12个学徒挤在两张床上睡觉。在这种待遇下，学徒的身体素质每况愈下，工厂也由此经常发生各种传染病。

1784年，在当时颇有名气的工厂主老罗伯特·皮尔位于拉德克利夫的工厂里暴发了一场传染病，疫情波及周围地区，引起人们的恐慌。兰开夏郡的治安法官随即任命当时热衷于社会改革的医生汤姆森·珀西瓦尔负责调查传染病的来源。经过大量的实证调查，珀西瓦尔提出了一份关于以立法手段规范工厂学徒工作时间和工作环境的报告。他认为，传染病的暴发是学徒长时间地工作、工厂混浊的空气以及过于拥挤的宿舍环境造成的，因此，建议通过建立一套全面的法律体系来消除工厂的弊端。

这份报告引发了社会舆论对于工厂问题的广泛讨论，更在无形中推动了当时在英国悄然兴起的人道主义运动。当时英国许多有影响力的思想家如托马斯·潘恩、威廉·葛德文等，在这场运动中发挥了巨大的思想指导作用。葛德文的思想后来对罗伯特·欧文产生了很大的影响。

在实践方面，那些怀抱博爱之心的人道主义者，多为财富显赫的工厂主和有一定社会地位和权力的上层人士。在道德和信仰的影响下，他们利用自己的财富或权力，在防止犯罪、改善贫民状况、发展教育事业等方面为社会做出了巨大的贡献。

因此，当日益严重的工厂问题在珀西瓦尔的报告中被揭露出来后，一些开明而富有善心的工厂主，通过加强工厂管理和提高学徒的待遇，在一定程度上消除了自己工厂的弊病。他们的行为不仅获得了社会的认可和赞誉，而且极大地推动了人道主义运动的深入发展。例如罗伯特·欧文的岳父，当时著名的工厂主戴维·戴尔，他的工厂，被称为"整个英帝国最富人情味的工厂之一"。

当时声名远播的工厂主老罗伯特·皮尔，由于受到人道主义运动的影响，加之自己工厂所暴发的传染病，因此他在当选为议会议员后，通过深入调查自己和他人的工厂，发现工厂中的确存在种种严重的虐待学徒的问题，对学徒的悲惨遭遇深感震惊。

因此，老罗伯特·皮尔于1802年4月6日向议会提交了一份关于保护棉纺织厂学徒的草案。这份草案在他的努力下，最终获得了议会的通过，这就是1802年工厂法。

这部法案的主要内容有：工厂所有车间和宿舍每年必须粉刷两次；确保足够多的窗户和通风口，以保持空气流通；必须向学徒提供干净完整的衣服；男女宿舍必须明确区分，完全隔开；学徒每天工作时间不得超过12小时；工厂主须聘用教员，安排专门场所教授学徒读写、算术；由治安年会任命两名视察员以保证本法令的实施；任何违反本法令的工厂主按其情节判处5英镑以下、40先令以上的罚款。

1802年，正值英国迈入工业社会的转型期，不但生产方式和生活方式变化巨大，新旧社会意识和思潮也剧烈碰撞。当时，以土地贵族为主的托利党在家长制主义的基础上不断发展。为了抵制日益壮大的自由主义思潮，他们通过揭露工业制的种种弊端，呼吁富人对穷人有家长式的关心，宣扬"财富不仅意味着权力，更意味着义务"的观念。因此，当工厂学徒问题不断被披露后，那些信奉家长制主义、在议会中拥有优势的贵族和乡绅，便出于同情心及政治意图，出面要求议会颁布法令，通过政府干预，保护工厂学徒的身体健康与道德品行。该年工厂法的通过，预示着"自由放任"资本主义终结的开始。虽然这项法令实际上未能发挥多大作用，但它却开创了代表童工利益进行议会干涉的原则。正是在这一原则下，英国议会在19世纪早期先后通过了保护童工的1819年工厂法、1831年工厂法。

虽然1802年工厂法在当时的实施效果并不显著，甚至不理想，但却传递出政府愿意承担保护学徒的责任这样的信息，这在一定程度上缓和了当时人们对于工厂制所引发的种种问题的不满情绪。更重要的是，1802年工厂法构建了英国早期工厂立法的基本框架，为以后的工厂立法铺平了道路，一系列工厂立法方面的进步就此开始。

1818—1819年，皮尔委员会和上议院委员会对童工问题进行了调查，进而规定在棉纺厂中9岁以下的儿童不得就业，9—16岁的儿童每天只能工作12小时，以上规定强制执行。

1831年，工厂法中规定了21岁以下工人不能上夜班。

1833年法案规定，9岁以下的儿童不得在工厂工作（丝绸厂除外），13岁以下的儿童每天工作不超过9小时，每周工作48小时；18岁以下的人晚上不上班；任命了4名带薪检查员，建立了专业的工厂检查机构，从此工厂法案具有了强制执行机制。

1844年的法案，将工作时间的规定扩展到了妇女身上，妇女和青年（13—18岁）每天工作时间不超过12小时，13岁以下儿童每天工作时间不超过6.5小时，8岁以下儿童不得就业。

1847年的《工厂法》（《十小时法》），以及1850年和1853年的《修复1847年法》，满足了呼声已久的工人每天只工作10小时的要求（只适用于妇女和13—18岁青少年）。

1850年法案规定，妇女和年轻人只能在早上6点到下午6点，或早上7点到晚上7点之间在工厂工作；工作时长从每天10小时提高到每天10个半小时。

1853年法案规定，儿童的工作必须参照工厂法中适用于妇女和青年的条款。

1860年，工厂法扩展到漂白和染色工厂（以前只适用于棉纺厂）。

1864年，工厂法扩展到6个新的工业领域。

1867年，工厂法扩展到适用于所有雇用50人以上的工厂，同时出台了《车间管理法》，其中规定任何车间不得雇用8岁以下儿童。

1878年，所有之前关于工厂的立法合而为一，并从此适用于所有工厂，规定10岁以下的儿童不得就业，应接受义务教育；10—14岁的人只能工作半天；妇女每周工作时间不超过56小时等。

至此，工厂管理时代暴露的一系列管理问题，以工厂法在多年中不断完善的方式逐步获得了缓解，工厂法也日趋成熟，走上了规范化的道路。

万国博览会——工业1.0时代的高潮盛典

19世纪前半叶，欧洲工业革命正如火如荼地进行，工厂法和工厂制的形成，大大加快了工业的发展。科学技术的飞速发展，使人类生活发生了巨大的变化。自维多利亚女王登基后，当时的英国在世界工业中遥遥领先。同时资本的高速聚集和运作，也使英国成为当时欧洲金融的中心。

英国为了展示史无前例的昌盛和强大，于1851年举行了世界史上的第一次博览会，当时叫作"万国工业博览会"（Great Exhibition of the Works of Industry of all Nations）。维多利亚女王的丈夫艾伯特亲自组织万国博览会的工作。

为此，他们在伦敦海德公园修建了专门的会址——占地19英亩的建筑，主场馆是一座由钢铁和玻璃为主要建材、像温室一样的巨大房子，起名叫"水晶宫"。

博览会展示了英国的财富和技术成就，标志着英国作为"世界工厂"的领导地位。世博会展品分为四个大类：原材料、机械、工业制品和雕塑作品。共有18000个参加商，提供了10万多件展品。

　　1851年5月1日上午9时，英国伦敦，50多万人聚集在海德公园。野心勃勃的大英帝国，向世人展出了她自工业革命之后技冠群雄、傲视全球的辉煌成果。

第3章
向工厂管理时代的英雄们致敬

在各个时代，推动管理学向前进化的先辈们绝对不止一个，这一点，我们在管理孕育时期已经看到了。

当工业革命爆发后，每次工业革命的历程越来越短，进程越来越快，推动管理进化的人越来越多。

工业 1.0 时代，以阿克赖特、罗伯特·欧文等为代表的工厂主们，以及以亚当·斯密、查尔斯·巴贝奇等为代表的思想家们，在实践和理论方面进行了广泛而深入的探索，从而形成了工厂管理时代的管理学。

亚当·斯密

亚当·斯密（1723 年—1790 年）是 18 世纪英国最古老的格拉斯哥大学的一位大学教授和校长，也是苏格兰启蒙运动的领导人物。他的贡献首先是经济学，世人普遍尊称他为"现代经济学之父"。而在管理界，人们更广泛地尊称他为"自由企业的守护神"。斯密对管理进化做出的最大贡献，就是对人类的分工进行了系统化的研究和论述，并且（也许并非出于他的本意）把管理学纳入了系统科学的传承，这使得管理这门学问跨出了一大步。如今，凡是学习管理学的人，无论是大学中的学生还是企业中的各级管理者，大多会最先接触到他的分工理论。

亚当·斯密，1723 年出生于英国苏格兰法夫郡的科卡尔迪。17 岁时获得了一份奖学金去牛津大学学习。1751年，刚满28岁的亚当·斯密，就被格拉斯哥大学任命为逻辑学教授，后来又成为伦理学教授。1757年，34岁的亚当·斯密成为格拉斯哥大学的校长，直到1764年离开为止。

格拉斯哥大学是全球最古老的十所名校之一，也是当今的世界百强大学之一。亚当·斯密最大的爱好之一是读书，而格拉斯哥大学的藏书，是当时世界上最丰富的图书资源之一。不过，牛津大学对亚当·斯密的成长同样重要。虽然他在那里并未获得很好的发展，但他在牛津大学却读到了许多格拉斯哥大学缺乏的书籍。

亚当·斯密的理论也被称为分工理论，是管理学中的基础理论，同时还是经济学自由贸易理论的基石。工业时代是从自觉分工开始的。在工业时代之前，历史上的分工可称为"自然分工"。德鲁克认为，人类在大约一万年前就出现了自然分工，这一点我们在第一篇中已经讨论过了。许多管理史研究者认为，真正的自觉分工是从1776年开始的，这并不是说这一年之前人类没有自觉分工，而是说，亚当·斯密在这一年的3月9日出版了《国富论》，书中详细地研究了自觉分工。这一年是中国清朝乾隆四十一年，天下太平；而在万水千山之外的美国，3月17日，也就是《国富论》出版后的第八天，美英两国人民正打得难解难分：华盛顿大战英军，迫使其撤出波士顿；然而没料到的是，英军又以压倒性优势突然进攻布鲁克林高地，一仗打下来，美军损失3000多人。亚当·斯密就是在这样的国内外大环境下，研究和发表了他的巨作《国富论》。

亚当·斯密的理论对于管理学之所以重要，是因为分工是企业的起点，企业是一个分工一体化的存在，分工之后如何变成一个整体，如何结成一体化的关系，如何使人与人之间有一个稳定的关系，这些都是管理学遇到的难题，管理学就是要解决这一难题而形成稳定的组织。

分工也是工业进步的推动力量，因为分工之后，工序就简单了，随后引用技术、使用工具和具体的流程方法也容易了许多。分工带动了后来机器的发明（许多发明是为了分工中的一道工序），以及使用新的动力等。在第一次工业革命期间，发明和分工，所有事情连锁反应式地连带发生了。

亚当·斯密的理论试图解决他那个时代的典型问题，主要是想解决经济方面的问题。例如，如果每个人都按照自己的喜好来行事，社会该怎样起作用？怎样凝聚在一起？怎样稳定和发展？随着18世纪的进步，这些抽象的问题都需要具有可操作性的答案。例如，国家对棉花进口征收惩罚性的关税，严格限定学徒工的数量，控制面包和小麦的价格，这些是有益的吗？经济体制该怎样运行？一个国家如何在世界上获取并保持财富而不受习俗或者威权的控制？这些问题都没有来自人类历史的明确解释。

亚当·斯密迈出了第一步，1776年他出版了《国富论》，给经济学界定了学科范畴及其专业术语，使每一个有思想的人都把经济学当作必学的科目。

然而，由于本书的主题是回顾管理的进化，所以此处，我们就先忽略亚当·斯密在经济学方面的论述了。

如前所述，亚当·斯密对管理学做出的最大贡献之一，是他对劳动分工的阐述。作为一位大学里的教授和学者，斯密在研究分工时，竟然找到许多十分鲜活的案例。比如，最广为人知的是他所描述的制针的案例：

要从一个微不足道的但劳动分工常常被人注意的制造业来举一个事例，那就是制针业。……一个人管抽丝，另外一个人管拉直，第三个人负责切断，第四个人削尖，第五个人磨光顶端、安装针头。制作针头要求有两三道不同的工序；装针头是一项专业的业务，将针刷白是另外一项；甚而将针装进纸盒中也是一项专业的职业。如此，制针这一重要的业务就分为大概十八道不同的工序……十个人每天能够制针四万八千枚。……假如他们全都独自分别工作，并且没有一个人接受过这种专门业务的训练，那么他们肯定无法每人每天制造出二十枚针，甚至连一枚也制造不出来。

《国富论》的第一版于1773年完成，但亚当·斯密花了三年时间进行润色。该书于1776年3月问世，并且在6个月内销售一空；第二版（1778年）中有一些细微调整；第三版（1784年）做了重大修改，其中包括斯密对联合股份（即有限责任公司）的关注。可见，他对企业的管理机制是非常关心的。

当斯密的著作在工业革命初期问世时,他发现自己的自由主义经济学得到了众人的热烈支持,并且拥有肥沃的土壤。影响所及除了本地外,连欧洲大陆和美洲也为之疯狂。

罗伯特·欧文

罗伯特·欧文(1771年5月—1858年11月)在历史上有很多身份和头衔,他是威尔士纺织制造商,慈善社会改革者,乌托邦社会主义和合作运动的创始人之一。在管理方面,他以改善工厂工人的工作条件和促进实验性社会主义社区而闻名,是人本管理的先驱,现代人事管理之父,是工业1.0时代在推动管理进化方面的代表人物。欧文曾经是一名企业主,后来又成了一名职业经理人,他的管理成就源自真实企业的实践研究,这一点在他的代表著作《关于新拉纳克工厂的报告》(1812年)和《论工业制度的影响》(1815年)中展现得淋漓尽致;而且在这一点上,他和工业2.0时代的代表人物泰勒有异曲同工之妙。

在汹涌澎湃的工业革命时代,罗伯特·欧文是一位自相矛盾的人物。作为一名成功的企业主,他却试图阻止工业资本主义的前进浪潮,想要消弭他在这次浪潮中所看到的罪恶,为此他号召在社会重组的基础上建立一种新的道德秩序。他设想了一种新的工业社会,认为它应该是农业公社和工业公社的结合体,人们应该退回到以前更简单的人类时代。在哲学层面上,他认为人是无能为力的,完全为新的机器时代的革命性力量所支配,而这个新时代摧毁了道德目标和社会团结。然而在管理学方面,他却一下子变得非常实用主义了,他的许多管理学思想直到今天都发挥着基础作用。

欧文是一位典型的早期企业主,拥有强大的自信,并且依靠自己的奋斗获得成功。

欧文于1771年5月14日出生于北威尔士蒙哥马利郡的牛顿城,是全家七个孩子中的第六个。他的父亲是位马具师和小五金商,母亲是女邮政员。

因为欧文家七个孩子中有两个早夭，所以年少时的欧文很受父母的疼爱。欧文小时候酷爱读书，他们住的小镇上，有学问者的书房基本上都向他开放。童年的欧文通读了所有他能找到的感兴趣的书籍。小时候的欧文多灾多难，几次意外差点都要了性命，但是这些不幸对他的成长很有用。例如，在他四五岁时一次喝粥被烫伤了胃，导致他后来只能吃比较清淡的食物，而且养成了对不同食物仔细观察的习惯。日复一日，欧文养成了注意细节的习惯[①]。

18岁时，欧文在英格兰的曼彻斯特成立了自己的第一家工厂。当时正是发战争财的时候，很多人因此变得富有。棉花贸易发展迅猛，而新的水力纺织机、阿克赖特和克朗普顿纺织机以及瓦特的蒸汽动力使得大型工厂成为可能。

欧文的公司获利丰厚，但是他决定成为一名领取薪酬的管理者，因此将自己的设备卖给了一个名叫德林克沃特（Drinkwater）的人并受雇于他。虽然仍旧经验不多，但是欧文使自己适应了新的职位。

欧文这样描述他对管理的初次接触：

虽然实际上我什么都不懂，但我非常聪明地观察每个部门的工人。通过对每一件事情的认真观察，我在工厂的整个创建过程中保持了秩序和整齐，而且情况比我之前预计的要好得多。

我神情严肃，仔细检查每一件事情……早晨我与第一批（工人）一起来到工厂，晚上是我最后将工厂大门锁上。连续6周我每天都这样默默地检查和监督，对提出的问题仅仅回答"是"或者"不是"……我没有对任何事情下达过任何一条直接命令。但是，6周结束时，我感觉已经非常了解自己的职位，并为向各个部门下达指示和命令做好了准备。

欧文由德林克沃特授权独自管理工厂，并获得了成功。他重新安排了设备，改善了工人们的条件，并且获得了对下属的巨大影响力。后来他把管理工人的成功归因于自己"严谨的习惯"和对人性的了解。

---

① 百度百科，罗伯特·欧文。

管理进化简史

欧文在1794年（或1795年）离开了德林克沃特的工厂，并在苏格兰建立了一个新的合伙工厂，即新拉纳克工厂。在这家工厂，他遇到了劳动力短缺这个普遍存在的问题，他说："当时，最困难的是说服严肃的、品行良好的家庭让孩子离开家乡去纺织厂工作。"

也许难以招募到劳动力这个问题影响了欧文的人事政策，他开始形成一种新社会的设想。在新拉纳克工厂，他雇用了四五百名本教区的学徒，他们都是济贫局向任何愿意接收的人提供的乞丐儿童。这些儿童每天工作13个小时，其中包括75分钟的就餐时间。尽管欧文无法说服他的合伙人接受他的全部改革，但他还是继续雇用童工并设法改善他们的生活和工作条件。他要改造整个新拉纳克村庄，其中包括街道、房屋、卫生设施和教育系统。

在新拉纳克，欧文也遇到了其他制造商面临的同样的纪律问题。与那些试图创造新工厂道德的人一样，欧文也设法使用道德劝告，而不是肉体惩罚。他发明了一种颇为独特的方法，即"无声监控器"：欧文向他的主管们授予四种类型的标志，而这些主管也同样对自己的下属作出评价。按照成绩由低到高的顺序，这些标志被转换为四种颜色：黑色、蓝色、黄色和白色。每台机器旁都悬挂一块木柱，木柱的四面按规则涂上四种颜色。每天工作结束时，分数将被记录和转换，木柱上涂着相应颜色的那一面将面对走廊。欧文报告说，他"每天都经过所有房间，而那些工人观察到我总是在看电报——当天黑时我只需要看一下每个工人以及他的颜色就行了"。这种木柱激励了落后的工人克服他们的缺陷，并且有意识地促使那些获得白色的优秀工人保持成绩。毫无疑问，这的确是现代管理中公布销售和生产数据以树立部门自豪感或鼓励竞争的一种雏形；并且我们还可以看到，欧文在具体管理当中，是一个真正的现场主义者，而现场主义直到今天都是管理中最重要的原则之一。

欧文提出了其人本管理新哲学的基本原理、系统化管理的思想，在这里已经获得了一定的发展：

你们将发现，从我最初从事管理起，我就将人口（劳动力队伍）视为……一个由许多部分组成的系统，而将它们组合起来就是我的责任和兴趣，因此每个个体，以及每根弹簧、杠杆和每个轮子，都应该有效地合作，以给工厂主带来最大利润……经验也已经向你们表明了，整齐、清洁、布局合理以及始终获得维修的机器与那些因为无人过问和缺乏防止不必要损害的手段而显得肮脏、无序且几乎是在没有维修的状况下运转的机器所产生的结果之间的差异……因此，如果对无生命的机器进行适当的保养就能够产生如此有利的结果，那么如果对最为关键的、构造更为奇妙的机器（人力资源）施以同等的关注，那什么样的结果不可以被期待呢？

  欧文指责他的制造商同行不理解人的因素。他指责他们愿意为最好的机器花费数千英镑，却只想购买最廉价的劳动力。他们愿意花费时间来改进机器，使劳动力专业化和削减成本，却不愿意对人力资源进行投资。欧文的这些指责，对于今天的许多中国企业仍然是那么熟悉：许多企业家如今仍然是愿意在硬件上花大钱，却最大限度地忽略了软件方面（尤其是管理方面）的投资，这种做法往往致使先进的机器设备只能发挥出不到20%的功率。

  1813年左右，欧文在政治上变得更加积极主动。他提出了一份工厂议案，该议案禁止雇用10岁以下的童工，并将工作时间限制在每天10小时，而且禁止童工从事夜间工作。该议案于1819年成为法律，但并不适用于所有工厂，只适用于纺织厂，并且将童工年龄限制在9岁，而不是10岁。由此我们看到，欧文在管理学方面的思考和实践已经延伸到了制度层面。

  欧文在推动管理的进化方面是完全现实主义的，然而同时，他在社会改革方面又是一个理想主义者。早在新拉纳克工厂时期，欧文就开始形成了一些关于社会福利的新观点。他感觉到工业进步并不足以支撑不断增加的人口，因此他为拉纳克郡的市民们准备了一份报告，该报告计划用铁锹而不是犁来耕地，以此解决人口问题。

  欧文预计1821年的铁锹耕种计划将创造工作岗位，使更多的人受到雇佣，从而提高他们消费工业品的能力。这个计划希望创造更多劳累的、适合仆人去做的工作岗位，这显然违背了当时正在发生的技术改革，甚至可以说是"反工业革命"的。不过，这是他那个即将形成的公社方案的一个开始。

一位传记作家记录道，欧文在改革社会的尝试中遭受了挫折，并且在1817年变得有点疯癫。由于在英国无法实现其目标，他在《伦敦时报》上看到一个销售美国印第安纳州波西县约3000英亩土地的广告。销售者是一个宗教团体和谐者协会，是乔治·拉普的信徒。这块土地位于瓦巴什河畔，要价是30000英镑。大约10年前，该宗教团体就来到这里，并且将其中大约2000英亩土地开垦为果园和花园，而且大量砖头和圆木结构的建筑已经建造完成。欧文购买了这块土地，将其命名为"新和谐"（New Harmony），并开始实施他的社会改革计划。欧文的新道德社会的主要目标是为其成员提供幸福。

有关新和谐的新闻迅速传播开来，到它开张时，有800人准备移居到这块先前由和谐者协会的700名成员居住的土地。虽然前来新和谐居住的人数太多是一个问题，但是最大的困难来自这些定居者的素质。其中有一些具有献身精神的人了解欧文的信仰，并且将这些信仰当作他们自己的信仰；也有一些人是因为听说在新和谐只需从事一点点工作或根本无须工作而公社仍然会提供伙食、衣物和住房。在前几个月中，新冒险带来的刺激和兴奋使每个人都保持了高昂的士气，但是逐渐地，这种兴奋和新鲜感开始消退。因为缺乏啤酒酿造者，酿酒厂成为摆设。因为没有磨坊工人，谷物加工厂也无法使用。由于只有几十位农民，供养近千个敞开肚皮吃饭的人成为一项艰巨的任务。虽然公社绝不会马上崩溃，但它所存在的问题沉重地打击了大家的士气。欧文担任管理者的职位，而许多人认为他在承担其先前职位的全部权威时，却放弃了他许下的将全部财产授予整个公社的承诺。欧文竭力对该公社进行重组，但最终放弃，于1827年离开。

在新和谐之后，欧文发现自己在财政上和精神上都垮掉了。他曾经以为他在自己的纺织厂中学到的和应用的管理知识适用于整个公社，但他无法使其他人相信他的新道德秩序是现实的，而不是乌托邦。1834年，欧文领导了英国工会运动，这是一次以采取集体行动从而控制生产资料这一理念为基础的工人阶级运动，结果他又失败了。

虽然欧文大部分时间都在英格兰和苏格兰度过，但他在生命结束时回到了他的家乡纽敦。他于1858年11月17日在纽敦去世，11月21日葬于该镇。除了 1844 年他的儿子建立的信托的年收入外，欧文离世时身无分文。

查尔斯·巴贝奇

查尔斯·巴贝奇是第一次工业革命时期的一位奇人。他首先是一位科学家，因此对管理学方面的研究只是业余性质的。然而，他却是最早提出科学管理的人物。而科学管理，如我们所知，直到现在仍然是正规管理学的基石。因此，他不但在计算机科学方面，而且在管理学方面的思想也是超越当时的时代的——他是推动管理进化最伟大的先驱之一。

1792 年，查尔斯·巴贝奇出生于英格兰德文郡。他是一位富有的银行家的儿子，后来继承了相当丰厚的遗产。他好奇心强，头脑极其聪慧，这使他成为那个时代科学技术方面的天才，继而成为科学管理方面的伟大先驱。

巴贝奇性格暴躁，邻居们认为他是一个行为古怪的人，这并不奇怪。例如，为了报复英国街道上比比皆是的手风琴演奏者，他竟在自己房子外面吹喇叭，制造噪声，以赶走这些演奏者。一个同时代的人（可能是他的邻居）这样写道："他讲话时就好像仇恨整个人类一样，尤其是英国人，而其中又以英国政府和街上的手风琴演奏者为最。"

巴贝奇的好奇心是那样强烈，整个一生都在寻找"使儿童的头脑感到惊讶的所有小玩意和事件的根源"。他说，他在得到一个新玩具之后提出的第一个问题必定是："妈妈，它的里面是什么？"如果妈妈的回答不令他满意，他就必定会把玩具切开或者砸开。

童年时代的巴贝奇显示出极高的数学天赋。考入剑桥大学后，他发现自己掌握的代数知识甚至超过了教师。毕业后，24 岁的巴贝奇留校，并荣幸地受聘担任剑桥"路卡辛讲座"的数学教授，这是一个很少有人能够获得的殊荣，此前只有牛顿的老师巴罗和牛顿本人曾担任此职。然而他的好奇心却驱使他选择了一条饱受挫折的崎岖险路。

事情起源于法国。18 世纪末，法兰西发起了一项宏大的计算工程——人工编制《数学用表》。法国数学界调集大批精兵强将，组成了人工手算的流水线，最终完成了17卷的大部头书稿。然而，计算出的数学用表仍然存在大量错误。有一天，巴贝奇与著名的天文学家赫舍尔聚在一起，对两大部头的天文数表评头论足，翻一页就是一个错，巴贝奇目瞪口呆，他喊道："天哪，但愿上帝知道，这些计算错误已经充斥弥漫了整个宇宙！"

这件事也许就是巴贝奇萌生研制计算机构想的起因。他在自己的自传《一个哲学家的生命历程》里写道："有一天晚上，我坐在剑桥大学的分析学会办公室里，神志恍惚地低头看着面前打开的一张对数表。一位会员走进屋来，瞧见我的样子，忙喊道：'喂！你梦见什么啦？'我指着对数表回答说：'我正在考虑这些表也许能用机器来计算！'"

巴贝奇的第一个目标是制作一台"差分机"，那年他刚满20岁。他从法国一位丝绸纺织工约瑟夫·玛丽·杰卡德发明的提花织布机上获得了灵感，这台织布机上有穿孔卡片，这些卡片连接到一起形成一个链条，在卡片适当的位置打一个孔，用以指示纺织机拨出一根纱和使之成为图案设计的一部分；而空一格不打孔，则表示不需要拨出一根纱。杰卡德的织布机已经应用到了莱布尼茨的0、1二进制，即关/开二进制原理，这是形成现代计算机运行的基本原理。

巴贝奇借用了杰卡德的概念，但是他在使用穿孔卡片来储存信息及指挥机器运行方面，其设计却闪烁着后世程序控制的灵光——它能够按照设计者的旨意，自动处理不同函数的计算过程。

1822年，第一台差分机制造成功。但是这一过程耗去了整整10年。这是因为当时的工业技术水平极差，从设计绘图到零件加工，都得亲自动手。幸好巴贝奇自小就酷爱并熟悉机械加工，在他孤军奋战下造出的这台机器，运算精度达到了6位小数，当即就演算出好几种函数表。后来的实际运用证明，这种机器非常适合于编制航海和天文方面的数学用表。

巴贝奇上书皇家学会，要求政府资助他建造第二台运算精度为20位的大型差分机。英国政府看到巴贝奇的研究，发现有利可图，与他签订了第一份合同，财政部慷慨地为这台大型差分机提供了1.7万英镑的资助，巴贝奇自己也投入了1.3万英镑巨款，用以弥补研制经费的不足。当年，这笔款项的数额无异于天文数字。

然而，英国政府和巴贝奇都失算了，第二台差分机大约有25000个零件，主要零件的误差不得超过每英寸的千分之一，即使用现在的加工设备和技术，要想造出这种高精度的机械也绝非易事。巴贝奇把差分机交给英国最著名的机械工程师约瑟夫·克莱门特所属的工厂制造，但工程进度十分缓慢。巴贝奇把图纸反复修改，让工人把零件重做了一遍又一遍。年复一年，直到又一个10年过去后，巴贝奇依然望着那些不能运转的机器发愁，全部零件只完成了不足一半的数量。参加试验的同事们再也坚持不下去了，纷纷离他而去。巴贝奇独自苦苦支撑了第三个10年，终于感到自己再也无力回天。在痛苦的煎熬中，他只得把全部设计图纸和已完成的部分零件送进伦敦皇家学院博物馆供人观赏。

1842年，同样绝望的英国政府宣布断绝对巴贝奇的一切资助。英国首相叹道："这部机器的唯一用途，就是花掉大笔金钱！"同行们讥笑他是"愚笨的巴贝奇"。皇家学院的权威人士，包括著名的天文学家艾瑞等人，都公开宣称他的差分机"毫无任何价值"。

就在这痛苦艰难的时刻，27岁的美丽数学才女阿达·奥古斯塔（Augusta Ada, 1816–1852）加入了巴贝奇新计算机器的研制。阿达是英国大名鼎鼎的诗人拜伦的独生女，小有名气的数学才女，洛甫雷斯伯爵夫人，巴贝奇与她结成了一生的友谊。

还在大型差分机进军受挫的1834年，巴贝奇就已经提出了一项新的更大胆的设计。他最后冲刺的目标，不仅仅是能够制表的差分机，而是一种通用的数学计算机。巴贝奇把这种新的设计叫作"分析机"，它能够自动解算有100个变量的复杂算题，每个数可达25位，速度可达每秒钟运算一次。巴贝奇首先为分析机构思了一种齿轮式的"存贮库"，还构思了送入和取出数据的机构，以及在"存储库"和"运算室"之间运输数据的部件。他甚至还考虑到如何使这台机器处理依条件转移的动作。一个多世纪过去后，现代计算机的结构几乎就是巴贝奇分析机的翻版，只不过如今的主要部件被换成了大规模集成电路而已。仅此一项，巴贝奇就足以成为计算机系统设计的"开山鼻祖"。

阿达对数学和工程学具有天赋，也是真正理解巴贝奇成果的少数几个人之一。她撰写文章评论他的成果，能够比巴贝奇自己更透彻地表达他的理念。于是，为分析机编制函数计算程序的重担，落到了数学才女柔弱的肩头。阿达第一次为计算机编出了程序，这些程序即使到了今天，电脑软件界的后辈仍然不敢轻易改动一条指令，人们公认她是世界上第一位软件工程师。在后世，据说美国国防部花了250亿美元和10年的时间，把它所需要软件的全部功能混合在一种计算机语言中。1981年，这种语言被正式命名为ADA语言（阿达语言），使阿达的英名流传至今。

不过在当年，由于得不到任何资助，巴贝奇为把分析机的图纸变成现实，耗尽了自己全部财产，落得一贫如洗。他只好暂时放下手头的活儿，和阿达商量设法赚一些钱，如制作国际象棋玩具、赛马游戏机等。巴贝奇还构思了一台"在纸张上印刷的仪器，对输出的结果复印一份，或者需要的话，复印两份"，这就是现代打印机的维多利亚版本。为筹措科研经费，他们不得不"下海"搞"创收"。最后，两人陷入了极大的窘境。阿达忍痛两次把丈夫家中祖传的珍宝送进当铺，以维持日常开销，而这些财宝又两次被她母亲出资赎了回来。

贫病交加和无休无止的脑力劳动，使阿达的健康状况急剧恶化。1852年，年仅36岁的阿达去世了。

阿达去世后，巴贝奇又默默地独自坚持了近20年。晚年的他已经不能准确地发音，甚至不能有条理地表达自己的意思。分析机最终没能造出来，因为巴贝奇和阿达看得太远了，分析机的设想超出了他们所处时代至少一个世纪，所面对的工作量也是大型研发团队才能应付的。

在1871年去世前不久，巴贝奇写道："如果我能够多活几年，分析机将会问世，而且它的成果将会传遍整个世界。"他去世后，当时就有人把这位天才的大脑用盐渍着保存起来，想经过若干年后，有更先进的技术来研究他大脑特别的机制。如今，巴贝奇的大脑标本仍然在科学博物馆展出。

在一个多世纪的时间里，巴贝奇的成果处于"冬眠"状态，静静等待其他时代的人来改进他的初始理念。

不可避免地，巴贝奇的求知欲望和广泛兴趣使得他必定要对管理进行论述。

他最成功的著作是1832年出版的《论机械和制造业的经济》。

巴贝奇变得对制造业和管理感兴趣，是由于他在监督制造自己的差分机时遇到了问题，以及他参观了英国和法国的许多工厂。

他非常详细而具体地描述了那些工具和机器，讨论了"制造业的经济原则"，以一名运筹学研究者的真正探索精神来分析机器的操作、所涉及的技能种类和每一道工序的成本，并且为改进当时流行的一些实践行为提出了建议和指导。

作为一名管理科学家，巴贝奇对机械、工具、动力的有效使用，开发计算机器来检查工作质量，以及使用原材料的经济性都很感兴趣，他将这些称为制造业的"机械原则"。

巴贝奇强调，可以在小作坊内完成的"制造"产品，与大规模生产的"制造业"之间的区别。他认为，制造业必然强调对"工厂的整个体系"的详细安排，以降低生产成本。

在规模经济的这个早期概念中，巴贝奇还认识到，一家公司想要在一个竞争的市场上维持生存，就需要"独创性"和改进。

巴贝奇是最早提倡科学管理的人物。当他去世时，被后世誉为"科学管理之父"的弗雷德里克·W.泰勒才15岁（1871年）。因此，巴贝奇在泰勒之前很久就已经成为科学管理思想方面的一位显赫人物了。

与同时代的人一样，巴贝奇主要侧重于技术方面的研究，以后又考察了许多工厂，这使得他在管理方面提出了许多创见和新的措施，很早就提出了在科学分析的基础上可能测定出企业管理的一般原则。

他在《论机械和制造业的经济》一书中写道："我在过去10年中曾被吸引去访问英国和欧洲大陆的许多工场和工厂，以便熟悉其机械工艺。在这过程中，我不由自主地把我在其他研究中自然形成的各种一般化原则应用到这些工场和工厂中去。"从这里我们看到，他与后来的泰勒是同一类人，因为泰勒在《科学管理原理》中也说过类似的话："有些人的教育使他们养成了概括并在各处寻找规模的习惯。当这些人碰到了在每一行业中都存在并极为相似的许多问题以后，他们不可避免地试图把这些问题进行逻辑归类，并找出解决这些问题的某些规律或规则。"

巴贝奇在科学管理方面的建树颇丰,他制定了一种"观察制造业的方法",这种方法和后来别人提出的关于作业研究的系统科学方法非常相似,以一个印好的标准提问表为基础,表中包括:生产所用的材料,正常的耗费、费用、工具、价格,最终市场,工人、工资、需要的技术,工作周期等。

他还进一步发展了亚当·斯密关于劳动分工利益的思想,分析了分工能提高劳动生产率的原因。巴贝奇还发现,脑力劳动同体力劳动一样可以进行分工。另外,巴贝奇还进行了有关工作时间问题的研究。在这项研究中,他征得同意后引用了法国库伦布的观察材料。这是在管理问题上国际合作的最早范例。

在劳资关系方面,巴贝奇强调劳资协作,强调工人要认识到工厂制度对他们有利的方面。这也同泰勒在几十年后发表的论点很相似。

他提出一种固定工资加利润分享的制度,认为这种制度由于能使工人同雇主的利益保持一致,从而可以消除隔阂,共求繁荣。

他还探讨了能使投资效率更高的大工厂的优越性,以及这些工厂相对原料来源应处的恰当地理位置。他还进行了工艺过程和制造成本的分析(如在制针业中),以及在同一领域中各个企业的比较研究等。

巴贝奇对管理的诸多研究,使他成为一位在管理方面具有非凡远见的人,并对后世的管理产生了深远的影响。有人甚至幽默地猜测,后世的"科学管理之父"泰勒,其实就是巴贝奇的转世。如果从管理的进化这个链条上纵向地去看,这个猜测还是有些道理的。

安德鲁·尤尔

随着工业革命的向前推进,扩大生产带来了许许多多管理上的问题,工业中的效率问题、控制问题以及对工人的管理问题日益凸显出来,而管理人员的缺乏尤其突出。

在第一次工业革命时期的英、法、美等国家,由于没有足够的管理人才和管理技术，人们只能依赖于小作坊式的经营，大规模生产有着难以逾越的管理障碍。在这种情况下，"大生产"和"小管理"的冲突越来越尖锐。所以，在早期工业化国家，不约而同地实行了一种管理方法上的"变通"，就是采用承包制经营。

承包制，本质上就是把大规模生产单位分解为像家庭或作坊式经营的小管理单位。

安德鲁·尤尔以其敏锐的观察力和社会责任感，及时对管理人员广泛缺乏这一问题做出了时代的回应。

安德鲁·尤尔（Andrew Ure，1778-1857）是第一个在大学从理论和技术上培训管理人员的教育者，所以是当之无愧的管理教育的先驱。

尤尔出生于英国的格拉斯哥，先后在爱丁堡大学和格拉斯哥大学（亚当·斯密曾经在这所大学担任校长）学习。从1804年起，尤尔成为格拉斯哥大学安德逊学院的教授，从事化学及自然哲学的教学和研究工作，开始了他的学术生涯。

在尤尔的建议下，格拉斯哥大学1839年专门建立了一所向工人传授科学知识的学院。尤尔一马当先，开启了管理教育的先河。

尤尔的管理教育是富有成效的。很多听他讲课的人员很快从工人转变为职员、仓库管理员、小商人和店主，当时日益发展的工厂制度所需要的管理人员，正是从这些学员中诞生的。

法国的夏尔·迪潘在访问大不列颠时参观了许多工厂，深有感触地说，这些工厂中的很多管理人员都是尤尔的学生。尤尔对此也十分自豪，在他的《制造业哲学：大不列颠工厂制度的科学、道德和商业经济的说明》中谈道，他的学生"作为工厂的厂主和管理人员遍及联合王国的各地"。

对工业教育极为关心的尤尔，一面根据他的经验和观点传授工厂制度和管理技术，一面著书立说阐明他对工厂制度的看法。1835年出版的《制造业哲学》便是在这种背景下问世的。

虽然尤尔的著作大部分是探讨丝绸、棉纺、毛纺以及麻纺工业的制造技术问题，但他最终还是谈到了企业管理。在当时的条件下，尤尔认为企业管理的本质，是用机械科学代替手工技巧，用训练有素的企业职工代替经验技巧型的手工艺人。要达到这一目的，尤尔强调，管理人员必须对生产做出安排，使生产过程相互衔接，使整个工厂协调一致。

除了技术和管理上的探索外，尤尔不遗余力地为当时的工厂制度辩护。例如他说，就个人的舒适而言，工厂工人得到的待遇要比非工业组织中的工匠要好。他们吃得较好，同时由于工厂主提供了机器，他们的劳动也比较轻松，报酬也比较高。

马克思在写作《资本论》时，注意到了尤尔的观点，认为尤尔天真而正确地说出了机器生产与资本主义生产方式的内在联系，但坚定地站在工厂主的立场上。

1857年，尤尔在伦敦去世。在他广泛的朋友圈中，当时社会上很多科学家都为他的死感到悲痛，包括著名的迈克尔·法拉第，他还为尤尔写了悼词，其中有这样的话：他渊博的知识使他能够得出结论，并证明他的科学同行认为不可能的事实……

夏尔·迪潘

在安德鲁·尤尔之外，工业教育领域的第二位先驱是法国工程师巴龙·夏尔·迪潘（Charles Dupin，1784–1873）。

夏尔在1816年到1818年访问英国，英伦三岛蒸蒸日上的工业给他留下了深刻的印象。他详细考察了英国的工厂制度和管理体系，并同尤尔有着广泛的交流，研究了尤尔在培养管理人才方面的贡献。回法国巴黎不久，他被聘任为巴黎艺术与职业学院的数学和经济学教授。在1831年出版的《关于工人情况的谈话》中他写道：

这12年，我有幸一直讲授应用于技术领域的几何学和力学，在最重要的问题上，例如福利、教育、工人们的士气、国家工业的进步以及能为我国带来光荣和幸福的各种富国强民的方法的发展……我都是支持工人阶级的。

迪潘在艺术与职业学院的一位同事是工业经济学教授让·巴蒂斯特·萨伊。萨伊将亚当·斯密的思想介绍到法国，并且通过将管理确定为生产的第四个要素而丰富了斯密的思想。在这里，我们看到了明显的管理思想的传承关系。由于萨伊和迪潘讲的课均是"晚上八点半开始，面向当天已经下班的工匠和技工"，因此我们有理由推测，萨伊和尤尔都影响了迪潘对管理的看法。如果说是萨伊把亚当·斯密的经济思想带到了法国，那么迪潘则把安德鲁·尤尔的管理教育带到了法国。

迪潘的贡献在于，他对工业教育进程的影响，以及对后来亨利·法约尔的成果可能产生的影响（虽然并没有直接的历史证据予以证明）。普遍认为，法约尔——作为第二次工业革命期间古典管理理论的三大奠基人之一——是将技术技能与管理技能、讲授管理知识的可能性与必要性区别开来的第一人。

在任教期间，迪潘写了代表作之一——《在大不列颠的旅行》。

迪潘强调："工场和工厂的管理者应该借助几何学和应用机械学，对节省工人劳力的所有方法进行专门的研究。对于一个成为别人的领导者的人来说，体力工作只占有第二位的重要性，使他处于高位的是他的智力。"

1826年，法国98个城市中有5000多名职工学习迪潘的管理教材。在迪潘的管理教育中，已经涉及工时研究和分工协作问题。

迪潘对工业化持乐观态度。同尤尔类似，他也不遗余力地赞扬工厂制度。

对于当时人们认为机械化会引发失业的观点，迪潘以英国为例进行了反驳。他指出，英国在采用蒸汽机以前，只有100万名工人，而蒸汽机广泛使用后，工人达到了300万名。因而，机械化不仅不会抢走工人的饭碗，反而能创造出更多的就业岗位。机器化大生产越发展，对工人就越有利。

从思想传承上看，迪潘的工作受到了尤尔的影响，而迪潘又对亨利·法约尔具有影响，而后者又是一位在思想上引导现代管理理论形成的先驱。

第4章
中国：痛失第一次工业革命的大好机遇

当英、美、法等国正在经历轰轰烈烈的第一次工业革命时，中国处于清朝发展的初期和中期，道光年间之前都是欧美第一次工业革命发展最快的时期。在此期间，康雍乾三朝走向鼎盛。

然而直到清末，中国最终没有发生真正的工业革命。原因在于，延续了2000多年的国有专营制度，伴随着制度性的官商经济模式，使创新式的企业难以出现和发展。当时，特许授权、承包经营日渐盛行，愈演愈烈。第一次工业革命时期出现的几大著名商帮，如晋商、徽商和广东十三行商人，其财富来源大多与授权经营垄断产业有关。

在清代，商人阶层对技术进步缺乏热情和投入，成为一个彻底依附于政权的食利阶层。以皇商模式为例，其所做生意大多与政府有关，命运也掌握在官家手中。清朝稳定之后，皇商的命运逐渐衰落。1784年，朝廷以欠款340万两白银为由，抄办最后一个大皇商范家，至此，风光无二的皇商模式走到了尽头。

在清代的企业史上，如皇商的兴衰故事多次重演，情节相近，结局类似，鲜有企业与工业革命扯上关系。

虽然从17世纪中叶起，清朝就保守地开始了对外贸易，且从晚明到清朝中期，先后有500多位耶稣会教士来到中国，东西方交流并未断绝，但清朝并没有把住握工业革命的发展机遇，甚至还因闭关锁国政策而阻碍了中西方经济文化的正常交流。

从1661年到1799年的清朝被称为"康乾盛世"，这段时期刚好覆盖了工业革命前期和中期。然而在这段时期，经济制度、政治制度和科学技术没有任何本质性的突破，与同期的英美等国形成极大反差。

1661年4月，郑成功率领两万余名将士跨过海峡，经过数月战斗，打败侵占台湾38年之久的荷兰殖民者，收复了台湾，并把台湾作为抗清"东征西讨"的战略基地。

为此，清廷针锋相对地下达迁界令。一时之间，福建、广东、江南、浙江四省沿海居民各向内地迁移30里。令下即日，当地百姓携妻负子载道而行，其居室被焚烧，片甲不留。当时，失去出海商业和渔业营生的沿海民众苦不堪言，然而迁界令在清廷攻占台湾（1683年）之后继续保持，并延续了下来，这使得中国自宋、元、明以来发达的航海贸易和交流戛然而止，骤然凋零。清廷统治下的中国，完美抵达了历史的死角，悄然开启了闭门自娱模式，坐井取乐康乾盛世，一路岁月静好，直到近200年后的鸦片战争，才国门再开。

清代皇权尤胜于明代。明王朝虽然取缔了宰相制度，集大权于皇帝一身，但还有内阁制，大臣尚能公开议政。而清代则以军机处取代内阁，将一国政事全然包揽在皇室之内。

对于社会精英，清代初期的政策是全面压制。入关不久后的1648年，清廷就下令在全国的府学、县学都竖立一块卧碑，上面铭刻三大禁令：第一，生员不得言事；第二，不得立盟结社；第三，不得刊刻文字。违犯三令者，杀无赦。有清一代，皇帝多次大兴"文字狱"，使得天下文人战战兢兢，无所适从。在"文字狱"的高压恐吓下，清人在工商思想上的开放远不如明人。政治体制和社会制度的停滞不前，是造成当时中国经济和科技落后的首要原因。

在经济上，随着人口的倍增，边贸和内需市场庞大而旺盛，促进了工商业的繁荣。经济重心继续向长江中下游和珠江流域倾斜，东南的权重越来越大，形成了北、东、南三大商帮，分别是晋商、徽商和广州十三行。

在工业革命早期的18世纪到19世纪，中国大量手工业生产和商品交易发生在那些更靠近乡村的市镇，全国各地出现了一些专业化的大型市镇，比如制瓷的江西景德镇、冶铁的广东佛山镇、织布的江苏盛泽镇、纺纱的浙江南浔镇等，各类市镇估计总数有 3 万个之多，有些市镇的规模超过了府城，出现了"镇大于市"的现象。在这些繁荣的市镇里，到处可以看到徽商身影，他们控制了长江流域的米业、木材业、制墨业，还与浙江及山陕商人在布庄、钱庄、盐业上展开竞争。然而可惜的是，虽然工商业发达，但千百年来，中国商人始终没有培育出一种"商人精神"，商人自己都不认同他们是一个独立的阶层，从来没有形成自己的阶层意识，并认为最大的成功，就是自己的子孙不再是商人。从明万历到清乾隆的 200 年间，扬州徽商的商业资本规模足足增加了 10 倍，然而，这些资本却没被用于扩大再生产，商人们把大量资金从产业领域中撤出，用于日常消费。晚明以及清代中期之后的奢豪之风远胜过前朝，有人甚至称之为"纵欢的时代"。

第一次工业革命后期，广州十三行的外贸商人伍秉鉴，是当时极少数在世界贸易舞台上拥有声望的中国商人，个人财富超过任何一个晋商或徽商家族，是清帝国当之无愧的首富。然而伍秉鉴在其中扮演了"帝国掘墓人"的角色，他的生意从表面上看主要是茶叶和生丝的出口，而实际上，他却从事了许多鸦片贸易。

伍秉鉴与英国东印度公司的交情延及父辈，后来又在新崛起的、年轻的英美商人身上大力投资，如怡和洋行的威廉·查顿，宝顺洋行的托马斯·颠地，旗昌洋行的罗密欧·罗素等。许多资料显示，伍秉鉴对清代的鸦片泛滥难辞其咎，由他一手扶持起来的怡和、宝顺和旗昌三大洋行正是鸦片生意的最大从事者。

除了在对外贸易上翻云覆雨，伍秉鉴在官商关系的处理上也与前辈潘启一样高明，他跟广东的地方官员保持了非常良好的互动，在行商中的威望也无可撼动，这为他暗中从事的鸦片贸易打下了基础。

清帝国在 1729 年明令禁止销售和吸食鸦片。慑于清帝国的鸦片禁令，英国东印度公司在公开的航运指令中禁止贩运鸦片，可是在实际经营中，则将鸦片的销售权让给持有该公司执照经营航运的走私快船去做。这种不道德的贸易得到当时英国政府的公开支持，主持国政的惠灵顿公爵在 1838 年 5 月宣称，"国会不仅不对鸦片贸易表示不快，而且还要爱护、扩展和促进这项贸易"。

由于鸦片贸易激增，从1826年开始，一向出口大于进口的中英贸易出现戏剧性的逆差，1831年到1833年，有将近1000万两白银由中国净流出。1834年之后，仅广州一地，每年流出的白银就达到3000万两，白银外流造成了银贵铜贱的局面，一向稳如泰山的中央财政遭到巨大威胁。

也正是在这样的严峻形势下，朝廷委派最有才干的重臣林则徐南下禁烟。从禁烟的第一天起，林则徐就把伍秉鉴和十三行商人看成了烟商的同谋。伍秉鉴的儿子伍绍荣将外商上缴的1037箱鸦片交给林则徐，希望就此结案。而在林则徐看来，这显然是企图蒙混过关。他认定怡和洋行的查顿和宝顺洋行的颠地是最重要的敌人，下令缉拿二人，传讯他们听候审办。查顿见局面不妙先行躲回英国去了，而颠地态度却非常强硬，竟然提出要林则徐颁发亲笔护照，担保他能24小时内回来作为条件。盛怒之下的林则徐当即派人捉拿伍绍荣，将他革去职衔，投入大牢。伍秉鉴派人前去说情，林则徐断然拒绝。伍家一再与颠地协商，劝其交出鸦片，平息争端。但是，对立的事态并未因此平息。在英国驻华商务监督义律的支持下，颠地逃出广州城。林则徐下令封锁外国商馆，断绝粮、水等供应。而伍秉鉴则让人偷偷给外国人送去食品和饮用水。3月28日，还没有做好战争准备的义律，不得不将鸦片悉数交出，总计21306箱。6月3日，林则徐主持了震惊世界的"虎门销烟"，将两万余箱鸦片全部销毁。11月，道光皇帝下旨永久性地停止中英贸易。

禁烟事件发生后，回到伦敦的查顿通过下议员史密斯晋见首相巴麦尊，力陈对华开战，他还带回去了大量广东地图和情报资料。一年后的1840年6月，英国远征军封锁珠江口，鸦片战争爆发。7月，英军攻陷浙江定海，9月，林则徐遭革职处分。1841年5月，英军长驱攻至广州城下，伍绍荣受命前去与义律谈判，双方签订《广州和约》。

在后来的一年里，中英军队多次交锋，清军屡战屡败，接连失去厦门、宁波、上海等重要城市。1842年8月，清政府被迫签下丧权辱国的中英《南京条约》，内容包括赔款2100万银圆，割让香港岛，开放广州、厦门、福州、宁波和上海为通商口岸，以及中方必须与英国协商英商进出口货物需缴纳的关税等，中国从此失去了关税自主权。

管理进化简史

爆发于1840年的鸦片战争是中国历史的一个转折点，也是中国现代社会的起点。

本篇小结

第一次工业革命开创了以机器代替手工劳动的时代，孕育了几千年的管理终于诞生了，并进入了工厂管理时代。

第一次工业革命的时代又称工业1.0时代，其意义重大。在人类历史上，只有金属工具的使用和农业的普及才能与之相提并论。工业革命之前的人类，竭尽全力与自然界保持一种脆弱的平衡状态。绝大部分人都在饥饿、疾病和战争的威胁下，苟活在世界上。所有的劳动都是由人力和畜力完成的，生活对于大多数人来说，都是与赤贫和死神不懈的斗争。此前，没有一个古代文明能够使自己的人民摆脱饥饿和疾病的威胁。相对而言，工业革命为新世界打下了基础，在这个新世界里，人们摆脱了饥饿和物资短缺的困扰，机器取代了人力，技术可以被用来为人类服务。在这一革命过程中，工业化改变了整个人类社会，产生了经济和社会组织的新形式，以及新的政治力量和社会阶级。工业革命极大地改变了人类与自然的关系，并且使发展的观念深入人心。与此同时，我们也看到了工业革命带来的负面影响——破坏自然、污染环境、气候恶化和不平等加剧等。但无论如何，工业革命的影响无处不在，其对管理进化的推动尤为显著。

可惜的是，在这一持续了近百年的进程中，中国的清朝政府不但没有跟上历史的潮流，反而闭关锁国，故步自封，直到19世纪中期被完成了工业革命的国家以大炮和军舰敲开了国门。

第二篇
管理2.0：科学管理时代

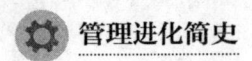管理进化简史

引 言

> 知识让我们愤世嫉俗，聪明让我们铁石心肠，我们想得太多，同情太少，除了机器，我们更需要人性，除了智慧，我们更需要善良，没有这些品质，生命就没有意义。
>
> ——卓别林

这是卓别林在电影《大独裁者》中的经典演讲，其中谈到机器、工业与人性之间的关系。卓别林的另一部经典电影《摩登时代》，更是第二次工业革命后期大萧条高峰期工人辛勤劳动、艰苦生活的生动写照。电影中出现的流水线，则是工业2.0时代的伟大创举。

第二次工业革命大约从19世纪70年代开始，一直持续到第二次世界大战之后的20世纪60年代，其标志是电力和内燃机的发明与应用，电力带动的流水线彻底颠覆了工业1.0时代单台机器独立作业的生产方式。

生产规模的扩大，合作关系的繁杂，迫使管理进化到更加精准、更加严密的2.0时代——科学管理时代，生产效率也跃升到了工厂管理时代望尘莫及的新台阶。

第5章
工业2.0：电气化时代和流水线大规模生产

第二次工业革命前夕，欧洲国家、美国等国家的资产阶级革命或改革业已完成，电力的发明犹如一个按下的按钮，发动了新的产业革命的引擎，组装线的应用迅速掀起了第二次工业革命的狂潮。

工业2.0：电气化时代

管理进化简史

电力的发明

第一次工业革命时期发明的蒸汽机的缺点是，它笨重而庞大，无法像电力那样把电流安静而轻巧地传输到远处，为需要不同动力的机器提供能量。电的这一重要特性非常容易理解，只要想象一下如今我们家庭中的各种电器，是不是可以用巨大而轰隆作响的蒸汽机驱动就知道了。

电的发明源于众多科学家的贡献，最出名的就是法拉第。1831年10月17日，法拉第首次发现电磁感应现象，进而发现了产生交流电的方法。1831年10月28日，法拉第发明了圆盘发电机，这是人类创造出的第一台发电机。法拉第是当之无愧的"电学之父"和"交流电之父"。

第二个对电磁理论做出重大贡献的是麦克斯韦。1847年，麦克斯韦进入爱丁堡大学学习数学和物理，成年时期的大部分时光是在大学里当教授。1855年，麦克斯韦发表了第一篇关于电磁学的论文《论法拉第的力线》。1873年，麦克斯韦出版了人类史上最伟大的巨著之一——《论电和磁》。麦克斯韦生前没有享受到他应得的荣誉，他的科学思想和科学方法的重要意义，直到20世纪科学革命来临时才充分体现出来。麦克斯韦在1879年11月5日就因病逝世了，当时年仅48岁，那一年正好爱因斯坦出生。1931年，爱因斯坦在麦克斯韦百年诞辰的纪念会上，评价其建树"是牛顿以来，物理学最深刻和最富有成果的工作"。

1866年，50岁的德国发明家和企业家维尔纳·冯·西门子研发出直流发电机，最初是运用于军事目的，在功率和负荷能力进一步提升之后，他发现这种机器在电车和电气发动机领域也有广泛的应用前景。1879年，西门子公司为柏林街道安装了路灯。1880年，电梯被制造出来。改良别人的发明是西门子的长项，电话和电灯都是经西门子改良后成为其公司产品的。

1860年，英国物理学家、发明家约瑟夫·斯旺发明了白炽灯的原型——半真空碳丝电灯，由于当时真空技术的限制，电灯寿命不够长。1875年，斯旺改进了他的发明。1878年，斯旺早于爱迪生一年获得白炽灯专利权，他的居所成了世界上第一个用电灯照明的私人住所。1879年，斯旺的灯泡已用于照亮泰恩河畔纽卡斯尔的莫斯利街，这是世界上第一条电灯照明的街道。1881年，斯旺向伦敦威斯敏斯特市的萨伏伊剧院提供了约1200只白炽灯，这是世界上第一座完全用电力照亮的公共建筑，为工业和家庭的电气化打下了基础。第一个大型中央电厂于1882年在伦敦霍尔本高架桥开放，随后在纽约市的珍珠街站开放。由于专利方面的争议，1883年，约瑟夫·斯旺与托马斯·爱迪生一起成立了爱迪斯旺电灯公司。

世界上第一座现代化发电站由英国电气工程师塞巴斯蒂安·德·费朗蒂（Sebastian de Ferranti）在伦敦德普特福德（Deptford）建成。它以前所未有的规模建造并开创了高压（10000V）交流电的使用，发电量800千瓦，为伦敦市中心供电。这项工程在1891年完工后，向输电地区提供高压交流电源，之后用变压器"降压"，供消费者使用。

电气化被美国国家工程院称为"20世纪最重要的工程成就之一"。工厂的电气照明大大改善了工作条件，消除了燃气照明产生的热量和污染，并降低了火灾危险。弗兰克·J.斯普拉格于1886年开发出第一台实用的直流电机；到1889年，城市有轨电车要么使用他的设备，要么正在计划使用他的设备，并在1920年之前成为城市的主要基础设施。

交流电是在19世纪90年代发展起来的，很快就被用于工业电气化。直到20世纪20年代，家庭电气化才开始在城市普及。

电动机的出现，使工厂进行符合特定工作性质的操作成为可能。电动机首次出现在19世纪80年代，10年后其技术已趋于成熟。截至1900年底，只有3.6%的工厂使用电动机；然而10年后，这一比例已经上升到了18.7%。一旦解决了长距离动力传送的难题，工厂就不需要再围绕位于中间位置的动力源建立多层结构了。随着电动起重机、电梯、通风设备和照明工具的出现，产品的生产速度又得到了提升。电气照明设备可以让工厂摆脱光线不足的困扰，从而实现每天不间断生产的目标。上述变化都加速了产品的生产，电力驱动迅速席卷汽车工厂等快速发展的新行业，进而为流水线大规模生产的出现铺平了道路。

管理进化简史

福特——工业2.0时代转型升级的标杆

如果当初让我去问顾客他们想要什么，他们只会告诉我："一匹更快的马。"

——亨利·福特

流水线的诞生

在人们的印象里，第二次工业革命的经典影像之一，就是大规模汽车生产流水线。这种流水线应用在1913年的福特汽车工厂中，改变了汽车产业，也改变了世界。

其实，流水线的思想早在中世纪就萌芽了，那时的欧洲的矿工就使用了类似"水桶电梯"式的装置从井下向地面运送矿料。14世纪时，威尼斯造船厂同样使用预制件的移动线来装备他们的战船。1804年，英国海军已开始用蒸汽机为滚筒提供动力的生产线来自动生产饼干了[①]。

到19世纪30年代，连续加工的原则开始进入主流制造商们的思维，然而直到19世纪70年代，这样的原则才在美国被完全接受。那时，美国发明家伊莱·惠特尼（1765—1825）和塞莫尔·柯尔特（1814—1862）已经成功地证明了分工和可互换部件的重要性。

在19世纪70年代，流水线首次被芝加哥和辛辛那提的肉类加工业大规模使用。这些屠宰场使用单轨台车将悬挂的胴体运过一排工位固定的工人，每个工人则在胴体到达他面前时进行一部分拆解工作。这些屠宰场商人在效率和生产率方面取得的明显突破，其他任何行业都未能立即实现，直到伟大的美国实业家亨利·福特（Henry Ford，1863-1947）在1913年设计并完成了他制造T型汽车的流水装配线为止。

亨利·福特公开承认使用肉类生产线作为模型[②]。当单辆汽车的总装配时

---

① https://science.jrank.org/pages/558/Assembly-Line-History.html.
② 出处同前注。

间从 12.5 劳动时减少到 93 个劳动分钟时，福特大幅降低了汽车的价格，使大规模生产成为工业 2.0 时代的标准。

全球第一条汽车组装线

大批量生产的关键，是完整和持续的标准零件互换，一台车的零件可以用于另一台车的同一部位。这虽然在今天司空见惯，但在当时却是一种革命，那时的情况就像福特在自传里说的："就很多车辆来说，零部件是无法互换的。"因此，福特的零件互换和简单的相互连接操作，使流水组装线的建立变成了可能。

1908 年 9 月 27 日，第一辆福特成品 T 型车诞生于底特律市的皮科特厂。比起其他竞争对手，T 型车的制造具有明显优势：福特公司集零件互换、简单及容易组装为一体，因此不再需要技术熟练的装配工。

在 1908 年下半年，福特最终完成完美的零件互换后，决定让每一位装配工完成一个单一任务，并在组装厂内的每一台车辆之间来回走动。截至 1913 年 8 月，就在流水组装线引进之前，福特汽车公司组装的周期时间已经从 8.56 小时缩短到了 2.3 分钟，年产量也从几千辆上升到 24.8 万多辆。这种细致的劳动分工和完美的零件互换，为福特汽车公司节省下巨大的精力和金钱，其数目可能比福特此后在 1913 年引进的连续组装线节省的成本还要多，但可惜当时没有留下具体数据。

福特很快意识到工人在组装台之间移动的问题，他在《我的生活与工作》中写道："工头检查了整个过程，不明白为什么要花 3 分钟之久。他用一只秒表来分析整个动作，发现一天 9 个小时中有 4 个小时用于来回走动。"这样的分析与泰勒和吉尔雷布斯的方式已经差不多了，福特发现走动真是浪费时间。不管距离远近，走动总是花时间的，动作快的工人想要超越前面动作慢的工人，却经常被堵住。

流动组装线

1913 年春天，在底特律高地公园新工厂，福特开始了又一项创举：引进流动组装线，组装线会将汽车移动到工人面前，工人站在原地，无须走动。这项创新活动将组装周期从 2.3 分钟缩短到 1.19 分钟。

管理进化简史

流动组装线设备和如今机场走道上长长的橡胶带相似。由于福特只需要传送带和电子发动机来移动它,所需成本非常小。更惊人的是,福特的发明减少了组装一辆汽车所需的人力,且生产的汽车越多,每辆汽车的成本就会越低。

流水线带来的显著改变引起了社会的关注,记者用激动的语言进行报道,竞争对手很快意识到福特完成了惊人的发现,因为福特的新技术降低了固定资产的需求,他实际上并没有在组装线上投资——在高地公园工厂投资还不到3500美元,而生产线却大幅度加快了生产进度,缩短了等待组装的零件库存时间,由此节省的成本远远超过琐碎的开销,次年的产量也比前一年提高了25%。

福特汽车流水线的不断改进

其实,流水线的理念在福特汽车公司的发展非常缓慢。最初的成绩是飞轮式磁电机,它在一条传送带上移动到工人面前时由工人进行组装。

过去,由一个工人完成整个装配过程,每次装配平均需要20分钟左右,或者是一位工人在9小时内装配35—40台飞轮式磁电机。转变为放在传送带上之后,整个装配过程被分成29种操作,由传送带旁彼此有一定间隔的29名工人来完成。每台飞轮式磁电机的平均组装时间减少到13分钟,后来减少到7分钟,并最终减少到5分钟。

福特刚开始持怀疑态度,但结果证明传送带是有效的。接下来转变的是发动机,然后是变速器,都获得了成功。

1913年,这三条流水线(飞轮式磁电机、发动机、变速器)生产的部件超过了最终组装所能达到的能力。对此的解决方案是用一种电机绞盘,它用绳子牵引汽车底盘沿着地面前进,而随着底盘的移动,工人们将各种零部件装配上去。福特、查尔斯·索伦森,以及他们在车间里的同事 W.C. 克莱恩、克拉伦斯·W. 埃弗里、詹姆斯·奥康纳、P.E. 马丁,共同发明了这种规模生产的流水装配线。

这种流水装配线的效果是显著的:1910年(使用装配线之前),2773名工人生产了18664辆汽车(平均每个工人生产6.73辆);到1914年(使用装配线之后），12880 名工人生产了 248307 辆汽车（平均每个工人生产 19.28 辆）。随着生产效率的提高，汽车的价格逐渐下降：一辆完整配置的 T 型旅行车在 1910 年的价格是 950 美元，1914 年降为 490 美元，1916 年为 360 美元；一辆 T 型敞篷车在 1910 年的价格是 900 美元，而在 1924 年则只有 269 美元。

福特与科学管理

福特还发展了适合自己的科学管理，泰勒学派的科学管理并没有应用在福特汽车公司的装配线上。福特汽车厂的工作是定时的，与传送带的速度相匹配，因此，伟大的"动作研究之父"弗兰克·吉尔布雷斯抱怨该公司差劲的工作设计。泰勒的科学管理与亨利·福特及其同事在对待工作设计的方法上完全不同，泰勒对于生铁搬运及铲工进行的研究也没有给亨利·福特留下深刻的印象。福特的工程师们设计了传送带来移动材料（例如煤和沙子），而且设计了起重机来搬运重物并重新放置。科学管理重点关注的是生产车间和劳动密集型工作；超越了这个生产阶段之后，技术将运用各种能源和机械来取代那些单纯使用劳动力的任务，这就是福特生产方式对科学管理的伟大贡献。另外，虽然福特汽车的生产体系是福特等人自主开发的，但其中包含的对作业时间和作业动作的分析，以及作业的标准化和规范化等，也和泰勒的科学管理方法中提到的理念如出一辙。

福特的科学管理还包括零件可互换在汽车生产过程的实现，大规模生产的关键首先在于零件的可互换，而不是流水组装线。即便是 1908 年福特 T 型车，使用完全可互换的零件，仍然比其竞争对手要节约不少成本。为了零配件的大批量可互换，福特制造或购买了大量特殊机床，这些机床只完成单一工作。福特把人员和机床都进行了细致的分工，他把分工原理发挥到了极致，这也与当时的科学管理不谋而合。

20 世纪 20 年代早期，当福特产量达到最高峰，即每年生产 200 万辆相同汽车时，它又为客户减少了 2/3 的实际成本。零配件的标准化使成本随产量的增加而下降，这也是为什么说这个时代是"赢在效率"的原因，效率的提高极大地降低了成本。

福特是科学管理的杰出实践者，无论汽车零件材料的选择，还是生产线的工作原则，都与泰勒的科学管理原理相通。

飞速发展的福特

福特的竞争对手对福特的流动组装线以及考虑到维修的设计能力而感到震惊。福特结合这些竞争优势，占据了世界汽车行业的首位，并且淘汰了那些不符合大规模生产要求的手工生产公司。福特的大批量生产推动着汽车行业超过半个世纪的发展，最终，在北美和欧洲几乎每一个行业都采纳了大批量生产。

1915年，福特在工厂内实现了所有功能，实现了完整的纵向整合，也就是说，从原材料开始，福特公司实现了自己生产所有零件，一次性生产整车，然后销往全世界。

全心全意服务的企业对利润只会有一个担心——它会多到令人发怵。

——亨利·福特

福特用结果回应了那些担心福特公司因为建设流水线而导致破产的人。进一步，亨利·福特还走得更远，他为以上安排在组织上进行了深入的纵向整合，这使他的公司成为一个巨型的公司。截至1926年，福特汽车的组装线已经扩散到了美国36个城市，以及海外19个国家。

第6章
工业2.0时代的管理进化：科学管理

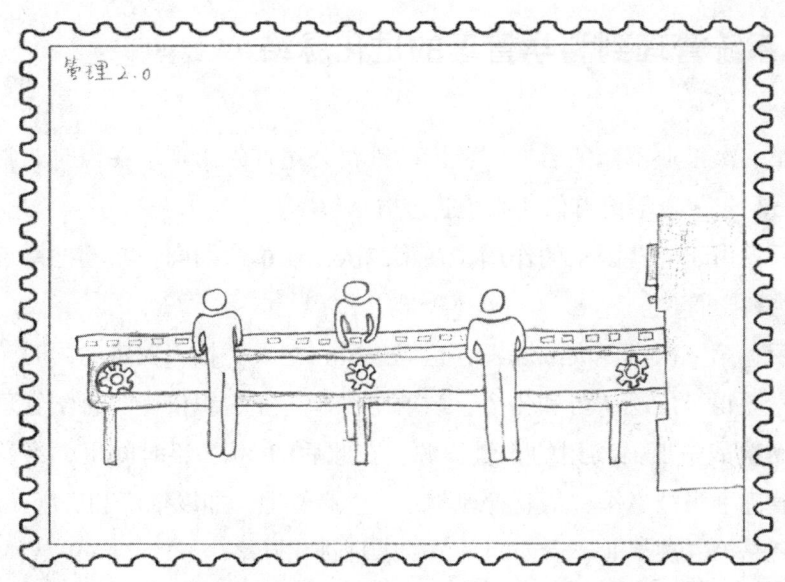

管理2.0：流水线大规模生产的科学管理时代

人类从第一次工业革命机械化时代进入了电气时代，诸多科技发明极大地推动了社会生产力的发展，对人类社会的经济、政治、文化、军事、科技和生产力产生了深远的影响。

福特是颠覆工业1.0生产方式的旗手，他以流水线大批量生产方式引领了新的时代，让工业1.0时代"单机作战"的生产模式相形见绌。

泰勒是促使管理发生重大进化的重要人物，1911年出版的著作《科学管理原理》奠定了他"科学管理开山鼻祖"的学术地位。管理学从工业 1.0 时化的凭经验和直觉管理，进化到了工业 2.0 时代的科学管理，从而使人类在管理学上站在了一个新的高度。

20 世纪以来，科学管理在美国和欧洲大受欢迎。100 多年过去了，科学管理思想仍然在全球发挥着巨大的作用。

实际上，他开创了工业工程学，IE（Indurstry Engineering，工业工程），所以有"IE 之父"的美称。

科学管理是管理进化史上最耀眼的一颗明珠。

从系统管理到科学管理的进化脉络

在第一次工业革命的后期，美国的铁路公司首先出现了在当时非常著名的、由丹尼尔·麦卡伦首倡的系统管理方法。

随后，由于一些因素的作用，在第二次工业革命期间，泰勒把系统管理发展成为科学管理。

此后，第一次世界大战爆发，这场战争在把人类投入灾难的同时，却使管理科学获得了广泛认可和传播，政府组织和工业组织接受了科学管理的原则，以解决战争所需动用的大量资源。在此后的 30 多年时间里，泰勒等人的科学管理主张被当作"工业管理"或"生产管理"加以推广和实施。

这就是第二次工业革命期间总体的管理进化脉络。

系统管理的贡献者：铁路管理天才和钢铁大王

第一次工业革命时代发明的铁路、电报等交通和通信领域的这些技术革命，消除了地方贸易的限制，为移民们开辟新土地、扩展市场和重塑商品打开了新的战略空间，并且为旅行和商业提供了一种廉价、迅捷、全天候的方式。这一切变化的结果，使铁路成为美国的第一大行业，其规模远远超过当时发展十分迅速的纺织业。

铁路的迅速发展，使管理成为一个突出的问题。规模和复杂程度的提高，意味着需要巨额资金，建立一体化的铁路与车站管理系统，分担高额的固定成本，以及管理分散在广泛地理区域的劳动力。这些管理方面的需求因素，要求管理者制定或创新各种方法和手段，以满足管理美国的第一个跨地区行业——铁路行业——的需要。

1841年，在一系列事故之后，马萨诸塞州的西部铁路公司确定了具体的责任领域和清晰的权力结构，以保证绩效。另一条巴尔的摩—俄亥俄铁路线，在1847年由本杰明·拉特罗布实施重组，使运营和财政分离开来，并且根据职能建立了各种部门，如机器车间、铁路维修部门等。两家铁路公司采用了一系列措施来应对痛苦的转型成长，但真正给这一行业带来管理进化的，却是麦卡伦。

1848年，丹尼尔·克雷格·麦卡伦加入纽约—伊利铁路公司。在该公司，他显示出管理和工程方面的天赋，制定了一套程序来运营萨斯奎汉纳分公司。面对铁路整合导致的越来越多的问题和高事故率，纽约—伊利铁路公司的管理层于1854年5月任命麦卡伦为该公司的总管。由于麦卡伦制定的管理制度所强调的纪律使工人受不了，1854年6月，工人们举行了为期10天的罢工，来反对麦卡伦实施的管理制度。

然而麦卡伦仍然坚持他的管理原则，他极其强调纪律和控制，这或许是工人们最接受不了的地方。麦卡伦制定了非常详细的组织细则来贯彻执行这些管理原则，例如他强制规定，如果火车在岔道出轨，即使是扳道工人操作不当，火车司机也是有责任的。这条规定是为了使火车司机在经过所有岔道时，无论是否停车，都要放慢车速，亲自检查岔道的情况。

麦卡伦绘制了一张正式的组织图，该图采用了树状形式，标识出权力和责任的层次与结构、各个业务部门的劳动分工以及报告和控制的传达路径。他还开发了信息管理技术，这套技术很有可能在当时属于最高水平。他用电报使铁路运行更加安全，并且要求每小时对每列火车的行驶地点进行汇报，每天报告旅客和货运情况，以及每月向管理层报告关于计划、运价决策以及控制的统计数据，为管理层提供帮助。

在麦卡伦严格推行新的管理制度期间，29名工程师因为违反有关规定被解雇。1862年，国防部部长斯坦顿邀请麦卡伦管理美国的铁路，有权没收和使用联邦政府战争所需的任何铁路。南北战争之后，麦卡伦担任亚特兰大和大西铁路公司以及太平洋联合铁路公司的顾问。

由于他出色的工作，麦卡伦赢得了《美国铁路杂志》著名编辑、铁路行业发言人亨利·瓦农·普尔的最高赞赏。麦卡伦退休后，亨利·瓦农·普尔广泛宣传他的成果，无数人也在使美国铁路这第一大行业系统化的过程中效仿麦卡伦的风格。组织的发展、活动的地域分离，以及所有权和管理权的分离，是使铁路行业的管理系统化的推动力量。

此后，系统管理理论又在美国工业增长和企业成长的历史中经历了很长时间的演化，人们试图使之解决新兴的治理问题，例如英国议会在1845年通过了《公司条款合并法案》，以使公司章程得到一定程度的统一；美国钢铁大王安德鲁·卡内基改进了麦卡伦的理论，加入了测量绩效、控制成本及分配权力和责任的内容，并创造了美国的钢铁巨人。随着美国经济迅速超越英国的繁荣，企业家越来越面临着如何管理大型组织的问题。

科学管理成为主流精神

是哪些因素使系统管理扩展成为科学管理，又使科学管理成为那个时代的主流精神呢？我们需要在第二次工业革命时代的背景下理解这些问题。

在经济环境方面，出现了从农业国向工业国的转型。1800年，美国90%的人口以农业为生；1900年，这一比例降为33%；1929年降为20%。这一转型过程使美国在产品和服务的产出、工资收入以及居民的生活水平方面，都位居世界领先地位。资源的积累正在进入一个崭新阶段。

在资源利用的合理化方面，到第一次世界大战开始时，美国完成了工业发展的资源积累阶段，这意味着20世纪初的典型公司主要面对两个问题：一是通过改进生产技术和过程降低单位成本的需要，二是促进计划、协调以及绩效评估的需要。这种情况为进入工业发展的第二阶段——资源利用的合理化阶段——打下了基础。

在工人方面，管理遇到的问题是，大量外籍人员的涌入使美国人口和劳动力呈现多样化。

移民和移民的后代构成了纽约居民总数的80%、芝加哥居民总数的87%、密尔沃基和底特律居民总数的84%。1900年，在纽约具有意大利血统的人数超过了除罗马之外的其他任何意大利城市；在芝加哥，具有波兰血统的人数比华沙还要多。1920年，已经移民到美国的爱尔兰人口数量超过了当时仍留在爱尔兰的人口总数。以上这些人及其家庭正在响应纽约港自由女神像上铭刻的一段话："交给我吧，那些疲乏的和贫困的、挤在一起渴望自由呼吸的大众；那些熙熙攘攘的岸上被遗弃的可怜的人群。把那些无家可归的、饱经风霜的人一起交给我，我站在金门口高举自由的灯火！"

外国人运用英语的能力有限，而且只受过很少的教育；招聘、选拔和培训工人以及监督这些工人的工作绩效都是对管理层的一种挑战。在管理上形成制度和程序，使工具和工作方法标准化，以及越来越依赖人事部门来协助管理者等管理方法，正是在这样的情况下发展起来的。

在生产方式方面，大规模生产要求更多强调和关注管理的发展，资源的大规模积累是满足大规模市场和大规模流通需求的必备条件。随着工业2.0时代大型企业的发展，企业所有者再也无法只靠自己来进行监管，职业管理者大量出现，之前个性化的、非正式的管理结构，最终被科学和逻辑性的企业管理所替代。

在技术方面，技术的发展极大地促进了管理的进化，新技术使新兴企业和传统企业都能更加成功地进行竞争。虽然煤继续占据主导地位，但电力很快走上了历史舞台的中央位置，新发现的石油资源也很快跟进，这些都促进了汽车技术的快速发展，并为这一时期带来了巨大的经济和社会变化，例如，大规模生产流水线率先出现在汽车行业。不断进步的技术正在改造工作的性质，增加了工人的数量，为女性创造了其他可供选择的职业道路，以机械和资本密集型工作取代了劳动密集型工作，提供了更好的整理材料的方法等。科学管理正是在这一系列快速的技术进步影响下蓬勃发展的。

也正因此，新的管理理论和方法成了迫切的需要，世界大战也获得了它的动因。研究数据表明，从事管理的员工数量与从事生产的工人数量的比率在1899—1929年间几乎翻了一番，从1899年的9.9%上升到1929年的18.5%；1929—1947年，这一比率又上升到22.2%。在此过程中，管理人员所从事的新职能增加了，因为被指派从事特殊职能的人员或部门增加了。层级结构中的专业人员和其他管理者的数量增加，反映了20世纪新兴的大型企业所要求的那些职能和任务的必要性。管理层级的发展对于组织的投入—生产—产出系统进行计划、组织、领导、协调和控制十分必要。大规模生产和大规模流通的经济，需要大量熟悉组织管理中最新方法和思想的管理人才。

全球工业工程（IE）的发展

工业工程（Industrial Engineering，IE），起源于20世纪初的美国，泰勒的时间研究、工作定额、计件制和标准化作业等，吉尔布雷斯夫妇的动作研究和工作流程研究，都是IE的经典理论。因此，泰勒和吉尔布雷斯夫妇都是工业工程的杰出代表和创始人。尤其是泰勒，由于其《科学管理原理》一书对工业工程学的诞生带来了巨大的影响，因此，也有人将泰勒尊称为"IE之父"。

工业工程又分为传统IE和现代IE。传统IE是通过时间研究与动作研究、工厂布置、物料搬运、生产计划和日程安排等提高劳动生产率。现代IE以运筹学、管理学和系统工程作为理论基础，以计算机作为先进手段，兼容了诸多新学科和跨学科知识以及高新技术。

从萌芽进化到现代IE，IE的发展历程大致经历了三个阶段：

第一阶段是管理1.0时代——工厂管理时代的中后期，是IE的萌芽时代：以1799年美国惠特尼提出了"互换性"概念和1832年英国巴贝奇在《论机器和制造业的经济》的论述，为IE的诞生和发展打下了基础。

第二阶段是从19世纪末到第一次世界大战前，管理2.0时代——科学管理时代的前半期，是传统IE时代：以泰勒、吉尔布雷斯夫妇、亨利·甘特等为代表的时代，IE 的基础理论基本都是这个时代诞生的，因此，这个时代是 IE 成就辉煌的鼎盛时代。

第三阶段是第一次世界大战后，管理 2.0 时代——科学管理时代的后半期到现在，我把它统称为现代 IE 时代：这个时期的 IE，将当时的数学、经济学、社会学和心理学的成果广泛引入 IE 活动，从多种学科的角度来考察、分析和改进所研究的系统。比如，1924 年至 1932 年梅奥进行的著名"霍桑"试验；1924 年休哈特首创质量控制图使统计学成为 IE 研究中的一件有力武器；费希首创"工程经济"，解决设备的"经济性"问题；运筹学的产生为决策者提供在多种方案中进行决策的方法；等等。这个阶段，尤其是霍桑实验，第一次把管理研究的重点从工作上和物的因素上转到人的因素上来，发现工人不是只受金钱刺激的"经济人"，而是在决定其行为方面起重要作用的"社会人"。这个阶段 IE 的发展，不仅在理论上对泰勒等古典管理理论作了修正和补充，开辟了管理研究的新理论，还为现代行为科学的发展奠定了基础，而且对管理实践产生了深远的影响。

这个时期，对 IE 发展影响最大的当数计算机的应用，计算机的应用无论在计算上还是方法上都加速了 IE 的普及、推广和与其他管理思想和技术的融合。现代 IE 以计算机作为先进手段，兼容并蕴含了诸多新学科和高新技术。

这个时期，代表一个新时代的生产方式正在酝酿，精益管理的零星概念和理论次第萌芽。

为了促进工业工程在实践中的普及化、标准化、规范化以及学术上的创新发展，各国相继成立工业工程师协会，并在大学纷纷开设工业工程学专业。

1917 年，美国成立了第一个工业工程师协会；1948 年，美国正式成立了工业工程师学会（American Institute of Industrial Engineers，AIIE）。日本 IE 协会（JIIE）于 1959 年成立。随后，以发达经济体为主的各国纷纷成立工业工程师协会。在美国工业工程师学会成立半个世纪之后，中国工业工程学会，即中国机械工程学会（IE & EM）工业工程分会，于 1990 年 6 月成立。

1908 年美国宾州大学首次开设了工业工程课程，后来又成立了工业工程系。20 世纪五六十年代，美国许多大学先后成立了工业工程系，到 1975 年，已有150多所大学开设了工业工程课程。中国最早于1993年，在天津大学和西安交通大学招收工业工程专业的本科生，比美国足足晚了80多年，目前我国已有70余所院校设有工业工程系或专业。

中国IE教育中有一个大名鼎鼎的企业教育平台，它就是富士康IE学院。富士康IE学院从2002年建院，很长一段时间，它在中国的IE界都是神一样的存在。富士康的IE学院，包含18个分院，实现了富士康45个厂区的全覆盖。与德国的双元教育一样，富士康的IE学院，倡导的是"线上实学，线下实践"的双"实"教育。

除了与国家开放大学的合作外，富士康IE学院还与清华、北大、中科大、哈工大、交大、上海交大等65所院校开展了重要合作。打造数字化、移动化、泛在化的绿色智慧教育生态体系是富士康IE学院未来努力的目标和方向。

工业工程随着人类第二次工业革命而产生并发展，已经走过了100多年的历程，对人类社会，尤其是西方的经济和社会发展产生了巨大的推动作用。世界上诸多工业发达国家，如美国、德国、日本、英国等，其经济发展都与其雄厚的工业及其工业工程的实力有着密切的联系，工业工程在这些国家的工业界受到了普遍重视。

第7章
科学管理时代的巨匠们

　　第二次工业革命期间，是管理理论与实践真正蓬勃发展的时期。在美国，比第一次工业革命时期多得多的人参与到职业性的管理研究之中。在这个时代，出现了许多管理学理论先驱，最著名的就是美国的泰勒及其众多追随者，他们对管理的研究方式有一个共同的特点，都是从工厂管理微观的个人视角向宏观的组织视角扩展其理论。

　　在同一时期，法国的亨利·法约尔则采取了另一种研究模式。这大概与他的经历有关，他是从高层管理者的定位和相对宏观的视角对管理进行实证性的实践和总结的。

　　德国的情况则与美国和法国不同，由于体制的原因（如德国的卡特尔可以在无须担心政府干预和没有竞争威胁的情况下运作），真正的管理思想贡献者出现在学术界，这就是马克斯·韦伯，一个聪明绝顶的教授和学者。

　　从美国到法国再到德国，管理学理论从微观走向宏观，从具象走向抽象，这是与各个管理流派领袖人物所面临的环境和问题分不开的。科学管理学派面临的是非常具象的管理问题，如提高工人的工作效率；法约尔面临的是较为宏观和高层的管理问题，如管理较大型的企业；而马克斯·韦伯则面临的是学术问题，他要为社会和组织构思一种理论上可以精密运行的体制——幸好，这样的工作是这位大学教授的专长。

　　在本章中，我们首先介绍科学管理的伟大先驱弗雷德里克·温斯洛·泰勒的工作。在管理思想的发展中，泰勒对于一个以追求效率和系统化为特点的时代的出现起到了重要的推动作用，他是使这个时代的管理发生重大进化的第一人。在泰勒周围，另一些人也在美国传播效率主义，如弗兰克和莉莲·吉尔布雷斯夫妇等人。

虽然泰勒及其追随者们在这个时代起着主导作用，但是早期的行为学派导致管理中出现的人际关系思想，我们将介绍其代表人物乔治·埃尔顿·梅奥和亚伯拉罕·马斯洛。

鉴于管理学界将19世纪末到20世纪初的管理理论总结为"古典管理理论"，而且这种理论主要由泰勒的科学管理理论、法约尔的管理过程理论、韦伯的古典行政组织理论构成，所以我们还必须了解亨利·法约尔和马克斯·韦伯的工作、著作和他们的伟大思想，这些思想的影响一直延续到现在——虽然他们对于管理思想向前进化的贡献是在更晚的时期才得到承认的。

此外，这一时期，亨利·甘特创造了计划制订的"甘特图"，艾马逊提出了"奖金计划"和"提高个人效率的十二原则"，为生产管理和生产率的提高做出了很大贡献。1924年休哈特首创质量控制图，使统计学成为IE研究中的一个有力武器。费希首创"工程经济"，解决设备的"经济性"问题。英美两国对运筹学的研究，为决策者和工业工程师提供在多种方案中做出决策的方法。1945年希亚公布了"因素分析法"。1947年麦尔斯创立了"价值工程"，总结了一套既能保证产品或作业必要功能，又能最大限度地降低成本的方法。

总之，科学管理时代自诞生的那天开始，就是一个从来不缺乏大师的时代。本书只是花海撷英，极简素描了科学管理时代的几位巨匠。

泰勒

管理的主要目标应该是使雇主的财富最大化，同时也使每一位雇员的财富最大化。

——弗雷德里克·温斯洛·泰勒

工业革命的历史上许多伟人都不是大学生，弗雷德里克·温斯洛·泰勒就是其中的一位。这或许是上天注定的，他要做实干家，因此不但从哈佛大学退学，后来还在53岁（1909年）发表了《制造业者为什么不喜欢大学生》一文。同年，他还在伊利诺斯大学以非大学生的身份给大学生演讲《论成功之道》。这很像多年之后甲骨文公司总裁拉里·埃里森在耶鲁大学的演讲，后者同样痛恨大学教育，他说话又不客气，对着2000年大学毕业生说：

今天站在你左边的这个人会是一个失败者；右边的这个人，同样，也是个失败者。而你，站在中间的家伙，你以为会怎样？一样是失败者。失败的经历，失败的优等生。……你们已经被报销，不予考虑了。我想，你们就偷偷摸摸去干那年薪20万元的可怜工作吧！在那里，工资单是由你两年前辍学的同班同学签字开出来的。事实上，我是寄希望于眼下还没有毕业的同学。我要对他们说，离开这里！收拾好你的东西，带着你的点子，别再回来！退学吧，开始行动。

我要告诉你，一顶帽子、一套学位服必然要让你沦落……就像这些保安马上要把我从这个讲台上撵走一样必然……（这时，拉里·埃里森被保安带离了讲台）

泰勒当然不会像拉里说话这样直接。实际上，他一辈子都非常斯文，以至于在现实生活中没有多少故事或逸闻。

不过，泰勒有一种深藏在骨子里的幽默感。在他去世前四年出版的世界管理名著《科学管理原理》一书中有这样的一句话：

对一个适合以搬运生铁为正式职业的工人来说，一个首要的前提是他必须比较愚蠢和迟钝，大概跟头牛差不多。

更能体现他幽默感的是，在同一本书中，他几乎是以小说家构筑冲突情境的方式描写了管理者与工人的一段对话：

我们把施密特从生铁搬运小组中叫出来，并对他这样说：

"施密特，你是一个有价值的人吗？"

"这个，我不懂你的意思。"

"不！你懂。我所要知道的是，你是不是一个很有价值的人。"

"我还是不明白你的意思。"

"这样吧，你回答我的问题。我所要知道的是，你是一个很有价值的人还是这些没什么价值的伙计中的一个；我想知道，你是愿意一天挣1.85美元呢，还是满足于一天挣1.15美元，就像那些没什么价值的伙计一样。"

"我一天想挣1.85美元就是一个很有价值的人吗？那对，是的，我就是一个很有价值的人。"

"噢，你惹恼我了。当然你要1.85美元一天——谁都想要！你很清楚这和你是不是有价值的人无关。看在老天爷的分上，快回答我的问题，别再浪费我的时间了。到这儿来，看见那堆生铁了吗？"

"看见了。"

"你看见那个车厢了吗？"

"看见了。"

"好，如果你是个很有价值的人，明天你把那堆生铁装进车厢，就可以挣到1.85美元。现在，打起精神来，回答我的问题。告诉我，你是不是一个很有价值的人？"

"嗯……只要我明天把那堆生铁装上车厢就能挣1.85美元吗？"

"是的，当然能，今年一年只要每天你将同样一堆生铁装完，你就能每天挣1.85美元。那是一个有价值的人该干的活，这道理，你和我一样明白。"

"那好吧，明天，我就为1.85美元把那堆生铁装上车。而且我每天都能挣那么多钱，是吧？"

"是的。"

"那这样我就是一个很有价值的人了！"

"好，等一等。作为一个很有价值的人，从明天起，你就要完全照这个人的吩咐，从早到晚地去干活。你见过这个人的，不是吗？"

"不，我没见过他。"

"好吧，如果你是一个很值钱的人的话，就照他说的做。他叫你搬你就搬，他叫你休息你就休息，就这么干；不许顶嘴。作为一个有价值的人，他叫你怎么干，你就怎么干，不许顶嘴。明白吗？他叫你走你就走，叫你坐你就坐，不许和他顶嘴。你明早就来这里干活，到了晚上我就会知道，你到底是不是真的有价值的人。"

我认为这是他书中最精彩的一段，小说家都不得不佩服他对人物性格的精细刻画和对矛盾冲突法的熟练把握。

然而，泰勒一生致力研究的却是科学管理。他对科学管理专注到无法想象的程度，以至于他对高尔夫球场和球杆、动作等都进行了科学管理式的研究，管理史学家丹尼尔·A.雷恩是这样记述的：

工作之余，泰勒美化和修整他们在波士里的家；为土壤开发新的肥料，以提高高尔夫球场的草地质量，他是最早种植高尔夫球场专用草皮的人之一，还设计了一些高尔夫俱乐部。他开发了一种带有"Y"形杆的轻击棒并获得专利，使用了长短不同、粗细各异的杆进行试验，还花费大量时间在球场的沙丘地带练习，或者说得更专业些，就是进行了大量实验。他开始打高尔夫球时已经年届40（1896年），但他的技术进步神速；他的水平达到8个差点，并且在1902年、1903年、1905年荣获费城乡村俱乐部的男子冠军。①

1856年3月20日，弗雷德里克·温斯洛·泰勒出生于宾夕法尼亚州日耳曼敦。

同年，清朝穆宗同治皇帝出生（4月27日），英国贝塞麦转炉炼钢法被发明。这是西方工业1.0时代向工业2.0时代悄然过渡的一年，也是我们伟大的东方古国被世界甩得越来越远的一年。

和历史上许多生不逢时的伟大天才不同，泰勒适逢其会地生在了这个迫切需要最新管理思想的时代和国家——19世纪末的美国。

在泰勒那个时代，工程师已经为有效地利用资源开辟了渠道，而当时美

---

① 丹尼尔·A.雷恩、阿瑟·G.贝德安：管理思想史，北京：中国人民大学出版社，2012。

国工业的特点是：技术不断提高，市场持续成长，劳动者对工作和管理不满，企业普遍缺乏管理知识。因此，美国各个行业中的大小企业，都热切渴望获得更好的方法来制造和销售产品。在这样的大背景下，泰勒提出的科学管理迅速俘获了公众、企业管理者、学术界的注意力，就不足为怪了。

泰勒的一生可以粗略地分成三个阶段：一是接受教育和当学徒的阶段，二是在别家公司当雇员的阶段，三是自立门户从事管理咨询业务以及讲学的阶段。

在泰勒人生的第一阶段，他接受了中学的基础教育，并从大学退学，然后以一个学徒的身份在费城恩特普里斯水压工厂完成了自己的社会大学教育。

在泰勒人生的第二阶段，他在工厂的环境中进入了管理研究的起步和上升期，打下了一生事业的坚实基础。

在泰勒人生的第三阶段，他开始进行管理咨询，使科学管理获得广泛传播的同时，也经历了许多波折，并在59岁生日的次日，因肺炎在费城逝世。

下面我们大略地浏览一下泰勒人生的几个阶段。

泰勒的父亲在赫赫有名的桂格股份任职，是一位相当成功的律师，母亲出生于一个有清教背景的家庭。泰勒接受的早期教育相当广博，除了阅读古典著作、学习法语和德语外，还有三年半的时间在欧洲学习和旅行。父母都希望他成为一名律师，泰勒也很有学习热情，中学时常常一连几个小时学习到深夜，这导致他视力下降，经常头疼。虽然他以全班第一名的成绩毕业，也通过了哈佛大学的入学考试，但泰勒还是决定放弃学业。父母建议他成为一名工程师，因此在18岁时，他成为费城恩特普里斯水压工厂的一名模具工和机工学徒，一干就是4年——这里就是他的社会大学。

依照惯例，泰勒最初的4年学徒期是没有工资的。但他在第二年学徒期时已经每个星期赚1.5美元。到第四年，他每个星期的收入已经高达3美元。在恩特普里斯，泰勒深刻体会到作为普通工人的感受，同时也看到工人对产出的限制、糟糕的管理以及工人与管理者之间的紧张关系等。

泰勒结束了自己的学徒期后，进入了人生的第二阶段。他先在费城米德维尔工作了12年（1878—1890年），后又在费城制造业投资公司工作了三年。

在米德维尔的12年是泰勒人生的黄金阶段，工作充实，事业顺利，生活美满。在工作上，泰勒步步高升，一直升到总工程师职位；在事业上，管理学的研究步入了正轨，工时和工作方法研究都是在这段时间起步的，并获得了发展，同时，还开始了著名的"金属切削实验"；在学业上，泰勒以自学方式获得了新泽西州霍肯博的斯蒂文斯理工学院机械工程学位；在生活上，泰勒结了婚，结束了单身生活。

1878年，泰勒加入费城的米德维尔钢铁公司，该公司专门制造火车机车轮子和车轴。在这家公司，泰勒从一名普通工人晋升为书记员，继而成为机工、技工们的班组长、机械车间的工长，再到负责整个工厂维修和保养的总机械师，最后成为总工程师，这一晋升过程总共只用了6年时间。

米德维尔公司的工作环境为泰勒研究管理学提供了场所和条件。虽然泰勒从未接受过管理学方面的正规教育，但他根据自己以前作为普通工人的经验，认识到一种"磨洋工"的现象，这是泰勒的科学管理学中最为重视并试图解决的一个问题，他所有科学管理的方法和原理最先都围绕"磨洋工"现象展开。在《科学管理原理》中，泰勒在第一章中用两节的篇幅（这一章一共三节）来描述和分析这一现象，如今，熟悉泰勒管理理论的人也对此印象最深。磨洋工确实是工业时代工厂中最典型和普遍的现象，泰勒区分了两种不同类型的磨洋工："本性磨洋工"和"系统磨洋工"。前者来源于人的天然本能，后者则来源于人际关系的压力。

对磨洋工的研究成了泰勒管理实验的出发点，他利用自己的工作便利，试图采取各种方法来解决它，并在挫折中逐渐发现了人类工作心理的复杂性。

在泰勒最初当上机械车间工长的一段时间里，他的一些做法遭到了工人们的强烈反对。泰勒开始向他们示范如何在几乎不需付出额外努力的情况下使用机床获得更多产出，但工人们拒绝遵循他的指示。之后，泰勒又开始培训学徒工。然而，面对已成惯例的产量标准，这些学徒工很快就放弃了泰勒教给他们的方法。泰勒降低了计件工资率，等于增加了工作但不涨工资，希望逼迫工人们工作效率更高，但这种尝试真的把工人都得罪了，工人们以捣

管理进化简史

毁和堵塞机器的方式来报复他。为此，泰勒采用了罚款制度来惩治他们，所得的罚款纳入一个工人福利基金。总之，泰勒的科学管理是在各种对付磨洋工的试验和尝试中展开的，他在《科学管理原理》中这样写道：

> 那时车间实际上是工人们在运行，而不是由班组长管理……车间每进入一个新工人，其他工人就会立刻告诉他，每种活儿他该做多少，如果不按照指示办事，不用多久，他就会被工人们从车间赶走。
>
> 当笔者被任命为班组长后，工人们一个个地找我，和我谈了如下类似的话：
>
> "弗雷德，看到你担任班组长，我们十分高兴。你是知道游戏规则的，我们相信你不会支持计件活的。你要是和我们站一起，那就什么事也没有，如果你想破坏游戏规则，我们一定会把你扔出墙外的。"
>
> 笔者坦率地告诉他们，我现在是为管理者工作，所以我打算尽一切努力提高车间的工作效率。
>
> 这立即引发了一场斗争，尽管在大多数情况下这样的斗争是较友好的，在私下我们是朋友。但是斗争归斗争，并且随着时间的推移，变得越来越激烈。笔者用尽一切方法，希望能让工人们每天的工作达到适当的程度，比如降低那些顽固不化的工人的工资或将他们解雇、降低计件活的价格，还有雇用新工人，教他们怎样工作，并让他们答应一旦他们学会怎样工作就会干出合理的活计。由于存在来自工作内外的压力，这些增加产出的工人最后不得不降低产量，保持与其他人一样的水平，不然就得卷铺盖滚蛋。
>
> 没有经历过这些斗争的人，很难体会到其中不断增强的敌意。
>
> 在斗争中，工人们通常能想到一些奏效的办法。他们想办法用各种不同的方式将机器弄坏，表面上看是偶然损坏或正常损耗，然后把问题扔给领班，是他让他们不停地工作，导致机器使用过度而损坏。很少有领班能扛住工人的联合压力。在这种情况下，问题因为车间的日夜开工而变得更加复杂。
>
> 经过不断的实验和改善，三年之后，工人们最终作出让步，同意采纳泰勒教导的方法，磨洋工的现象在米德维尔大大减少了。

这些艰苦的经历给泰勒上了宝贵的一课，他看到企业是人们彼此合作的系统，所有人都要朝着一个目标努力才能获得成功，采取和工人们对着干这种不科学的方法往往适得其反。从那以后，泰勒再也没有使用过罚款制度，并制定了严格规定，以防止计件工资率的降低。

泰勒的"科学管理"，就起源于米德维尔。为了解决工人磨洋工的问题，泰勒开始着手测定工人们运用现有的设备和材料应该能够生产多少产品，即用科学的实况调查来确定每一位工人完成工作任务的最有效率的方法，而不是凭直觉想当然地采取上面提到的各种不合理手段。他用科学研究的方式展开了对管理的研究。

在米德维尔期间，泰勒奠定了其理论中的大部分框架，这包括工时研究、绩效研究、"一等工人"的标准，以及"任务管理系统"等。

工时研究成为泰勒制的基础，它分为两个阶段：分析和综合。在分析阶段，每项工作都被拆分成最基本的动作，无关紧要的动作被抛弃，其余的动作经过仔细考察，以确定最快速、最高效的方式。然后，对获得的这些基本动作进行明确的描述、记录和编入索引，再加上不可避免的延迟、细小事件以及休息所需花费的时间。在综合阶段，按照正确的顺序将这些最基本的动作组合起来，以确定完成一项工作所需的时间以及确切的方法。这个阶段还将促使人们不断改进工具、机器、材料和方法，以及使与工作相关的所有因素最终标准化。

在绩效研究方面，泰勒提出了一个全新的体系，以克服之前家庭包工制时存在的绩效报酬弊端。

此前，根据绩效支付报酬是家庭包工制生产方式的基础，计件激励机制是最主要的方式，一直沿用到工业革命时代。泰勒发现，传统的计件制方法最大的一个缺陷正是它"只关心结果"的原则造成的，即如果不对工作过程进行改进，工人们哪怕想要生产更多产品也不太可能，这等于宣布了"结果驱动法"无效。计件制将工人当前的产出作为绩效标准是不对的，应该采用科学的方法来制定标准。

泰勒的方法从工时研究开始，并且考虑了心理因素，它由三部分组成：①通过工时研究来观察和进行分析，以制定产量标准和工资率；②实施一种

管理进化简史

有级差的计件工资率,如果完成工作所花费的时间少于规定时间,将会获得更高的计件工资率,而如果花费的时间多于规定时间,则将获得较低的计件工资率;③"根据个人绩效而不是职位高低支付报酬"。

从以上三部分可以看出,一是标准变了,从自发的标准变成了科学的标准;二是引入了心理的激励以获得工人们的主动性;三是引入了公平原则,不管职位高低,都要看绩效。

当然,泰勒关于绩效的研究成果实在很多,在此无法一一描述。不过,泰勒对设置合适的绩效标准和计件工资率激励机制最后引申到了如何建立和谐的劳资关系方面,激发了他主张劳资双方互利关系的哲学思想。泰勒并不认为工人报酬的增加就意味着雇主收益的减少,他主张建立一种劳资双方都能够受益的系统。

计件制体现了员工绩效管理从作坊式、粗放式到科学化的进步过程,但是,在基于客户需求拉动生产的管理3.0——精益管理时代,从计件制进化到计时制,成为一个必须跨越的障碍。

泰勒提出了"一等工人"的说法:

我认为,只有那些有能力工作但不愿意工作的人才不属于我所界定的"一等工人"。我想说明的是,每种类型的工人都能在某种工作中做到一流水准,除非那些完全能够胜任工作却不愿意那样做的人。

在泰勒的科学管理中,管理者的任务之一,是为工人找到最适合的工作,帮助他们成为一等工人,激励他们做到最好。

然而,泰勒使用"一等工人"这个术语,却给他带来了许多苦恼。其中典型的一次痛苦经历,是在美国众议院特别委员会对所谓"泰勒制"的调查期间,当时的调查过程"充满了恐怖气氛"和问答过程中的刀光剑影。下面是部分关于"一等工人"的对话①。

---

① 见丹尼尔·A. 雷恩、阿瑟·G. 贝德安的《管理思想史》。

主席（威尔逊先生）：一个不够优秀的工人，也许他并不应该为自己的不优秀负责，难道他不应该和一个优秀的工人一样享受同样的待遇吗？

泰勒先生：是的，他们不应该享有同等待遇。否则就意味着，世界上所有人都有权利享有同样的待遇，不管他们是在认真工作，还是在游手好闲，这显然是不对的。所以，他们不应当享有同等待遇。

主席：你认为，在科学管理下，如果一个人不能成为一等工人，那么在这个世界上就没有他的立足之地了——如果他在某一方面不是一流的，就应该被毁灭甚至被去除吗？

泰勒先生：主席先生，我应该解释一下我所认为的"一等"工人的含义。在我的书中，曾对"一等"工人有过大量说明。我发现，大家普遍对"一等"这个词的使用存在误解。

主席：在你对你心目中的"一等"工人下定义之前，我想听听你对于科学管理下，在某个具体的岗位上，什么样的工人算不上"一等"工人。

泰勒先生：如果不对什么是"一等"下定义，我就无法回答你的问题。我们对这两个字的含义的理解存在很大分歧，所以，我想请你允许我阐释我所指的含义。

主席：事实上，当你特指"一等"的时候，就意味着你的心目中还有除了"一等"之外的其他等级。

泰勒先生：如果你允许我先给这个词下个定义，我想我可以把事情解释清楚。

主席：你说一名"一等"工人正常条件下可以受到照顾，这是你刚刚说过的话。现在，你心目中非"一等"的其他等级的工人，请问你的体制打算如何照顾他们呢？

泰勒先生：主席先生，我无法回答这个问题。我无法回答任何与"一等"工人相关的问题，除非你先了解我对这个词的定义，因为我在论文中使用这个词只是出于技术上的考虑。我不愿意回答这种问题，因为你认为我关于"一等"的回答就适用于我书中所说的一切。

主席：你自己插入了"一等"一词，你说你不知道会有这样的状况：在正常条件下一名"一等"工人会找不到工作。

管理进化简史

泰勒先生：我并不认为我使用了"一等"这个词。

雷德菲尔德先生（一名制造商）：主席先生，我认为刚刚证人已经四次重申，请允许他给出他所指的"一等"定义，但没有得到任何答复，因为他说的"一等"是一回事，而你想的"一等"是另一回事。

主席：我的问题和"一等"这个词的定义没有任何关系。我的问题是关于非"一等"而不是"一等"。"一等"的定义对我的问题的解答没有任何意义，因为我问的不是关于"一等"的问题，而是关于其他非"一等"工人的问题。

泰勒先生：如果不先说明我所说的"一等"的含义，我无法对其他的加以说明。

雷德菲尔德先生：正如我刚刚打断你们的对话时所说的，证人已经说明了他不能回答主席的问题，因为主席所用的词语，即"一等"，在主席的心目中和在证人的心目中不是同一个意思，于是证人要求定义这个词，这样，双方才能理解这个词语的意义。现在，我认为，应该允许证人为他所说的下定义，这是合乎法律并且完全适当的。在证人给出他的定义以后，如果还存在任何误解，我们还可以继续。

之后，劳工委员会主席、雷德菲尔德和蒂尔森（仲裁员）陷入了一场激烈的争论，争论的焦点是泰勒是否应该被允许定义他的术语。雷德菲尔德和蒂尔森胜出，然后泰勒继续阐释了他关于一等工人的思想，最后他总结道：

……在每一个级别的工人当中，都有这样一些停滞不前的工人——我并不是指那些不能工作的人，而是那些事实上可以工作的人，只是因为懒惰，不管对他们如何进行教育和指导，不管如何体贴地对待他们，都无法把他们培养成"一等"工人。这就是我所说的"二等"。他们在事实上是有可能成为"一等"的，但是他们顽固地拒绝这样做。现在，主席先生，在清楚了我所说的两种类型的"二等"工人以后，我非常乐意回答你的问题。他们一类是事实上可以工作但拒绝工作的人；另一类是在体能或智力上不适合某一项工作的人。这就是两类"二等"工人。

主席：那么，科学管理准备如何处理这些在某项工作中不属于"一等"的工人呢？

泰勒先生：我放弃。

主席：在科学管理中没有这些人的一席之地吗？

泰勒先生：对一只可以歌唱但拒绝歌唱的小鸟，科学管理丝毫不起作用。

主席：我所说的与鸟没有任何关系。

泰勒先生：在科学管理中，没有那种能够工作而拒绝工作的人的位置。

主席：这不是一个"能够工作而拒绝工作的人"的问题，这是一个在某个工作岗位上非"一等"工人的问题，根据你的定义。

泰勒先生：我不知道有如此类型的工作。对于每个人来说，都能够找到一种他可以成为"一等"的工作。

……

在泰勒人生的第三阶段，经常遭到上面这样的非议和误解。在上面这次调查之中，泰勒受尽了折磨和侮辱，他的自尊受到了极大伤害，一生心血也遭到了国会委员会的贬斥，并被视为野兽。他在做证结束离开证人席时，几乎站不稳。泰勒是当时美国最堂堂正正的智者，他心甘情愿地承受着工会领导、国会议员以及调查人员出于误解、怀疑或者恶意的各种诘问和诱迫。

泰勒饱受折磨的时期是他生命中的第三阶段，他在米德维尔公司期间的生活还是幸福的。在此期间，在工时、绩效等研究之外，泰勒还逐步奠定了"任务管理系统"的基础，其基础首先还是工时研究和制定绩效标准；其次要做的就是挑选出在差别工资制的激励下能够达到绩效标准的工人，这又和"一等工人"挂上钩了。

泰勒的任务管理系统依赖于精心安排。每天都应该向工人分配明确的任务，并且附有详细的书面指示以及完成工作的时间规定。当然这套系统相当复杂。然而泰勒在这个系统中发明的"职能领班"的监督方式却相当独特，这是一种工头加老师的角色，每个职能领班负责一项不同的职责（或者职能）。这些职能工头将构建一个核心的"计划部门"。职能领班制使工厂能够较快地获得各种专业化的技能，而无须花费额外时间去招聘或者培训全能的管理者。

泰勒非常轻松地使米德维尔公司的工人们接受了他的职能领班制；然

而，却遭到了他们的顶头上司们的抵制，因为它限制了这些上司的权力和行动范围。他的职能领班制并未在实践中广泛传播，因为人们认识到，在不过度依赖各类专业人士的情况下，它无法培养出有能力完成本职工作的管理者。

泰勒在米德维尔公司的岁月是一段充实的时光，不但事业上相当成功，生活上也成果丰硕。1881年，他和姐夫克拉伦斯·M.克拉克搭档，赢得了美国草地网球协会业余组双打的首届冠军；1883年，他获得史蒂文斯理工学院颁发的机械工程学位；1884年，他与路易斯·M.斯普纳喜结良缘。在事业方面，他还开展金属切割和机械传送带装置的科学研究。

1890年，泰勒离开米德维尔公司，成为制造业投资公司的总经理。这是一家以木材产品为原料的纸纤维生产商。他在该公司的经历并没有太多收获。1893年，泰勒从该公司辞职，从此，他进入了人生的第三阶段，成为一名管理咨询工程师。

泰勒此后的生涯，大多是在为各种组织提供咨询服务，推广自己的科学管理理论，以及后期在大学的讲学这几项活动中度过的。在这个过程中，他的名声越来越大，也招来了种种非议和烦恼。

在接受泰勒咨询服务的客户中，比较有名的客户是位于马萨诸塞州菲奇堡市的西蒙德滚轧公司。

1897年，他在这家公司对自行车滚珠轴承的生产进行了著名的实验，这些情况在他后来的大作《科学管理原理》第二章第八节中有相当细致的描述。限于篇幅，本处无法引述该节的全部。简而言之，该厂的工作之一是制作自行车的钢珠。在制造工序的最后阶段，120名女孩负责检查成品小钢珠是否有瑕疵。在一段时期内，泰勒逐渐将每天的工作时间从10.5小时缩短到8.5小时，并安排了上午和下午的休息时间；他挑选出最优秀的质检员，还将这120名女工纳入计件工资计划。实验的结果是，35名女工就能够完成120名女工的工作，而此时公司每个月的产量已经从500万个轴承增加到1700万个，检查时的准确率提高了2/3，工资平均比以前高出80%—100%，而且"每个女孩都觉得自己获得了管理层的特殊照顾和关注"。

泰勒接手的最具挑战性、最具争议的咨询项目，是位于宾夕法尼亚州南伯利恒市的伯利恒冶铁公司，即后来的伯利恒钢铁公司。1898年，应公司大股东约瑟夫·沃顿的邀请，泰勒进入该公司。

泰勒在全世界都著名的"搬生铁"实验就是在这里进行的。这个实验我们前面讲述泰勒的幽默感时提到过一些细节，泰勒的《科学管理原理》一书中，在第二章第二节将这个实验当作一个典型的科学管理案例来描述。实验证明，通过对搬运工作进行科学的管理，工人完全能够在不过劳的情况下完成每天47吨的生铁搬运工作（之前是平均每天12.5吨）。泰勒运用这个故事是为了证明，即使对于最基本的工作流程来说，系统管理也是适用的。它同样能够带来实质性进展。

弗雷德里克·泰勒和路易斯·泰勒夫妇没有生育自己的子女，他们于1901年收养了泰勒夫人的亲戚——艾肯家——的3个孩子，这些孩子因为一场悲剧失去了父母。泰勒夫妇和他们的新家庭从南伯利恒搬到了日耳曼敦。

随着泰勒的名声广泛传播，他有了大量追随者，他的任务管理系统被其他许多公司采用。

1906年，泰勒担任著名的美国机械工程师协会会长。他的名气越来越大，那些宣扬泰勒思想的人也渐渐聚到了一起。除了早期的甘特和巴思，还有后来加入的亨利·勒沙特利耶、霍勒斯·K.哈撒韦、莫里斯·L.库克和桑福德·E.汤普森，以及我们后文要介绍的弗兰克·吉尔布雷斯。

哈佛大学邀请泰勒前去讲课，他讲学的地方即于1908年成立的哈佛商学院，但他自始至终都不满意课堂讲授这种方式，他认为学习他的体制的唯一途径就是依靠经验。

1910年，州际商业委员会就铁路公司提高运费举行的听证会使公众注意到泰勒的体系，他的任务管理系统和科学管理理论获得了大张旗鼓的免费宣传，然而同时，也获得了未曾预料到的反响。

当时，陆军军械部的部长威廉·克罗泽将军，挑选位于马萨诸塞州沃特敦以及伊利诺伊州罗克艾兰的兵工厂作为试验泰勒体制的基地。

泰勒提醒克罗泽将军要非常谨慎、循序渐进地引入科学管理，其中包括首先摸清每个部门的工人情绪。卡尔·G.巴思试图遵循泰勒的建议，但是当德怀特·梅里克——他担任巴思的助手，开始使用一只秒表来为沃特敦兵工厂的制模工人使用的工作流程计时时，麻烦就来了。其中有一名制模工人以"组织"（工会）为由，拒绝允许梅里克对他的工作进行计时。兵工厂的指挥官陆军少校查尔斯·B.惠勒向这名工人解释了使用秒表进行计时的必要性。这名工人再次拒绝，于是因为"拒绝服从命令"而被解雇。出于同情，兵工厂的其他制模工人也纷纷效仿他的做法。

1911年8月，沃特敦兵工厂爆发了实施泰勒的任务管理系统后的第一场罢工。在这次罢工之后，工会领导请求国会对沃特敦兵工厂的工人们抱怨恶劣的工作条件和受到屈辱对待展开调查。因此，众议院任命了一个特别委员会来调查所谓的"泰勒制"。我们在前面引述过的那一大段关于"一等工人"的辩论就是这次调查过程的片段。

此次调查之后，通过了一项国会决议，禁止在政府的军事机构中使用工时测量设备和报酬激励机制。禁止使用联邦资金来"利用秒表或其他计时设备进行工时研究"的法律一直有效，直到1949年才取消。其实，在泰勒亲自负责实施科学管理的所有公司，从来不曾发生过一次罢工，而且在他的体制下工作的工人也从来不曾感到有必要组织工会。然而，要在许多年之后，劳资双方才会共同参与被泰勒视为科学管理之精髓的"心理革命"。

泰勒倡导"心理革命"，从而使劳资共同将注意力转向扩大盈余的规模。他认为他的方法的主要反对者是工会领导，而不是工会的普通成员。他相信工会领导达成了一种反对科学管理的共识。在与代表美国劳工联合会金属行业部的内尔斯·P.埃里法斯的一次讨论中，泰勒向埃里法斯陈述了工时研究的案例、改进的工作方法以及基于产出给予工人的报酬。埃里法斯也陈述了金属行业部的立场：

一些人可能不明白为什么我们反对工时研究……原因是，过去工人防止被雇主压迫的最后一根救命稻草就是，雇主不知道他们究竟在干什么。工人要获得足够的时间，以他们认为适当的速度工作，唯一的方法就是不让雇主确切知道工作所需的时间。美国公众有权利说，我们希望以这样的速度工作，我们不希望工作得越快越好，我们希望按照一个使我们感到舒服的速度工作。我们正在努力调节我们的工作，使其成为我们生活的辅助，并从中受益。①

泰勒曾多次邀请美国劳工联合会主席塞缪尔·冈珀斯参观正在应用科学管理的工厂，从而亲自了解实际情况，但冈珀斯都拒绝了。

1915年，泰勒在去世前的三个星期，在克利夫兰广告俱乐部发表演说：

科学管理的每一步都是一次进化的过程，都不是一个固定的理论。在任何情况下，都是先有实践，后有理论……我所知道的关于科学管理的人都会随时准备抛弃任何计划、任何理论，只要能够找到更好的方法。在科学管理中，没有任何事情是固定的。

行文至此我不禁感叹，我们关于管理随生产方式而进化的观点，原来泰勒早就表达过了呀！

泰勒的人生终点越来越近了，妻子越来越差的健康状况令他非常担忧，工会组织的敌对让他倍感苦恼，各种模仿者打着他的旗号招摇撞骗，对他的方法偷工减料，将他的哲学抛诸脑后，这些也让他深受打击。

在一次演讲的归途中，在一间漏风的火车休息室里，泰勒患上了肺炎。在59岁生日的第二天，泰勒去世了。他被安葬在费城西劳雷尔山公墓，墓碑上刻着："弗雷德里克·W.泰勒，1856—1915，科学管理之父。"

亨利·法约尔

亨利·法约尔（1841—1925），法国人，生活在第一次工业革命向第二次工业革命跨越的年代，为推动管理学从萌芽时的工厂管理向科学管理的进化做出了巨大贡献。和泰勒一样，他也是古典管理理论的主要代表人之一。

法约尔最重要的贡献是创办了管理过程学派。

---

① 见丹尼尔·A. 雷恩、阿瑟·G. 贝德安《管理思想史》。

管理进化简史

法约尔出生于法国一个富裕的资产阶级家庭，17岁就读于圣艾蒂安国立矿业学院，19岁毕业，取得了矿业工程师资格，同年被任命为科芒特里——富香博公司的科芒特里矿井组工程师，从此步步高升，走上管理职位。

1918年，法约尔退休时的职务是公司总经理，1925年12月以84岁高龄去世。

法约尔具有的是高层管理者的定位。他认为"一般管理的职责是以最优的方式利用各种资源，从而使企业迈向它的目标。而制订行动计划、选拔员工、判断绩效，以及确保和控制所有行动的顺利实施，则是行政管理的职责"。

法约尔是一名战略家，他的各种观点渗入了当代管理思想之中，以至于其中许多观点在今天看来也是正确的，并被人们不断重复。

然而应该记住的是，法约尔是管理学开创性的人物，他的主要观点第一次被提出时产生了革命性的影响。时至今日，法约尔的许多观点仍然极其重要，这并不仅仅因为他深刻影响了之后几代的管理者，更是因为他的著作至今仍有一定的参考价值。

无论人们是否承认，很明显，今天绝大多数管理者在本质上还都是法约尔主义者。正是因为这个，法约尔被尊称为"现代管理之父"。

1860—1866年，法约尔一直在该公司担任工程师，并在防治令公司颇感头痛的地下煤矿火灾方面取得了显著的技术进展。他的努力获得了回报，在25岁时被晋升为科芒特里煤矿的经理；6年之后，他开始主管几家煤矿。1888年，法约尔被任命为该公司的总经理（首席执行官），担负起让公司运营起死回生的使命。他开始采取一系列关停并转的方法拯救公司，这为他发展自己的管理学体系提供了大量思想和实验舞台。

当企业需要管理的人员变多后（当时超过10000名雇员），法约尔首先意识到，管理是一种独特的技能，与他所学的工程学技能不一样，他开始区分管理能力和技术知识，并看到公司的管理体制也是制约管理的重要因素。

例如，早在1861年，法约尔就观察到，由于一匹马在圣埃蒙德煤井劳动时摔断了腿，所有工作就不得不停止，法约尔从中看出了管理中责任与权力关系的问题。似乎预见到现代的工作团队理念，法约尔让矿工们根据自己的意愿组成团队。

法约尔的代表作《工业管理和一般管理》于1916年首先发表在法国的一本技术期刊上，此时法约尔已经65岁了。1917年，该书出版后，获得了整个法国的好评，被誉为"首席执行官教育的教科书"。"法约尔主义"从此牢牢屹立在法国的管理思想领域，就如同泰勒主义在美国的地位一样。

由于第一次世界大战，法约尔的思想在法国之外的传播最初被延缓了。此后，几乎是40年之后，他的开创性成果才在英国和欧洲的一个小学术圈内获得重视和欣赏。对法约尔和泰勒的早期解读，是将他们的成果对立起来看待，这确实有些道理。泰勒从车间或者技术层次着手研究管理，而法约尔则从最高管理层的视角来研究管理。法约尔强调高层管理，这反映了他50多年担任工业公司高层领导者的经历。即使如此，法约尔也坚持认为，他和泰勒两人的成果是相互补充的，因为他们都是在设法改善管理行为。

法约尔认为，每个组织都需要管理："无论是在商业、工业、政治、宗教、战争还是慈善事业中，在每一件事情上都会有一种管理职能被执行。"因此，像夏尔·迪潘一样，法约尔认为管理是一门特殊的研究，应该与技术事项分开，而且随着管理理论得以发展和系统化，就能够在学校和大学中传授管理知识。

法约尔主张，所有涉及管理活动的雇员，从领班到主管，都应该获得某种程度的管理训练，这一点与泰勒是一致的。然而，他认为学校和大学不教授管理学，是因为人们通常认为经验是获得管理能力的唯一途径，这种看法却与泰勒完全相反。法约尔发现绝大多数高层管理者"既没有时间也没有意愿来写作"，所以他利用自己的经验和观察结果，提出了一个知识体系，其中包括为思想和实践提供指导的原则，以及描述管理者职能的管理要素。这一知识体系的广泛传播，促使法约尔的学说成为一种主义。

法约尔重视管理原则。

然而他认为，"原则是灵活的，能够适用于每种需要：重要的是要知道如何使用它们，这是一门困难的艺术，它需要智慧、经验、决断力和平衡。融会了机智和经验，平衡是管理者最重要的品质之一"。法约尔专注的14项原则是：

（1）工作分工；

（2）权力；

（3）纪律；

（4）统一指挥；

（5）统一领导；

（6）个人利益服从整体利益；

（7）报酬；

（8）集权；

（9）等级链（权力链）；

（10）秩序；

（11）公平；

（12）稳定的员工任期；

（13）主动性；

（14）团结精神。

除管理原则之外，法约尔还被誉为第一个确定和描述管理要素或管理职能的人。他把这些管理要素称为计划、组织、命令、协调和控制。这五项管理要素共同代表了人们通常所称的"管理过程"。

法约尔的14项原则广受推崇，然而限于篇幅，我们无法在此一一细说。

直到1908年，法约尔才形成了自己管理学说的雏形，后又经过8年的持续努力，才完成并出版了传世之作《工业管理和一般管理》。

法约尔退休以后，专门创办了一个管理研究中心，全身心地投入理论研究，交流和传播自己的管理经验和思想。

法约尔的研究计划只完成了一半，即第一部分"管理教育的必要性及可能性"和第二部分"管理的原则和要素"。法约尔研究计划中第三部分"个人观察和体会"还没完成，就于1925年去世，享年85岁。

马克斯·韦伯

马克斯·韦伯（1864—1920）出生于德国一个拥有广泛社会和政治关系的富裕家庭，是一位卓越的学者，对社会学、宗教、经济学和政治科学都具有浓厚兴趣。他与亨利·法约尔和弗雷德里克·泰勒都在同一个时期生活并发表成果，三个人的理论确立了西方的古典管理理论。

1904年，在构思其经典著作《新教伦理与资本主义精神》的最后阶段，韦伯访问了美国，发现美国是所有国家中最资本主义化的国家。韦伯受邀在艺术与科学国际大会上发表演讲，并于参加这次会议的同时，在纽约停留了一段时间，从而得以在哥伦比亚大学和纽约公共图书馆进行一些深入研究——显然他的正常工作现场是在图书馆，而不像泰勒或法约尔那样是在工厂或矿山。

为考察资本主义精神如何在美国繁荣发展，韦伯还访问了美国的许多城市，其中包括费城、华盛顿、巴尔的摩、波士顿、芝加哥、新奥尔良、亚拉巴马州的塔斯基吉，以及俄克拉何马州的马斯科吉印第安人区。这一次，以及此前和此后的多次宏观考察，为他宏观抽象地构思人类社会、国家及包含企业在内的诸多组织的结构和运作方式提供了丰富的思考素材。

据韦伯的观察，美国的经济发展模式与德国是不一样的。美国的制造业和营销业已经与交通和通信网络紧密结合，企业从小型企业成长为大型企业的同时，管理者也从所有者转变为专业人士，即在企业成长过程中管理者越来越专业化，组织结构越来越符合他构想的官僚制。在德国，大型企业只出现在化工行业、冶金行业以及制造复杂机械产品的行业，在这些行业中已经形成卡特尔，可以在没有政府干预和竞争威胁的情况下运作，以控制价格和占有市场。在美国，这种行为受到了反托拉斯法案的限制，因为美国的资本主义精神是鼓励创新和竞争的。

韦伯的作品从本质上说是学术性的和规范性的，这与泰勒和法约尔提供的以管理实践者为导向的理论形成鲜明有趣的对比,表明了一个人的生活和工作环境决定了他的思想成果形态。韦伯的主要贡献,是勾画出他所称的"官僚制度"的主要特征,这是他对管理学和组织学的巨大贡献。

通常在我们的语境中,"官僚制度"似乎是一个贬义词。其实,在韦伯设计它时,官僚制是作为一种能够解决组织问题的精密方案提出的。管理界经常称这种制度为"科层制",以使它显得中性一些。然而如今,在管理4.0时代的语境下,"科层制"也变成了"固执、僵化"的代名词。

官僚制度,指的是由官职或职位来进行管理。在理解韦伯的思想时,要强调以下几点:

1. 韦伯使用"官僚制度"这个术语,并不是以一种讽刺、贬低的情感态度来叙述墨守成规和循规蹈矩所导致的无效率,而是一个非批判性的词语,用来称呼被他视为最现代、最有效率的组织形式。经常不被人们了解的是,官僚制度的出现是为了反对以前的各种管理体系,例如它反对君主制和独裁制中存在的屈从和残酷,以及反复无常的主观判断。在之前的那些管理体系中,所有人的生命和财产完全取决于专制者的随心所欲,专制者的唯一法律就是他自己的意愿。因为这个,当与它所代替的其他管理体系相比较时,韦伯赋予官僚制度的优点也许能够获得最好的理解了。官僚制度强调法定权力,力图终结对雇员们的剥削,并且确保所有人获得公平机会和公平待遇。

2. 在韦伯看来,官僚制度是一种理论,在现实当中并不存在。它是一种标准或模式,是假设性的,不是真实存在的。它既不意味着一个实用模式,也不意味着与现实相符。

3. 韦伯的官僚制度是基于法定权力,下属服从的并不是某一个人,而是一个职位拥有的非个人化的权力,如军队、选举产生的政治官员、政府机构、大学,以及企业,这些组织中的权力结构往往是法定的。

4. 在韦伯看来,人们需要有效率地进行组织,这种需求与文化无关。依赖于理性和对法律的尊重,公民平等的理念以及现代国家提供的广泛服务使得某种形式的专家治理成为必然。此外,不断扩大的公司规模、先进的技术,以及全球化的市场,使得官僚制度成为必然。因此,官僚制度在政府中出现之后，在企业、工会、教会、服务群体以及志愿者组织当中也逐渐普及。今天，无论属于何种文化，无论多大规模，所有组织在某种程度上都实行了官僚制度。

由于他的贡献，韦伯成为公认的古典社会学理论和公共行政学最重要的创始人之一，被后世称为"组织理论之父"。

吉尔布雷斯夫妇

弗兰克·B.吉尔布雷斯（1868—1923）和妻子莉莲·吉尔布雷斯（1878—1972）是泰勒同时代的人，他们在管理方面的研究为这个"效率为王"的时代做出了巨大的贡献。

弗兰克喜欢孩子，他的理想家庭中，孩子应该有12个，结果这对夫妇真的生了12个孩子。

吉尔布雷斯夫妇的成就，来自对"消灭浪费"这一目标的执着，他们始终致力于发现一条完成工作的"最佳方法"。弗兰克对时间测量非常痴迷，不论是在家里还是在工作中，他都是一个效率专家。他扣衬衣的纽扣是自下而上而不是自上而下，因为前一种方法只需要3秒钟，而后一种方法需要7秒钟。他同时用两把修面刷修面，因为他发现这样可以节省17秒钟的时间。他又尝试用两把剃刀，发现这样可以把刮胡子的时间缩短45秒钟，但他最终还是放弃了这种方法，因为他需要花2分钟时间用绷带包扎割破的伤口。他的孩子们认为，是这失去的2分钟，而不是被割破的伤口，令他感到不满。

作为工程师的弗兰克和作为心理学家的莉莲，这一对完美搭档的兴趣极其广泛，他们对材料处理、工作方法、动作研究、疲劳研究、技能迁移理论，以及现代人力资源管理都做出了贡献，这些贡献直到今天仍然在发挥作用。例如，在美国宇航局"阿波罗"号飞船的指挥舱和服务舱中，其机组舱、机组座椅和仪表板的人体工程学构造都使用了由弗兰克和莉莲开创的技术。

管理进化简史

弗兰克是缅因州一个五金商人的儿子，从小就很节俭。在他3岁时，父亲去世，全家搬到了波士顿。他先后进入安多佛市的菲利普斯中学和波士顿当地的赖斯语法学校学习。他通过了麻省理工学院的入学考试，但因为家中日子过得很艰辛，母亲经营一家旅馆，供养他和他的两个姐妹很艰辛，所以他放弃了进入大学深造的机会。之后，他的主日学校教师伦顿·惠登为他提供了事业开始的机遇，推荐他从事砌砖工作，给他支付每天3美元的高工资，弗兰克接受了这份工作。为学会所需要的新技能，弗兰克仔细研究了砌砖匠的工作流程。他发现，工人们用三套动作来完成砌砖的工作：当精心而缓慢地干活时，他们使用一套动作，当快速干活时，使用第二套动作，而当教一名学徒工时，又使用第三套动作。就是从这样细腻的观察中，弗兰克形成了动作研究的最初事业方向，他的推理非常清晰：如果某一套动作是正确的，那么其他两套动作就是错误的或不必要的。

弗兰克决心学会以"正确的"方法砌砖。刚开始，他是砌砖速度最慢的学徒工，但他很快就形成了自己的套路，他的套路由许多更细致的套路组合而成，并且还需要工具的配合。他设计了一种特制的脚手架，对砂浆黏稠度进行了精心的测试，为泥刀的使用方法设计了规范的动作……总之，他对砌砖中的所有事项设计了新的方法，最终把砌一块砖所需的18个动作减少到了6个。不到1年，他的砌砖速度比任何同事都要迅速。在当时，一位熟练工人可以每小时砌175块砖，而弗兰克很轻松就可以砌350块砖。总之，到20岁时，他可以在50多个行业中获得和熟练工人相同的工资。

几年之后，弗兰克在州际商业委员会就东部铁路运费案件举行的听证会上出席做证，他如此解释自己新的砌砖学问：

4000年来，砌砖的方法始终未变。人们做的第一件事情是弯腰和拿起一块砖头。泰勒指出过，每块砖头的平均重量是10磅，而每个人腰部以上的平均重量是100磅。与其弯腰并且抬起这两种重量，砌砖匠可以搭建一种可调节的棚架，从而使砖头就处于他伸手可及的地方。一个男孩可以让这些棚架始终处于正确高度。

当砌砖匠把砖头拿在手中时，他用自己的泥刀来检验它。然而，这比弯腰去捡砖头更加愚蠢。如果手中的砖头质量不好，他就会将之丢弃，但在这个过程中，它也许是从地面被搬运到6层楼来的，然后还必须再次被搬运下去。此外，这样还使得一个每天赚5美元的砌砖匠花费了许多时间，而一个每星期挣6美元的男孩在地面上就可以对砖头进行检验。砌砖匠接下来要做的事情是将砖头不断翻转以确定它的正面。这更是浪费时间：每星期挣6美元的男孩应该做的工作。砌砖匠接下来要做什么？他将砖头放置在砂浆上面，然后开始用他的泥刀不断敲击砖头。为何需要不断敲击？这给砖头提供一点额外的重量，以使得砖头沉入砂浆中，从而紧密结合。然而，这比其他任何动作都更加愚蠢。因为我们知道砖头的重量，而调整砂浆的黏稠度以便使砖头的重量本身就可以让砖头沉入正确的位置，这在工业物理学上是一件简单的事情。这样一来，结果如何？在砌一块砖时不再需要18个动作，我们仅仅需要6个动作。砌砖匠现在砌2700块砖所花费的精力明显不会超过以前砌1000块砖的精力。

弗兰克成功了。1895年，他在波士顿创建了自己的建筑公司，将"快速工作"作为公司的座右铭。为了确保成本计划令公司的顾客感到满意，弗兰克设计了一种"成本加一个固定金额的合同"。很快，弗兰克的业务就从缅因州扩展到新墨西哥，又从伦敦扩展到柏林。他拥有的员工曾经多达10000名。他甚至还在伦敦保留了一间办公室，为英国海军部和战争部提供服务。

为了及时了解他的公司正在执行的所有工作，弗兰克要求每周都拍下照片，还要求每日的信件联系，以及一系列其他的辅助措施。

弗兰克创纪录的公司业绩给他带来了巨大声誉，使他获得了越来越多的关注。他最著名的（同时也是最不符合常规的）举措之一，就是在合同还没有签订之前，即开始将各种建筑材料运往工作地点。这样一旦签订合同，就可以在几小时之内开始动工，这让当时的人们惊讶得目瞪口呆。弗兰克很快就成为世界上最著名的建筑承包商之一。

弗兰克的理念在实践中的表现非常突出，因此获得了人们广泛的认同，于是他着手将自己的动作研究思想撰写成书。与莉莲合作，他在1908年出版了《现场法》和《混凝土法》，后来又出版了《砌砖法》（1909年）、《动作

管理进化简史

研究》（1911年）、《疲劳研究》（1916年）、《应用动作研究》（1917年）。在科学管理的体系中，弗兰克的这些书籍占有重要的地位。

随着弗兰克的接触面不断拓宽，他的兴趣也开始扩展。作为美国机械工程师协会的成员，弗兰克遇见了泰勒，以及新兴的科学管理运动的其他领导者，例如巴思和甘特等。

到1912年，弗兰克已经完全放弃建筑业务，开始将全部精力投入管理咨询。由于越来越坚信"世界上最大的浪费来自不必要的、不恰当的以及无效的动作"，弗兰克积极寻找新的方法以发现和消除这种浪费。

1892年，他成了首个使用电影摄像机来分析工人动作的人。1915年，他为蒙哥马利——沃德百货公司一个办公室的投递员安装了四轮轮滑鞋，以减少他们的疲劳和提高投递速度。在另一个实验中，他观察了150例阑尾切除手术，以发现一种"最佳方法"。与莉莲合作，他撰写了许多文章，如《科学管理在护士工作中的应用》《外科手术中的动作研究》以及《医院中的科学管理》。有一次，他甚至还研究了癫痫病患者的动作。

在体育运动研究方面，弗兰克与沃尔特·坎普合作，对高尔夫球冠军们的挥杆进行了拍摄和分析，他还对费城人队与巨人队在马球球场进行的一场棒球比赛进行拍摄和分析。得益于弗兰克的研究，棒球成为美国的一项国民娱乐活动。

弗兰克拥有许多工业客户，其中包括伊士曼·柯达公司、李佛兄弟公司、刺剑汽车公司以及美国橡胶公司。

弗兰克使用电影摄像机来研究动作，这对新兴的科学管理是一个重大贡献。起初，他和莉莲拍摄一位工人完整地做完自己的工作。然后，他们会前后倒带反复观看这些胶片，以研究这位工人的动作。他们将这称为"微动作研究"。后来，他们设计了一种方法，将一些很小的电灯泡系在工人身上，通过拍摄工人的动作，可以获得这名工人一系列动作产生的连续白光轨迹。为了重现每一个动作花费的时间，他们又改进了灯光示迹摄影记录法，以使它能够展现一系列光点破折号，而不是连续白光轨迹。

弗兰克虽然提出了快速工作的口号，但仍然是一位最关心工人的人。与这个时期企业中流行的"黑名单"相反，弗兰克制定了一份"白名单"，用来奖励那些表现良好的人。为了提高员工的技能,弗兰克制订了一种"三级职位晋职方案"。根据这个方案,每个工人在从事自己工作的同时,既要学习如何晋升到更高一级职位的技能,也要培训他下面的工人,让他能接替自己现在的职位。

弗兰克和泰勒的工作本质上是相似的,虽然他们使用的术语不同。泰勒将自己的工作称为"工时研究",而弗兰克则称自己的研究为"动作研究"。在实践中,他们测量的是同一个事物,为了同一个目标:减少不必要的动作以降低疲劳和提高生产率。

在《科学管理原理》中,泰勒用了 8 页的篇幅介绍弗兰克对砌砖匠进行的动作研究。1911 年,《科学管理原理》在《美国杂志》连载发表后,泰勒还邀请弗兰克代为回复收到的所有来信,弗兰克爽快地接受了泰勒的请求,他撰写的回信成为他《科学管理入门》的基础。在总计 103 页的《科学管理入门》中,弗兰克提出了许多关于科学管理的常见问题,并且提供答案,以解释泰勒的工厂哲学。

虽然弗兰克曾经是泰勒最虔诚的门徒之一,但是从 1912 年开始,两人之间变得越来越疏远了,最后的决裂则发生在 1914 年。一部分原因是弗兰克在应用泰勒的方法时遇到的问题,另一部分原因是弗兰克的创新使他在科学管理运动中成了泰勒的一名竞争者。在以后的岁月里,吉尔布雷斯夫妇开创了一条属于自己的道路,全身心地投入动作、技能和疲劳问题的研究。

随着弗兰克脱离泰勒系统,莉莲对他的帮助也越来越大。她是一个德裔炼糖厂商的女儿,幼年在加利福尼亚州奥克兰市度过。她进入加州大学伯克利分校学习,专业为英语和现代语言。1900 年莉莲毕业,并获得 Phi Beta Kappa 毕业生的荣誉称号,同时成为该大学历史上第一位发表毕业典礼演说的女性。

在获得英语文学硕士学位之后,莉莲开始攻读心理学博士学位。1903 年中期,她中断学业以进行一次海外旅行,在抵达波士顿准备登船时,她认识了弗兰克。从欧洲返回之后不久,弗兰克就向她求婚,并计划生 12 个孩子。根据弗兰克的计算,12 是最有效率的数字。

莉莲和弗兰克在 1904 年结婚。管理思想史学者雷恩评价说:"弗兰克和莉莲结婚这件事是现代管理学的运气,因为他们二人可以互相补充,他们各自思想上的兴趣以及掌握的知识的结合使管理学进入了一个新的领域。"结婚之后，莉莲的学术研究重点转向了心理学，因为她认为这个领域对她丈夫的事业最有帮助。

除了要照顾丈夫和越来越多的孩子、协助丈夫的事业之外，莉莲继续准备她的博士论文《管理心理学》，这是管理心理学领域的开创性成果之一，《工业工程杂志》在1912年5月—1913年5月以连载的方式发表了这篇论文，后来该论文以图书的形式由斯特奇斯乙沃尔顿出版社出版，不过条件是她要同意署名缩写为L.M.吉尔布雷斯，并且不公开宣布作者是一名女性。在《管理心理学》中，莉莲将自己的主题定为："在工作中，指导者的心理对被指导的工作产生的影响，以及获得指导的工作和未获得指导的工作对工人心理活动的影响"，并概括了历史上的三种管理风格：传统型、过渡型和科学型。传统型管理是驱使型管理，其风格是遵循单一的指挥链，而且往往是中央集权式的。过渡型管理，指的是所有介于传统型和科学管理之间的管理形式。科学管理，则描绘了所有公司都应该为之奋斗的目标。

吉尔布雷斯夫妇的家庭生活非常充实和幸福，但在1924年，悲剧袭击了这个拥有12个孩子的家庭。就在弗兰克动身前往捷克斯洛伐克的布拉格参加第一届国际管理学大会的前夕，他因为心脏病发作而突然离世：当时他正在蒙特克莱火车站的一个电话亭给莉莲打电话。在召开了一次家庭会议之后，处于巨大悲痛中的莉莲仍决定完成弗兰克的承诺。她乘船前往布拉格，比原定计划晚到了5天。她在布拉格宣读了弗兰克准备提交的论文，主持了弗兰克准备主持的学术会议，并且当选为捷克斯洛伐克马萨里克研究院的成员。

莉莲回到蒙特克莱之后，决心继续弗兰克的事业。她是一位异常坚忍的女性。当时，她12个孩子中的大部分还未成年，最大的一个也还不到20岁，所以此后的许多管理和研究工作，都是在兼顾家庭中的诸多繁杂事务的情况下完成的——她必须挣钱养家。她成为吉尔布雷斯公司的总裁，在"男人的世界"中打拼。然而不久，许多公司仅仅因为莉莲是一名女性而不愿意与她继续合作，已有的合同被中断取消，到期的合同拒绝续约。莉莲只好决定，在她家里开办培训经理人员的私人工作室，以兼顾事业和家庭两方面——她必须照顾自己众多的孩子。另外，莉莲还在丈夫去世的这年秋天加入普渡大学，成为一名讲师——她为家庭和事业身兼多份工作。1935年，她成为普渡大学机械工程系的一名管理学教授，是第一位获得此头衔的女性。此时她的孩子们也陆续成年了。

莉莲逐渐从弗兰克的影响中走了出来，继续在如今被称为"人力资源管理"的领域中开拓，心理学一直贯穿她管理研究的主线，她对如何科学地招聘、安置和培训工人产生了浓厚兴趣。随着自己思想的不断进步，她展示了对工业中人的因素的深刻见解。虽然她的许多成果在如今被视为寻常的观点，但在当时却显得极为超前。这位坚强的单身妈妈逐渐在事业上获得了成功，走向了更大的公共舞台，她在胡佛、罗斯福、艾森豪威尔、肯尼迪和约翰逊执政期间曾就职于许多处理国防事务、战时生产、老龄化以及残疾人康复的特别委员会。

除了在全世界发表演讲之外，莉莲还在威斯康星大学麦迪逊分校、罗格斯大学新不伦瑞克分校以及纽瓦克工程学院执教，成为管理学女超人。以弗兰克和莉莲命名的吉尔布雷斯奖章，于1931年授予莉莲，她也是迄今为止获得该奖章的唯一女性。她还是获得令人羡慕的甘特金质奖章，以及获得大名鼎鼎的国际管理科学委员会（CIOS）金质奖章的唯一女性。

1972年1月2日，莉莲在美国亚利桑那逝世，享年93岁。然而她去世后的影响还在不断扩大。1985年，她当选为过去100年中100名最重要的美国女性之一。她一生中获得过24个荣誉学位，是荣膺美国机械工程师协会荣誉会员称号的第一位女性，同时也是美国国家工程科学院的第一位女性成员。

1987年，在莉莲诞辰109年之际，美国邮政服务公司发行了一张邮票纪念她的终生成就，她被称为管理界第一夫人。

乔治·埃尔顿·梅奥

乔治·埃尔顿·梅奥（1880—1949）虽然被广泛地称为"美国管理学家"，但实际上却是一位心理学家，他对第二次工业革命时代管理学方面的贡献都是从心理学的视角出发的，他是早期的行为科学——人际关系学说的创始人。

梅奥因管理学中著名的霍桑实验而闻名，并分别在1933年和1945年出版了《工业文明的人类问题》和《工业文明的社会问题》两部名著，因此他被广泛认可的身份是"美国管理学家"。

梅奥原籍澳大利亚的阿德莱德，20岁时在阿福雷德大学取得逻辑学和哲学硕士学位，应聘至昆士兰大学讲授逻辑学、伦理学和哲学，后赴苏格兰爱丁堡研究精神病理学，对精神上的不正常现象进行分析，从而成为澳大利亚心理疗法的创始人。

1922年在洛克菲勒基金会的资助下，梅奥移居美国，在宾夕法尼亚大学沃顿管理学院任教。其间埃尔顿·梅奥曾从心理学角度解释产业工人的行为，认为影响因素是多重的，没有一个单独的要素起决定性作用，这成为他后来将组织归纳为社会系统的理论基础。

1923年，梅奥在费城附近一家纺织厂就车间工作条件对工人的流动率、生产率的影响进行实验研究。1926年，他进入哈佛大学工商管理学院专事工业研究，以后一直在哈佛大学工作直到退休。

尽管埃尔顿·梅奥从事过不同的职业，但使他闻名于世的还是他对霍桑实验所做的贡献。

霍桑实验开始于1924年，但中途遇到了困难。1927年冬，梅奥应邀参加了该实验，并在1927年至1936年断断续续地进行了研究。霍桑实验的结果由梅奥于1933年正式发表，书名是《工业文明中的人的问题》，这标志着管理学中人际关系学说的建立。梅奥揭示出，处在工业生产中的人们，其实并没有失去他们原有的社会属性，因此，生产率不仅同物质生产条件有关，还和工人的心理、态度、动机等有关；更重要的是，生产率和群体中的人际关系，以及领导者与被领导集体的关系密切相关。

通过霍桑实验，尤其通过梅奥对实验的分析，人们终于发现了工作中的人群里有很多内在规律，这样的发现为解决当时的社会问题提供了一条很好的思路。霍桑实验的意义之一在于，它的研究结果否定了传统管理理论对于人的假设，简单地说，梅奥认为员工是"社会人"，他们不但有经济方面和物质方面的需求，更重要的是有社会方面和心理方面的需求。因此，要调动职工的积极性，就应该使员工的社会和心理方面的需求得到满足。人际关系学说的这种认识，正好与泰勒对人的本性的基本认识相反。因此，基于"社会人"假设建立起来的人际关系学说，是从与科学管理理论相反的角度研究如何提高生产效率的。因此，人际关系学说的提出，其实是开拓了科学管理理论发展的新路径。管理学中"非正式组织"的概念和理论，就是从这次实验中产生的。

霍桑实验，以及梅奥对霍桑实验结果的分析，对西方管理理论的发展产生了重大而久远的影响，使西方管理思想在经历了早期管理理论和古典管理理论阶段之后，进入行为科学管理理论阶段。

1949年9月7日，梅奥在英国萨里郡的吉尔福德城去世，享年68岁。24天后的10月1日，新中国宣布成立。不过，梅奥的理论等到好多年之后才被传入中国。

亚伯拉罕·马斯洛

"自我实现"是如今的一个流行词。每当提到它，许多人都会想到马斯洛的名字。这位心理学大师在20世纪40年代提出的"需要层次理论"简单直观，其实是人们许多传统常识的一个现代精简版。例如，中国早就有"仓廪实而知礼节，衣食足而知荣辱""饱暖思淫欲，饥寒起盗心"等说法，马斯洛的贡献在于从学术上对此进行了深入的探讨，并把这些与需求和动机相关的东西包装成了简单明了的"需求层次理论"，这一理论对企业与管理影响深远，至今都方兴未艾。

马斯洛一直追求健康的心理，这与他的成长史有关。他是家中七个孩子中的老大，父亲酗酒，对孩子们的要求十分苛刻，母亲极度迷信，且性格冷漠残酷暴躁，马斯洛小时候曾带两只小猫回家，被母亲当面活活打死。马斯洛童年生活痛苦，从未得到过母亲的关爱。母亲去世时，他拒绝参加葬礼，可见其母子关系之恶劣。如果让弗洛伊德（马斯洛最不同意其观点的人之首）对他进行心理分析的话，后者大概会说，马斯洛一生都挣扎在少年时的心理阴影中。

在马斯洛的心目中，社会越健全，经理人的心理越健康，员工的心理才能越健康，生产力才能越高，企业才能越健全，这种良性循环反过来又促使社会更健全。他的管理哲学精义是：我们越注重企业的人性面，就越接近心灵的本质和生命的意义，管理才能越到位。

让我们来作一个正式的介绍：亚伯拉罕·哈罗德·马斯洛（1908—1970），美国社会心理学家、比较心理学家，人本主义心理学的主要创建者之一，提出了马斯洛需求层次理论，代表作品有《动机和人格》等，是一位智商高达194的天才。

在第二次世界大战前后的20多年里，即从1930年左右到20世纪50年代初期，管理思想在人际关系阶段发展出微观和宏观两个分支。微观方面，见证了大量对群体动力学、决策参与、领导以及激励等主题的行为研究。马斯洛做出了重大贡献，他像梅奥一样，改变了对工作中人的假设。

那么，改变对人的假设为什么重要呢？简单地说，我们应该像人本主义心理学家那样理解人，而不是像工程师那样把人理解为一种更复杂的机器。

回顾管理发展历史可以看到，科学管理运动在很大程度上是由工程师主导的，而人际关系时代的重点关注领域，则是由跨学科的研究人员主导的。因此，对于员工动机的性质、管理者对激发人际合作的作用，以及员工情绪和非正式工作行为的重要性，人际关系时代从一种新视角质疑了对工作中的人的流行假设。

其实，需求理论是对个体为何实施特定行为的最古老解释之一。马斯洛的贡献在于，他建立了一种获得最广泛认可的动机理论。

在马斯洛看来，一个人的各种行为都受到动机的指挥，而动机，其实就是让一个人行动起来去满足自己某种需求的推动力。一个人的动机，无非要去满足他5种类型的需求的一种或几种，这些需求是：

①生理需求；②安全需求；③情感需求；④自尊需求；⑤自我实现的需求。人的需求由上面的五种需求构成，这就是马斯洛的"需求层次"，因为这些需求一层比一层高，最高需求就是第五层，即"自我实现的需求"。看一看，这个需求层次模型多么简捷啊！这是马斯洛对人类需求的高度概括和

分析结果。

不妨具体说一下马斯洛的需求层次：这些基本需求是相互联系的，并且按照推动力和紧迫性从低到高的程度排列成一种层级。最基本的推动力是生理需求；当这些需求获得满足之后，优先程度便会减弱，接着就会涌现出下一种更高级的需求来主导行为——"饱暖思淫欲""仓廪实而知礼节，衣食足而知荣辱"等，都是这种"需求升级"的典型表现。因此，任何需求的强度不仅取决于它在层级结构中的位置，而且也取决于它和所有更低层次的需求已获得满足的程度。按照马斯洛的理论，随着每一级的需求获得满足，其重要性就会降低，人们会沿着这个"需求阶梯"往上攀升，直到最顶层的需求。

然而在需求层级的另一个方向上，如果某种更低级别的需求（如安全需求）受到了威胁或无法被满足，人们也会沿着"需求阶梯"往下移动，"饥寒起盗心"、饿急了甚至会人吃人，都是"需求降级"的典型表现，这时，低级别的需求又将重新成为首要的动机刺激，并在个体的整体动机系统中占据重要位置。

马斯洛需求层级中的"自我实现的需求"，只有在其他所有需求被满足之后才会出现，代表了这个人理想的实现："一位音乐家必须创作音乐，一位画家必须绘画，如果他想获得终极快乐的话。一个人能够做到什么，他就必须做到……成为他尽可能会成为的人，实现他能够实现的事情。"马斯洛认为，对自我实现的追求是普遍性的，例如诗人和画家在温饱都不能满足时还要创作，宗教人士抛妻弃子也要"出家"等；但也正因此，自我实现的需求因为要漠视低级需求才能实现，所以很少被实现，因为大多数"正常人"还是先要讨生活的（满足低层次需求），其自我实现需求甚至永远都不会完全实现。

随着马斯洛研究生涯的继续，他对行为主义学者的刺激和条件反射观点感到失望，因为后者——像早期科学管理的一些工程师一样——其实是把人当成条件反射机器了。他曾对人说："我敢说，凡是亲身养育过小孩的人，绝不会相信行为主义！"

此外，马斯洛最不能苟同的一位心理学大师，是心理分析领域的开山鼻祖西格蒙德·弗洛伊德，因为后者的思想主要源自对神经病患者或精神病患者的研究，这些研究对象不是心理健康的人。在马斯洛看来，将人们对人类动机的理解建立在情绪紊乱者的行为之上，这显然在取样上是有问题的。他认为，从整体上说，心理学应该研究完整的人，以及研究人们能够做出的有益的、光荣的、可敬的、创造性的、英勇的价值观和选择。

在其晚年，马斯洛对商业组织中的领导者/管理者的动机提供了大量深刻见解。1962年夏天，在公司总裁安德鲁·凯的邀请下，马斯洛参观了位于加利福尼亚州的非线性系统公司，这是马斯洛首次与大型企业打交道。他在这个夏天写了很多日志，后来他将这些日志以书的形式出版，书名为《优心态管理》。

"优心态"是一个新词，意思是"健康的"或者"朝着心理健康发展"。与"管理"这个词一起，"优心态管理"这个词组就意味着由有能力的、心理健康的、自我实现的个体进行的管理。马斯洛认为，能够普遍提高人们心理健康的一种方法将始于工作场所，因为绝大多数人都是有工作的。他还进一步认为，最好的管理者是心理健康的人。

1970年6月8日，马斯洛因心力衰竭，病逝于美国加利福尼亚州门洛帕克市。

同年8月，国际人本主义心理学会成立，并在荷兰首都阿姆斯特丹举行首届国际人本主义心理学会议。

1971年美国心理学会设置人本主义心理学专业委员会，这标志着人本主义心理学思想获得美国及国际心理学界的正式承认。可惜，马斯洛无法看到他多年为此事鞠躬尽瘁所获的成果了。

第8章
中国无缘第二次工业革命

进入19世纪中叶,由于封建统治腐败和西方列强入侵,中国逐渐沦为半殖民地半封建社会,政治黑暗,经济凋敝,社会残破,民不聊生。

——电影《建党伟业》开篇词

世界第二次工业革命的历程,刚好覆盖了中国自清末洋务运动开始直到民国结束的这段时间,其间中国经历了一个朝代和一个共和国(袁世凯的"中华帝国"不算在内),多次战争,直到新中国成立前夕,中国最终还是无缘进入工业2.0时代。

第二次工业革命正是19世纪中叶开始的。此时的中国,不但早已错失了第一次工业革命的机会,同样又因种种原因未能取得洋务运动的成功,错失了眼前第二次工业革命的机会。

1840年的鸦片战争,处于传统国家和农业文明体系下的中国,在面对工业1.0洗礼后的现代国家和工业文明的英国时,遭到了沉重打击。

1858年10月开始的第二次鸦片战争期间,西方国家正处于第二次工业革命的前夜,英法联军攻入北京,火烧圆明园,在政治上和心理上对清帝国造成了严重的阴影。在经济贸易领域,西方工业2.0前夕的工业产品和加工后的农产品,无论质量还是成本都远远优越于清朝当时传统农耕文明下生产的产品,因此,中国长期以来的贸易大国的地位和国际贸易上的优势逐渐丧失,经济发展遭到了新兴经济模式的严峻挑战。

19世纪60年代初,正值第二次工业革命开始之际,也是清朝洋务运动开始之时。当时的中国企业数量不多，基本上还处在工业革命之前的状态。洋务运动过程中，一些官办企业和民族资本企业则陆续引进和发展到了工业1.0时代的工厂管理。

这段时期中国企业的总体情况是：官办企业相对舒服一些，占尽了垄断经营的便宜；民企的日子过得相当难，往往挣扎在官办企业和外国企业的夹缝之中。官办和民办企业的管理，总的来说都比较落后，只有很少企业在较晚时期接受和实践了科学管理的思想。

鸦片战争以后，外国资本主义势力的日益深入，加速了中国封建社会的瓦解和商品经济的发展，也为中国近代资本主义企业的兴起创造了条件。

英国用大炮打开中国大门后，外国资本主义对中国的经济侵略日益加剧。在输入中国的商品中，除鸦片之外，棉纺织品所占的比重最大。国外棉纺织品很快占领了中国广大的市场。清政府中，一些洋务派官员建议自行设厂进行纺织，以作为富国的一项措施。光绪二年（1876年），李鸿章在致两江总督沈葆桢的信中说："英国洋布入中土，每年售银三千数百万，实为耗财之大端。既已家喻户晓，无从禁制。亟宜购机器纺织，期渐收回利源。"

19世纪70年代，中国近代民族资本企业应运而生。特别是《马关条约》签订以后，允许外国在华投资设厂，政府也改变其经济政策，鼓励民间投资新式企业，于是掀起了一波建厂风潮，新式工业工人人数猛增。然而从民营企业诞生时起，就受到外国资本和官僚资本的双重排挤和压迫，一直在夹缝中谋求生存和发展，民国时期更甚于清末。清末中国虽丧失关税自主权，使洋货可以大量输入，但在20世纪以前，西方资本主义国家的国内市场尚未饱和，因而对中国的大量商品倾销并未形成。清末的重要企业，生产方式和管理已经达到工业1.0阶段。直到1916年民国时期，中国企业才有了引进泰勒科学管理的苗头，但相当艰难，未能传播普及。

清末重要企业仍以官办为主导，特别是官督商办企业，均受到政府不同程度的保护和扶植，如上海机器织布局，就是在清政府的大力保护下发展的。该局创办之初，在郑观应的建议下，由李鸿章奏准给予十年专利权。在此期间虽有中外商人屡次试图设厂，却都被官府阻止而没能实现。此外，为增强织布局的竞争力，清政府还采取减免税负的措施，规定该局产品"如在上海本地零星销售，应照中国通例，免纳税厘；如由上海径运内地，及分运通商他口转入内地，应照洋布花色，均在上海完一正税，概免内地沿途税厘，以示体恤"。这样一来，上海织布局的产品若在本地销售，免纳一切税厘，就比洋货少负担5%的进口税；若运入内地或上海以外通商口岸，只纳5%正税，又比洋货少2.5%的子口税（对洋商征收的一种内地关税），对该局的营运帮助极大。

再如轮船招商局，初创时由于外商轮船公司已经存在，又无法禁止，只好规定华商只准附股，不准另设他局。这在一定程度上排除了部分可能的竞争对手。不仅如此，清政府更给予承运漕粮的特权，以保证公司的基本营运收入，使其在面对怡和、太古两家外商公司的激烈竞争中，还能站稳脚跟并有所发展，避免了陷入无法生存的境地。

对于民族企业，清政府虽没有像官督商办企业那样给予很多政策优惠和特权保护，但也给予了有力支持。如张謇所创办的大生纱厂，因为与政府有特殊关系，从而获得了政府的积极扶植。大生纱厂的经营策略之一是"土产土销"，即以通州附近所产棉花为原料，纺成纱后再回销给附近农村织户，以确保原料及产品市场的稳定，这是大生纱厂初期成功的重要因素。另外，地方当局曾经几度竭力阻挠华商朱畴欲在崇明、海门设厂的举动，使张謇的土产土销策略逃过了一场商战。

清朝洋务运动大规模引进西方先进的科学技术、兴办近代化军事工业和民用企业，是想在不改变政治制度的条件下，通过官办、官商合办和官督商办等方式，用模仿技术来实现工业化。这在当时效果确实比洋务运动前的中国经济效果好，但却使国家机会主义制度化，政府与民争利，既是游戏规则制定者，又是裁判加球员，因此私人企业无法成长起来。

客观上，洋务运动推动了中国生产力的发展，促使了中国民族资本主义的产生与成长，在一定程度上抵制了外国资本主义的经济输入，促进了中国教育的近代化和国防的近代化。如果这种工业实践继续下去或许真能振兴清朝经济，然而在后来的中日甲午战争中，北洋海军全军覆没，历时30余年的洋务运动终于失败。

这个时期，穆藕初引进了泰勒的《科学管理原理》。

管理进化简史

1916年，曾经在美国自费留学的穆藕初等人将科学管理之父泰勒的《科学管理原理》第一次译成中文出版，当时翻译的书名为《工厂适用科学管理原理》。①

穆藕初在美国留学期间曾结识泰勒及其弟子，对泰勒本人崇拜有加，对《科学管理原理》这本书也十分推崇。他不仅是这本书的中文翻译者，即便从世界范围来看，他也是科学管理思想的早期传播者和实践者。他在自己创办的企业中率先引进科学管理理论，并在实践中探索如何与中国企业相结合。1917年，他创办的厚生纱厂，还因为科学管理的应用，一度成为华商示范工厂，引致当时企业纷纷效仿。

今天来看，100年前穆藕初的译著，虽然语言上与今天有很大差异，但是，穆藕初对原著独到深刻的解读，对今天中国管理学的发展依然具有重要的启示意义。

从中国政治经济环境来看，辛亥革命后，民国政府最初鼓励和保护民族工商业，使得民营企业在晚清初步发展的基础上延续，并在特定的历史时期出现了迅猛发展的态势。第一次世界大战期间，发达资本主义国家无暇东顾，这给中国民族企业带来了良好的发展机遇，于是再度掀起了一场空前的投资建厂热潮。

民国期间，官僚资本对民营资本的侵吞十分严重。民国初期，在职官僚纷纷利用政治特权兴办企业，在特权的作用下，这些官僚资本进一步垄断市场，吞并实力单薄的民营企业。到了南京政府时期，官僚资本更加猖獗，从1927年到1949年，以宋子文、孔祥熙为代表的豪门资本力量处于绝对强势，几乎所有已具规模的大民营企业都被他们觊觎。民国38年里，民营企业一直处于官僚资本和外国资本的双重倾轧下，在夹缝中艰难地寻求生存和发展，其自身大多也技术落后，经营不善，资金缺乏。

从全球政治经济环境来看，第一次世界大战结束后，列强开始瞄准中国市场，资本和商品倾销进一步加剧。民国初期，外商在华办厂大多分布在采矿、冶金、棉纺织、食品等行业。

---

① 雷大艳：《商务印书馆与科学管理》，《管理学家》2013年第7期。

20世纪20年代以后，资本主义国家面临着严重的生产过剩。中国因无关税保护，遂即成为列强倾销过剩产品的主要对象，所承受的国际市场竞争压力，远非过去任何时期可比拟。1927年以后，外商在华的投资，在各行业中基本上都占有优势地位，加之外资企业与中国民族企业之间也存在着明显的不平等竞争关系，民族企业大都不能得到政府的扶植与保护。

外商在华的投资没有改变中国贫穷落后的经济基础，因为各国为了自己的在华利益常常进行政治角逐，致使中国政府的政治破败，进而又影响到中国经济的发展。民国38年里，有近半时间处于战乱之中，战火往往将民族资本家多年的艰辛创业付之一炬，财产化为乌有，战后民营企业的产量和生产能力普遍下降。

抗战胜利后，国民政府为恢复经济，筹措内战的经费，一方面迅速扩张国营资本，大力发展制糖、茶叶、纺织、粮食加工等轻工业，积极与民争利；另一方面极力争取美国的援助和投资，与美国签订了许多双边贸易协定，这些条约为美国资本和商品进入中国、垄断中国市场提供了重要的保障，整个中国市场几乎被美国独占。内战爆发后，国民政府又对解放区进行经济封锁，民营经济的资本活动空间和销售市场逐渐被压缩，国营资本的膨胀和民营企业的萎缩是战后最明显的经济现象。在这样的形势冲击下，民族工业受创严重。国外资本和产品大量进入中国，对民族工商业发展形成了巨大的竞争和倾轧。

总之，从清末洋务运动直到1949年新中国成立这段时期，中国企业发展波折不断，最后不但没有赶上发达国家工业2.0的班车，还使国家经济陷入崩溃的边缘。

在蒋介石政权统治的20多年里，工业经济的高峰时刻是抗战爆发前的1936年。经过十四年抗战和三年内战，到战火熄灭的1949年，国民经济已遭到毁灭性的打击，全国的重工业产值比1936年约降低70%，轻工业产值约降低30%，粮食产量约降低24.5%，经济作物产量约降低一半。蒋介石把国府的黄金和故宫的文物偷运到台湾，留给未来的新中国政府一个真正的烂摊子。

管理进化简史

本篇小结

第二次工业革命开创了流水线大规模生产方式，逐步替代了此前的机械化批量生产方式，成为这个时代的主流，人类从机械化时代走进了电气化时代。

企业的转型升级随时都在发生，但是，一个新的工业时代即将来临的过渡时期，往往是企业转型升级的关键时期，因为新的技术和新的生产方式往往是颠覆性的，第一个成功吃到螃蟹的企业在以后相当长的历史时期将一骑绝尘，成为时代的引领者。福特就是工业2.0时代生产方式和管理技术的引领者。

工业2.0时代，世界上的发达地区也实现了海陆空大规模的物流，而电话的发明则完全改变了人们的生活方式，这一切驱使工厂管理急速进化，从而使人类迈入了科学管理时代。

第三篇
管理3.0：精益管理时代

管理进化简史

引 言

> 目前，已经进入经济低速发展时代。市场的竞争，由于需求量不再增加而显得更加激烈。而正因为如此，竞争已经变成一场互相咬住喉咙、生死攸关的激战。在这种环境中，强化企业的素质，成了企业得以生存的绝对条件。
>
> ——大野耐一

这是大野耐一在 1978 年出版的《丰田生产方式》中的话，它的意思是，当市场规模增长趋缓或者停滞时，原来依赖规模效应的赚钱逻辑就不复存在了。

日本在 1968 年超越当时的西德成为全球第二大经济体，当年 GDP 增长率高达 12.88%，此后 GDP 增长逐步放缓，10 年以后的 1978 年为 5.27%。中国在 2010 年超越日本成为全球第二大经济体，仍然处在 GDP 高速增长期，GDP 年增长率 10.64%，将近 10 年后的 2019 年，我们目前的 GDP 增长率为 6.3%，与日本在 1978 年时的经济运营状态类似。

用大野耐一的话说，"在这种环境中，强化企业的素质，成了企业得以生存的绝对条件"。因为这个时候的竞争态势是：客户是上帝，市场说了算。原材料和产品的价格都是市场决定的，企业能控制的就是整个供应链的 QCD（质量 Quality、成本 Cost 和交付 Delivery）。QCD 的改善，则依赖于整个供应链自动化、信息化和管理水平的提升。

第三次工业革命是从 20 世纪 60 年代悄然开始的，主要的标志有三点：第一台可编程逻辑控制器 PLC 试用成功；大规模集成电路助推计算机商业领域的成功应用；多品种小批量生产逐步替代大批量生产，这种新的大规模生产方式成为引人注目的时代主流。

管理上，应用丰田生产方式对供应链进行整合，多品种小批量生产的 3.0 时代——精益管理时代来临。

第9章
第三次工业革命：从平和到剧烈的改变

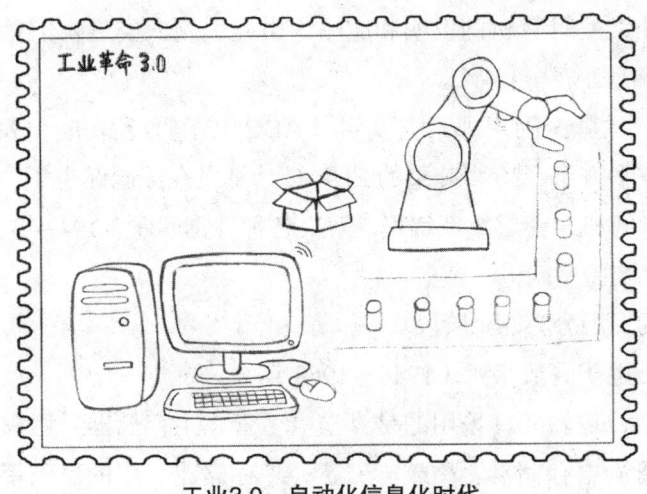

工业3.0：自动化信息化时代

相比于第一次和第二次工业革命展开的轰轰烈烈，开始于20世纪60年代的第三次工业革命的启动和进展反倒显得格外平和：它并没有产生像蒸汽和电力一样的颠覆性新能源。但值得指出的是，它对人类生活方式的冲击却是空前的。

与前两次工业革命相同的是，第三次工业革命同样伴随着世界范围突破型的技术革新，如计算机和PLC的诞生、供应链管理、高铁、移动通信、互联网和移动互联网等历史地突破了时空对人类的束缚，彻底颠覆了人类以前的工作和生活方式，这种改变的剧烈程度史无前例，为全球化的加速做好了技术上的准备。

第三次工业革命的三大主线

每一次工业革命的种子,在前一次工业革命的后期就已经播下了。

第三次工业革命的种子,从第二次工业革命的后期开始播下,沿着三条主线并列展开。

计算机与信息化

第一条主线是计算机的发明和应用,由此引领人类进入信息化时代,这是工业3.0时代的第一个特征。

1939年,约翰·阿坦那索夫发明了ABC电子管计算机。1946年2月14日,占地170平方米、30多吨重的ENIAC计算机在美国诞生了。这是世界上第一台通用计算机,能够重新编程,解决各种计算问题。1947年12月,晶体管在美国贝尔实验室问世。

计算机的发展分为四个阶段。

第一代:电子管数字机(1946—1958年)

硬件方面,逻辑元件采用的是真空电子管,主存储器采用汞延迟线、阴极射线示波管静电存储器、磁鼓、磁芯;外存储器采用的是磁带。软件方面采用的是机器语言、汇编语言。应用领域以军事和科学计算为主。

特点:体积大、功耗高、可靠性差、速度慢(一般为每秒数千次至数万次)、价格昂贵,但为以后的计算机发展奠定了基础。

第二代:晶体管数字机(1958—1964年)

硬件方面,操作系统、高级语言及其编译程序应用领域以科学计算和事务处理为主,并开始进入工业控制领域。特点是体积缩小、能耗降低、可靠性提高、运算速度提高(一般为每秒数10万次,可高达300万次)、性能比第一代计算机有很大的提高。

第三代:集成电路数字机(1964—1970年)

硬件方面,逻辑元件采用中小规模集成电路(MSI、SSI),主存储器仍采用磁芯。软件方面，出现了分时操作系统以及结构化、规模化程序设计方法。特点是速度更快（一般为每秒数百万次至数千万次），而且可靠性有了显著提高，价格进一步下降，产品走向了通用化、系列化和标准化等。应用领域开始进入文字处理和图形图像处理。

第四代：大规模集成电路机（1970年至今）

硬件方面，逻辑元件采用大规模和超大规模集成电路（LSI 和 VLSI）。软件方面，出现了数据库管理系统、网络管理系统和面向对象语言等。1971年世界上第一台微处理器在美国硅谷诞生，开创了微型计算机的新时代。应用领域包括科学计算、事务管理、过程控制以及家庭。大量应用于日常办公（邮件、OA等）、专业设计（CAD/CAM、Photoshop等）和企业管理（如 ERP、SCM、CRM等）的软件系统，彻底改变了每个人的工作和生活方式。

PLC 与自动化

第二条主线是 PLC 的发明和机器人的应用，由此推动工业进入自动化时代，这是工业 3.0 时代的第二个特征。

1969 年，美国数字设备公司研制出第一台可编程逻辑控制器（Progammadble Logic Comtroller，PLC），在美国通用汽车公司的生产线上试用成功，使人类获得了采用程序化手段进行电气控制的方法。这是在工业制造方面打开的第三个魔盒（第一个是蒸汽机，第二个是电力），它的应用如此广泛，需求如此巨大，以至于试图统计围绕它的应用进行的发明创新完全失去了可能性，它对制造业产生的影响是革命性的。

从 1969 年第一台 PLC 问世至今，可编程控制器和自动化大约经历了三个阶段：

第一阶段：自动化技术形成。1946 年，美国福特公司的机械工程师 D.S. 哈德首先提出用"自动化"一词来描述生产过程的自动操作。1947 年建立第一个生产自动化研究部门。1952 年 J. 迪博尔德第一本以自动化命名的《自动化》一书出版。1969 年，PLC 在通用汽车诞生，开发的 PLC 容量较小，主要用来作开关量控制。

第二阶段：局部自动化。现代控制理论在自动化中的应用，特别是在航

管理进化简史

空航天领域的应用。这个阶段 PLC 的容量、用户程序存储区、速度都有数倍的提高。

第三阶段：综合自动化。进入 20 世纪 80 年代以来，随着超大规模集成电路等微电子技术以及可联网 PC 机的迅猛发展，自动化的应用开始面向大规模、复杂的系统。

PLC 由于吸取微电子技术和计算机技术的最新成果，因此发展十分迅速，从单机自动化，到整线自动化，乃至整个工厂的自动化，从柔性制造系统、工业机器人到大型分散式控制系统，PLC 均承担着重要角色。

关于机器人的发展，我们会在第 10 章中介绍。

PLC 技术和机器人代表了工业 3.0 时代电气程序控制和自动技术的最先进水平。通过 PLC 和各种自动化装置单元（如智能仪表、数字化传单装置、智能的液压和气动阀组等）、机器人以及现场总线、计算机网络系统，构成了车间和工厂自动化的完整体系。

OEM 与 JIT 供应链整合

第三条主线是通过基于客户需求按单拉动的生产方式，实现供应链的整合。

工业 3.0 时代制造的两大新特征——需求多样化和供应全球化——对大批量的生产方式提出了巨大的挑战。

1929 年至 1933 年间发源于美国的经济危机，后来演变成世界范围的经济危机，其中包括美国、英国、法国、德国和日本等国家。这种生产相对过剩的危机爆发时，商品大量积压，生产锐减，工厂大批倒闭，工人大量失业，信用关系严重破坏，整个社会经济陷入极端混乱和瘫痪之中。

大萧条（The Great Depression）给全世界敲响了一记警钟：盲目扩张的大批量生产方式，一定会周而复始地通过无形的市场之手给全世界的经济带来过剩的灾难。尤其是对于相对贫穷的日本，寻求基于客户需求和购买能力的生产方式是每个企业都必须面对的现实问题。

1937 年，丰田喜一郎成立丰田汽车，正式启动他的造车计划。当时正处在日本侵略中国和其他亚洲国家的战争时期，日本市场对汽车的需求与美国相比，完全不在一个数量级上，同时，由于资金缺乏，日本的汽车生产无法像美国工厂一样,实行大批量的生产方式,所以喜一郎基于日本市场的实际情况,提出了一个崭新的想法:只有在必要的时候,才生产刚好满足客户需求的必要数量的产品,称之为 Just In Time 准时化(JIT)。

1945 年丰田汽车于战后复工,大野耐一主管生产。到 1950 年,丰田喜一郎因为裁员事件引咎辞职,丰田面临了多次经营困境,甚至资金链断裂。

这样的经营环境,更坚定了大野耐一推行丰田喜一郎准时化生产的决心。首先,生产计划从按月排布改为按日排布,降低生产和移动批量,加快了流动速度。其次,按单生产,降低了库存积压。同时,为了缩短生产周期,大野耐一开始着手分析整个生产过程的问题,发现并整理出七大浪费。这些研究大大消除了流程中的浪费,提高了流程基于客户的增值比,效率、成本和毛利大幅度改善,也大大减少了企业对资金的需求。

1958 年丰田汽车因质量问题的召回事件,导致资金链骤然紧张起来,大野耐一决定开展他的"供应链 JIT 改善"之旅:将丰田系统的改善方法论推广到供应商,应用于上游供应链。20 世纪 60 年代,丰田"以平准化订单日排产,换取供应商提供专用设备的承诺,打破需求信息流的迂回流转过程,实现向供应商的直接拉动,以缩短采购周期、降低库存"的供应链管理就这样形成了。

供应链以企业为核心,包括信息流、物流、资金流的控制,从原材料采购开始,到中间产品的生产以及最终产品,最后由销售网络把产品送到消费者手中。

1981 年日本出品的一部电影《阿西们的街》,反映的就是第三次工业革命初始阶段,即 20 世纪六七十年代日本经济起飞的时候,丰田、三菱、马自达等大汽车公司整合那些汽车 OEM 配件企业(Accessories,アッシイ,阿西)的故事,很多无法跟上时代前进和大企业发展步伐的中小型代工企业,就倒闭了,甚至一些企业主破产自杀了。而那些紧跟主机厂进行技术和流程改善,逐步配合主机厂实现全面拉动计划的一二级供应商,最终都成长为汽车零配件行业的巨头。

OEM 是英文 Original Equipment Manufacturer 的缩写,按照字面意思,应翻译成原始设备制造商,指一家厂商根据另一家厂商的要求,为其生产产品和产品配件，亦称为定牌生产或授权贴牌生产。类似的概念还有 ODM （Original Design Manufacturer）即原始设计制造商，OBM（Original Brand Manufacturer）即原始品牌制造商。

OEM 是社会化大生产、大协作趋势下的一种必由之路，也是资源合理化的有效途径之一，是工业 3.0 时代社会化大生产的结果。在欧洲，早在 20 世纪 60 年代就已建立具有 OEM 性质的行业协会，1998 年 OEM 生产贸易已达到 3500 亿欧元，占欧洲工业总产值的 14% 以上。在亚洲，日本企业为迅速占领市场，降低生产成本，最早采用国际 OEM 的生产贸易形式。

以丰田为代表的亚洲汽车企业，从成立那一天开始，就在思考如何满足更多样化的客户需求，而不是大批量生产同一款汽车。在这样市场需求的倒逼下，它们被迫开发出一种基于客户需求、按单生产的多品种小批量的柔性生产方式。而随着这种生产方式的形成并成熟，日本企业开始悄悄地挑战以底特律汽车生产为代表的大批量生产方式，并最终在 1973 年石油危机到来的那一天，成为压垮底特律汽车的最后一根稻草，横扫北美和欧洲市场，开启了制造业的另一场革命。

OEM 生产已成为现代工业生产的重要组成部分。OEM 方式在制造业界，特别是在飞速发展的服装、汽车、电子和信息产业行业应用是极其广泛的。比如，全球个人计算机厂商所使用的硬盘 95% 以上是由 Seagate、Quantum 及 Western Digital 这三家大的硬盘供应商，以 OEM 方式提供的。

随着经济全球化发展趋势的进一步加快，OEM 需求商有可能在更大范围内挑选 OEM 供应商，特别是向加工制造成本低廉的国家和地区转移。"亚洲四小龙"和中国的腾飞亦与 OEM 密不可分。21 世纪初，鞋子、玩具、电子、服装等部分被我称为"候鸟产业"的 OEM 生产，逐步向成本更加低廉的东盟和印度等国家和地区转移。

日本丰田——精益生产方式的创立者和最佳实践者

在管理研究者的眼中，日本丰田公司是世界上独一无二的公司，它既是

第 9 章　第三次工业革命：从平和到剧烈的改变

工业 3.0 时代最先进生产方式的代表，同时还是管理 3.0 时代最先进管理思想的代表。这两条，无论是第一次工业革命时代的阿克赖特纺织厂，还是第二次工业革命时代的福特汽车公司，都没有同时做到；两家企业虽然都是各自时代最先进生产方式的代表，但并不是那个时代最先进管理思想和方法的发源地。丰田改写了历史，同时做到了这两条：准确地讲，它既是丰田多品种小批量的拉动生产方式的创造者，也是丰田生产方式 Toyota Production System（TPS）即精益理论体系的缔造者。因为这两点原因，在强手如林的工业 3.0 时代，丰田成为舍我其谁的标杆和代表企业。

丰田产业技术纪念馆

1945 年，麦克阿瑟元帅称，日本的生产率只相当于美国的八分之一[①]。而根据其他统计，第二次世界大战以后，美国工人的生产力分别是日本和欧洲工人的 5 倍和 2 倍。当时的丰田喜一郎下决心说，无论如何要用三年赶上美国。自此，丰田公司开始一步步地建立丰田生产体系。

1947 年，"丰田生产方式之父"大野耐一，首先开始在机械车间建立丰田生产方式的流水线，打破同种机床扎堆的模式；其次按照目标导向安排机库，这是后来汽车混装线的萌芽。

---

① 大野耐一：《丰田生产方式》。

1950 年，丰田英二考察福特后回到丰田，他和大野耐一研究后，为丰田生产方式定下的课题是，怎样才能够不学美国，而是创造出多品种、小批量生产的方法来缩短交付周期，降低库存周转和成本。

1950 年，朝鲜战争爆发，日本汽车业借美军订单大增之机开始起步。同年，丰田公司完成了最后总装配线和机械加工生产线的流水生产线，开始了最原始的、采用"看板"的"同步化生产"。

1959 年，举母市改名为丰田市，这就是全世界大名鼎鼎的日本汽车城。

1962 年，大野耐一就任总公司工厂厂长，终于在全公司采用了"看板"，此后丰田公司进入了高速发展时期。

1966 年，丰田公司实现了快速换模（换模时间已经从此前的两三个小时缩短到三分钟），汽车混装基本成熟，"花冠"车推出，由于受到好评而销路甚好。

1968 年，丰田汽车公司向美国出口汽车的专用船——"第一丰田丸"——起航，标志着丰田正式大举进入汽车王国美国的市场。

1973 年 10 月 16 日，第一次石油危机爆发。当时原油价格从每桶不到 3 美元涨到每桶超过 13 美元，整个汽车产业界哀鸿遍野，几乎全行业亏损；丰田的收益虽然有所减少，却保住了盈利，因此引起了全世界的关注。石油危机以后，截至 1977 年，丰田的盈利每年都有两位数以上的增长，拉大了同其他公司的距离。于是，"丰田生产方式"开始进入全球企业家和管理学家的视野。

1978 年，为了满足全世界学习丰田的企业需求，大野耐一出版了《丰田生产方式》这本著作。作为丰田汽车公司前副社长，他第一次正面、专业、权威、系统地向全世界介绍了丰田生产方式，是大野耐一先生最经典的作品，系统地揭开了丰田公司卓越的秘密，堪称丰田核心竞争力的教科书。

1980 年，仅丰田一家企业在北美市场的份额就从 10 年前的不足 1% 快速提升到 26%，美国三大汽车岌岌可危，底特律的大部分中小型汽车企业朝不保夕甚至破产关门。欧美企业开始陆续到日本进行产业取经，学习丰田生产方式。最著名的早期取经者是由福特汽车公司和全美汽车工人联合会组成的联合考察团，他们在 1980 年前往日本马自达在广岛的重要生产中心考察丰田生产方式（福特公司是马自达的股东之一），这次取经的路径刚好与30年前丰田喜一郎和丰田英二去美国福特公司取经的路线相反。回到美国之后，福特公司马上开始改革，向丰田生产方式转型。

1980年之后，丰田生产方式以日本对外投资设厂和世界各地汽车企业向丰田生产方式转型两种形式，逐年扩散传播到全世界。

1990年，沃麦克（James Womack）和琼斯（Daniel Jones）详细研究丰田生产方式的名著《改变世界的机器》出版，这本书首次将丰田生产方式概括为精益生产方式（Lean Produciton），并预示精益生产方式将对世界政治和经济局势产生深远影响。此时，丰田的规模已经达到通用的一半，福特的2/3。1996年沃麦克和琼斯再次联手出版了《精益思想》（Lean Thinking）一书，精益生产方式由经验变成为理论，新的生产方式正式诞生。

从1949年开始，在大约70年的时间里，丰田不断完善丰田生产和管理体系。丰田公司因此从1949年的一个产能低下的汽车小企业，稳步成长为全球最大且持续成功时间最长的汽车工业霸主。

丰田生产方式在成型之后，其与之前福特生产方式的最大不同，在于它是具有柔性的"混流"生产方式，这意味着生产线可以按照需要生产不同的车型，而不像当年的福特汽车公司那样只生产一种T型车。

大野耐一在《丰田生产方式》中，对混流生产方式有详细的描述：

在丰田汽车工业公司的堤工厂（爱知县丰田市）进行着如下平准化生产。这个厂里有两条生产线，生产"光冠""卡丽娜"和"塞利卡"三种小客车。在一条生产线上，"光冠"和"卡丽娜"混流生产，并不是午前集中生产"光冠"而午后集中生产"卡丽娜"。这样做是为了始终保持生产的平准化。

……

这种生产方法在尽量减少相同产品的生产单位的批量，不让上道工序受到波动的不良影响方面是极为注意的。……例如一个月用29个工作日生产1万辆的"光冠"。其细目是普通四门小客车5000辆，普通二门硬顶车2500辆，旅行车2500辆，那么每天要生产普通四门小客车250辆，二门硬顶车及旅行车各125辆。

生产线上怎样进行流水生产呢？普通四门小客车是每隔一辆其他类型车就生产一辆，而二门硬顶车和旅行车则分别是每隔三辆其他类型的车才生产一辆。依此，把批量压到最小，也就是说能够把工作量的波动性压缩到最低限度。

这种混流生产线不是一天形成的，是丰田公司在向"平准化"挑战过程中，经过二三十年的不断摸索形成的。

按照大野耐一的说法，平准化生产是反常识的，这一点在冲压部门表现得尤为明显。对于冲压来说，福特和其他大批量生产厂商的做法是，一个冲模尽量连续冲压，把批量尽量汇总加大起来，使冲压加工不停地进行，才能够收到降低成本的效果。这已经是长期以来生产现场的常识了。而丰田生产方式的"平准化"，是要把批量尽量变小，这从一开始就是走在违反常识的道路上的。

而丰田公司开发平准化混流生产线，初衷就是满足现代人对汽车"多样化"的要求。平准化意味着多品种小批量生产，它是以市场驱动的，这与计划驱动的大批量生产方式刚好相反。起初，丰田公司多品种小批量生产方式，是基于日本的国情而设想的，此后才以此为基础而逐步展开，最后作为生产体制而创建起来了。因此，它本来就是对付"多样化"的一种强有力的生产体系。

从20世纪40年代后期开始，大野耐一购买了一些旧的美国冲床，常年无休止地进行试验，不断改进，终于完善了他的快速换模技术。从这个角度去看的话，混流生产在20世纪40年代就已经萌芽了。当时，丰田利用滚轴来移进和移出冲模，并且采用了简化的冲模调整方式。这一不断改善的过程持续了很多年，大野耐一写道：

丰田汽车工业公司内部的冲压换模调整在昭和20年代（1946—1955年），需要两三个小时，到了昭和30年代（1956—1965年），随着公司内推进平准化生产，而变成15分钟了，到了昭和40年代（1966—1975年），已经缩短到仅仅3分钟了。

第9章 第三次工业革命：从平和到剧烈的改变

在丰田，换模时间不断缩小的同时，还达到了不需要换模专家的目标，只让无事可做的生产线工人来执行换模。此外，大野耐一还意外地发现，小批量生产的冲压件比起大批量生产，单件成本更低。这有两个原因：第一，小批量生产，消除了大批量生产系统中由于大量零部件库存导致的资金占用成本；第二，在汽车组装前只制造出少量零部件，可以及早发现冲压过程中的质量问题。这个发现的影响是巨大的，它使冲压车间的人员更关心品质，从而消除了大批有质量缺陷的零件。而在以前，只能在长时间大批量生产之后才发现这些缺陷，而之后修复质量不良零部件的费用十分高昂，有时甚至直接报废。

经过多年不断改善和迭代的日本丰田公司，如今已经变成了一个庞然大物。美国汽车制造商竭尽全力企图从丰田手中夺回市场份额，但它们滞后的制造水准一直是自己的软肋。丰田绝不想让这些竞争对手追赶上来，这也促使它不断改善生产方式。由于精益管理的本质就是"不断改善"，这也就决定了丰田的生产方式和管理都不可能停止进化。

以丰田设在美国中东部肯塔基州乔治顿的汽车工厂为例，它在1988年安装了当时丰田最先进的"柔性车身生产线"，然而在12年之后的2000年，丰田就开始对该厂进行重大的拆除重建，到2002年，它完全变身成了"丰田全球车身生产线"的一部分，而后者的目标，是在丰田全球的任何工厂都可以制造出丰田几乎所有车型。这是丰田公司的一项耗资数十亿美元的计划，它把分布于世界各地的组装厂整合成单一的巨大有机体，以期降低制造每辆车所需的时间，并且将大大节省制造多种车型的成本。这种布局意味着，当丰田需要满足细分市场的需求时，无须建立新的组装厂。由于消费者越来越变幻无常，因此这种市场灵活性使丰田具备了一个巨大的竞争优势。

丰田的全球车身生产线是一个标准化的金属加工系统。在该系统中，所有的丰田工厂都使用同样的设备，利用在各国当地现有的劳动力与机器人组合来制造车身。这种生产线旨在与丰田此前相当知名的所谓"全球中型生产平台"配套，这样一来丰田将具有无与伦比的应变能力，能紧跟捉摸不定的汽车时尚，大大增加了同一条组装线上制造不同车型的数量。实际上，丰田

管理进化简史

新的车身生产线的推出，确实提升了全球汽车业的水准，也抬高了竞争者追赶的门槛。2002年之后，丰田在全球的34条生产线中基本实现了同一车身制造标准。在费用方面，新生产线的投资要比它所取代的"柔性生产线"节省50%，而且在新生产线上再生产一种不同的轿车，成本也降低了70%，生产线的能力也比此前大大增强，例如可以在同一条生产线上生产大约37万辆佳美，同时还生产5.2万辆Solara带顶篷双座轿车和3.6万辆亚洲龙（Avalon）轿车。体积差异如此之大的车型混合生产，这在五年前还是不可能的事情。新生产线不仅简化了操作流程，而且多达八种车型可以在同一车间生产，大大增强了灵活性。这些车型的生产总量往往很小，但每辆车的销售利润却高得出奇。而且随着全球性车身生产线在各地基本安装到位，在不同国家制造同样汽车的丰田工厂还可以共享生产线的维护。正是这种改善带来的巨大效益，促使丰田斥巨资在全球所有丰田工厂推广这一系统。

丰田公司绝不是一开始就成就了今天的管理，也不是一开始就像今天这样设计他们的管理，而是通过不断的改善和迭代，慢慢进化成现在这个样子的。经过大野耐一和其他丰田人的不断努力，丰田公司战胜了所有竞争者，获得了成功，变成了世界上最强大的公司之一。

第10章
第三次工业革命时代绚丽的管理进化之路

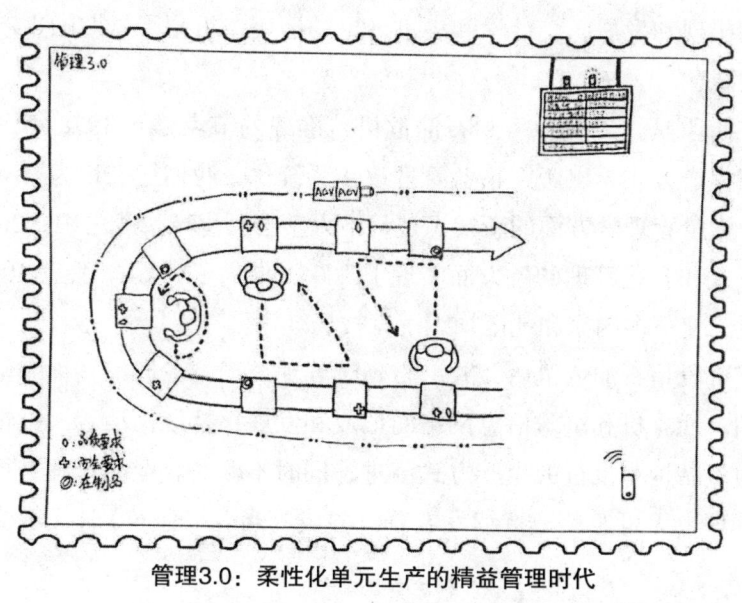

管理3.0：柔性化单元生产的精益管理时代

从科学管理到精益管理的进化路径

精益管理与前两个时代的管理思想

工业 3.0 时代的精益管理思想，是前两个时代管理思想在四个方面进一步发展的产物。一是在亨利·法约尔理论基础上发展而成的一般管理理论和管理活动研究；二是人文主义者和其他人本取向的研究者提出的行为发展；三是组织结构的发展观点；四是以亚里士多德、巴贝奇、泰勒等科学管理先驱及其继承者为代表的问题解决范式。

精益管理的进化路径

在工业 3.0 时代，从科学管理到精益管理的进化路径大概经历了三个阶段。

第一阶段是两次世界大战期间，科学管理的发展后期，精益管理理论和实践碎片化产生，我们把它称为精益管理发展前期。随着"二战"的发生，运筹学的出现和发展、统计学和决策理论的运用，重塑了早期的生产管理和科学管理观念。

第二阶段是"二战"后到石油危机，准确的节点是到 1978 年大野耐一的《丰田生产方式》出版，精益管理逐步系统化，我们把它称为精益管理发展中期。大量管理学方面的新知识被日本人整合到生产实践之中，20 多年里在生产方式和企业管理的各方面实现了飞跃，催生了精益管理思想，并传播到全世界，使更多国家和地区加入了竞技场。

第三阶段是石油危机后，并一直延续到了今天，我们把它称为精益管理发展后期。计算机和全球信息网络的形成和发展，持续推动着大批量生产方式继续向多品种小批量的生产方式演进，同时不断对企业的管理进行数字化赋能，管理也无可避免地持续发展着，并成为当今工业 4.0 时代敏捷管理的前奏。

精益管理发展前期：运筹学风靡全球

管理学因两次世界大战而备受瞩目，因为第一次世界大战使科学管理获得了广泛认可和接受，第二次世界大战使运筹学得以产生。

"二战"给战争的管理带来了巨大的挑战，这在西方世界产生的效应之一，就是使管理者、政府官员以及科学家联合起来，试图使战争中乱糟糟的全球后勤供应变得秩序和理性。英国政府先行动了，组织了由各种专家组成的第一支运筹学（Operational Research，OR）研究队伍，目的是汇集众人跨学科的知识，以解决有关雷达系统、防空导弹、反潜武器、轰炸德国以及国防事务等棘手的问题。

看到英国人的行动后，美国的工业组织和私人咨询公司也开始跃跃欲试。因为他们看到，运筹学应用于数学和形式科学的跨领域研究，利用统计学、数学模型和算法等方法，努力去寻找复杂问题中的最佳解答，所以，该方法不但可以用在解决战争中的问题上，还可以用在解决非军事性质的问题上，例如用它来解决大型企业管理的问题。

其实，运筹学与科学管理之间存在惊人的相似之处。比如，最早的运筹学起源于第一次工业革命时期的查尔斯·巴贝奇，他以一名真正运筹学研究者的探索精神来分析机器的操作、所涉及的技能种类和每一道工序的成本。第二次工业革命时期，在金属切割实验中，泰勒组建了一支研究者队伍，其中包括数学家、冶金学家亨利·甘特等，以及其他一些人，以运筹学的方式帮助自己解决各种问题。

运筹学在管理上的应用使人们更加努力地在管理中使用科学，这些进程不但推动了管理教育，还推动了生产管理理念进入一个新旧理念融合成"生产/运筹管理"的时代，管理学就是在这种全世界先进思想的不断融合中持续进化的。

第二次世界大战以后，1947年由美国通用电气公司设计工程师麦尔斯（Miles）在研究和选择原材料代用品时提出了价值工程（Vake Engineering，VE），它通常用于企业的两个领域：一是新产品研制领域；二是产品制造领域或作业过程。

随着自动化、电子化的进一步发展，关于人的因素研究有了新的发展，人和系统、机和系统结合起来加以分析和研究，出现了"人机工程"，又称工效学（Ergonomics）。

科学管理借助价值工程、人机工程、运筹学等的研究和实践，得到了进一步的发展。从战前经验主义发展为战后更讲求定量方法，定量化技术逐步成为主导和趋势，通过数学模型的建立来分析、设计、描述复杂的工业生产系统。研究方法随着应用数学所取得的成就以及电子计算机的诞生与发展而产生了巨大的变化。特别是计算机科学的产生，极大地促进了科学管理对大规模的经济与社会系统进行分析、实验、多方案对比、决策、控制与创新。

20世纪80年代，我和同龄人小学期间学过的那篇用茶壶烧水来介绍"运筹学"的文章，为什么我们至今记忆犹新？因为那是我们伟大的数学家华罗庚先生，对我们幼小心灵的一次管理学启蒙。

精益管理发展中期：日本在品质和效率上的赶超

在第二次世界大战之后，美国人在管理上走了一段使他们30年之后悔恨不已的弯路，他们在产品质量管理方面投入的研究相对弱化，一不留心，让日本走在了前面。而美国在管理学的关注点，转移到诸如人际关系、公司资产组合的财务管理以及不相关产品的多元化上了。

原本这不算一个致命的错误，美国企业当时的生产力是日本的8—10倍，它们完全可以继续在不太优质的产品世界中过上很长一段时间好日子。然而，美国人的错误被日本人在品质管理上的精进给放大了，最终给自己的企业带来了巨大危机。有意思的是，所有这一切，竟然还是美国人自编自导的。

第二次世界大战之后，美国努力推进重建已经被战火完全摧毁的日本经济，作为此种重建努力的一部分，美国方面采取了一系列措施，日本生产力的"奇迹"的产生，主要原因是第二次世界大战之后从美国引入各种管理理念。

在占领日本期间，美国工程师从麦克阿瑟将军那里接受的任务，就是帮助日本经济复苏。当时，日本制造相当于劣质产品的代名词。为此，美国的一些工程师首先为日本的管理者开办了一系列关于政策、组织、运营、生产控制、质量控制以及美国生产管理方法的研讨会。大名鼎鼎的威廉·爱德华·戴明此时出现了，当时他还默默无闻。戴明使休哈特的产品质量理念和过程统计控制（SPC）于第二次世界大战后在日本复兴。

戴明自 1950 年开始在日本进行了一系列关于统计质量管理的讲座，其后他在日本进行演讲和咨询的时间长达 30 年，这段时间刚好覆盖了丰田公司的大野耐一不断完善丰田生产方式（即精益管理）的时段。

丰田喜一郎曾说："没有一天我不想戴明博士对丰田的意义，戴明是我们管理的核心，日本欠他很多。"

他说得没错，因为精益思想的核心就是"改善"，而"改善"过程的第一步就是建立戴明的 PDCA 循环，这一循环不断把生产标准向前推进。没有 PDCA 循环的改善，丰田生产方式的两大支柱之一的自动化就变成了无源之水，无本之木。

然而，戴明却被他的祖国——美国——忘记了。直到 1980 年，美国国家广播公司的一期电视节目《如果日本行……为什么我们不行？》播出后，全世界的观众才认识了戴明。

早期日本质量管理运动中的另一位干将是约瑟夫·M.朱兰，他的方法要求公司在着手解决那些"次要的多数"问题之前，首先确定并致力于那些"重要的多数"问题，这就是"帕累托原则"在质量管理中的应用。朱兰的质量三部曲致力于长期持续地改进质量，这与丰田的持续改善思想如出一辙。

不仅爱德华·戴明、约瑟夫·M.朱兰等美国专家对日本的产品质量和工业发展做出了极大的贡献；而且在"二战"后，由美军占领当局所创办的 TWI（Traing within Industry）训练课程也同样对战后日本企业的发展产生了巨大的影响。至少有 1000 万日本管理者、基层主管人员及作业员是 TWI 课程或其衍生课程的结业学员。直至 1992 年，日本仍在沿用这些课程。TWI 对日本的管理思想和实践确实产生了深远的影响：许多所谓日本式的管理实践思想，都可以追溯到 TWI。

以丰田为代表的日本企业的成功，首先得益于质量的巨大飞跃，美国人"二战"后在产品质量方面输给日本人的教训是惨痛的。尤其在 20 世纪 80 年代，美国公司受到以日本为首的外国竞争者强有力而常常又是成功的挑战。为了应对这种竞争，以及认识到在保持竞争优势中质量的重要作用，美国于 1988 年设立了马尔科姆·鲍德里奇国家质量奖，该质量奖的基本准则，适用于所有为了提高生产力和竞争能力而希望评价其质量改进效果的组织。

在这一时期，欧洲也处于竞争压力之下，这种竞争压力同样主要来自日本。与以往不同的是，这时的日本人"以诱惑性的价格提供高质量的产品"。为了应对这种挑战，欧洲14个最主要的公司自发形成了欧洲质量管理基金（EFQM），并于1991年设立了EFQM卓越奖，每年颁发一次，以使大家认识到在重新获取竞争优势的过程中，全面质量理念具有的潜力。

"亡羊补牢，为时不晚。"其实，美国和欧洲在重视质量方面比日本晚了30年。日本在1951年就设立了戴明奖，这是日本质量管理的最高奖，也是世界范围内第一个影响最大的质量奖。这一奖项与前面提到的美国和欧洲质量奖，共同形成了驰名世界的三大质量奖。

如果说日本企业在质量管理的跃升，美国人追悔莫及的话，那么以丰田为代表的日本企业通过生产方式的革命在效率和效益上的赶超，美国人就只能望尘莫及了。

丰田生产方式在1973年石油危机时大白于天下。美国人还没有彻底弄明白之前，美国的汽车企业已经在10年间被丰田等日本汽车企业杀得丢盔弃甲。当丰田汽车超越了汽车行业曾经的庞然大物福特汽车、通用汽车时，日本在赶超美国的征途上，已经向全世界公然宣告了它的全胜而归。

随着日本公司变得更加具有竞争力，它们的产品逐渐在市场上超越了美国产品。情况开始发生逆转，原来是日本向美国学习管理，后来却是许多人开始为美国和其他国家如何赶上日本著书立说和献计献策。不过他们马上就发现，精益管理的原理看似非常简单，但实行起来却相当困难，一是由于精益管理要求管理层要不断与基本的人性作战；二是因为精益管理的原则应用到不同的企业会产生不同的标准、流程和系统，管理的变革绝非照搬照抄，管理的变革最终需要融入本企业的文化，发生"化学反应"，形成一种新的工作方式和企业文化。这也是精益管理在内涵和外延上比科学管理和IE更加进步的所在之一。

说起来很好玩，我曾经的老东家——改善咨询集团的创始人、日本改善大师今井正明先生早期追随戴明先生，其中一项工作是带领日本人到美国学习福特汽车等企业的生产与管理。20世纪70年代，他的工作倒过来了，主要是带领美国人到日本丰田等企业参观研修。1984年，他的第一本畅销书

《改善：日本企业成功的奥秘》出版发行后，他在瑞士注册公司，开始了带领欧洲以及全球企业学习改善技法和改善文化的管理咨询之路。

以丰田为代表的日本企业的成功，促使美国麻省理工学院对全世界汽车行业进行了一项长期研究。该研究提出了一个新的术语——"精益生产"，这个词语比"丰田生产方式"更具描述性，但实际上它和"丰田生产方式"几乎是同义语。

精益管理发展后期：自动化和信息化的融合

在精益管理不断发展和传播的同时，自动化和信息化的融合，让精益在企业管理中如虎添翼。

自动化的发展

PLC 与机器人、CAD/CAM 被称为自动化领域的三大技术支柱。

PLC 驱动的自动化技术的发展，我们在本篇的第一章介绍过了。在这里，我们简略介绍 CAD/CAM 和机器人的发展。

CAD/CAM 是计算机辅助设计/计算机辅助制造（Computer Aided Design/Computer Aided Manufacture）的简称，是当今世界发展最快的技术之一。它不仅促使了生产模式的转变，同时也促进了市场的发展。

我在 20 世纪 90 年代初从事研发工作时，使用过基于工作站和 PC 版的 Ideas、UG、AutoCAD、Pro-E、MasterCAM 等 CAD/CAM 软件。近年来，随着中国企业对 CAD 应用需求的提升，国内众多 CAD 技术开发商纷纷通过开发基于国外平台软件的二次开发产品，让国内企业真正普及了 CAD，并逐渐涌现出一批真正优秀的 CAD 开发商。如 PICAD、高华 CAD、CAXA、金银花系统等，它们不断探索适合中国发展和需求模式的 CAD，开发出更加符合国内企业使用的 CAD 产品，甚至是为全球提供最优的 CAD 技术。

机器人的技术发展和应用也可以大致区分为三个阶段：

第一代机器人：实验用简单个体机器人。第一代机器人的诞生源于发展核技术的需求,迫切需要一些操作机械代替人处理放射性物质。1947年开发了遥控机械手,随后又开发了机械耦合的主从机械手。

第二代机器人:产业用群体劳动机器人。凭借自动化技术和零部件技术的研究积累,第二代机器人登上了历史舞台。1958年,被誉为"机器人之父"的美国人约瑟夫·恩格尔伯格创建了世界上第一家机器人公司——Unimation,正式把机器人向产业化方向推进。当今广泛应用于工业生产的机器人技术主要来自第二代机器人,20世纪70年代后,日本和德国的工业机器人应用进入发展期,80年代后,全球机器人进入快速发展和迅速推广期,机器人在制造型企业大规模使用。

第三代机器人:智能机器人。1968年,美国斯坦福国际研究所成功研制出移动式机器人Shakey,它是世界上第一台带有人工智能的机器人,能够自主进行感知、环境建模、行为规划等任务。近年来,智能机器人的应用正逐步从研究和实验走向军用和民用。

丰田公司的全球车身生产线上有超过600台机器人,机器人已经成了工业3.0时代精益工厂的标配之一。

发那科公司(FANUC)创建于1956年的日本,是生产数控系统和工业机器人的著名企业。2008年6月,FANUC成为世界上第一个装机量突破20万台机器人的厂家;2011年,FANUC全球机器人装机量已超25万台,市场份额稳居第一。

库卡(KUKA)机器人有限公司位于德国巴伐利亚州的奥格斯堡,中国家电企业美的集团在2017年1月顺利收购库卡公司94.55%的股权,正式进军机器人产业,未来将直接生产工业机器人和商用服务机器人。

在中国,机器人的代表企业包括新松和优必选,而自动化设备商则有劲拓和GKG等。

信息化的发展

信息化是以现代通信、网络、数据库技术为基础,对所研究对象各要素汇总至数据库,供特定人群生活、工作、学习、辅助决策等和人类息息相关的各种行为相结合的一种技术。

工业3.0时代是第一个信息产生巨大社会价值的时代，信息化成为一种先进生产力的时代，所以，也是第一个可以称为"信息化时代"的时代。信息化时代大约从20世纪50年代中期开始，其象征为"计算机"，以信息技术为主体，重点是信息/知识正在以系统的方式被应用于变革物质资源，正在替代劳动成为国民生产中"附加值"的源泉。

信息化时代的具体表现为，首先，在生产活动工作过程中，引入了信息处理技术，从而使这些部门的自动化达到一个新的水平；其次，电信与计算机系统合而为一，可以在几秒钟内将信息传递到全世界的任何地方，从而使人类活动各方面表现出信息活动的特征；最后，信息和信息机器成了一切活动的积极参与者，甚至参与了人类的知觉活动、概念活动和原动性活动。

软件开发行业推行的敏捷软件开发和精益软件开发，都是将精益管理的理念和方法应用于软件开发领域。它们的共同之处，就是集中消除开发过程中的浪费和整体优化。SAP（思爱普）和Oracle（甲骨文）两家ERP软件公司，既是工业3.0时代信息化的代表企业，也是敏捷软件开发和精益软件开发实践者的代表企业。而在中国，ERP的领导企业叫金蝶和用友，盘古信息则是MES类软件的典型企业。

2018年作者率团访问SAP总部

精益对自动化和信息化的价值

本节要讨论企业经常问到的一个问题：如何理解精益与自动化、信息化的关系？如何应用精益管理提升自动化、信息化的价值？

首先，没有导入精益管理的企业，最好不要自动化；没有导入自动化的企业，最好不要信息化。否则，无论自动化还是信息化的推行，收益一定都很差。原因有三：

第一，精益管理是自动化和信息化的基础。在我们中国企业的管理咨询中，经常看到这样的现象，一个企业的工艺成熟度不高，企业4M1E（人、机、料、法、环）的稳定性较差，员工作业的标准化程度也不高，员工连基本的改善意识都没有，老板想尽各种办法导入自动化和信息化，想通过机器换人一了百了，想着流程信息化后效率就高了。大家想想，一个手工都走不顺的流程，信息化后就变成了死胡同；一个材料、工艺和员工操作都没有标准化的工位，自动化后就大部分时间都动不起来了。而且由于员工没有任何改善意识，再优秀的自动化和信息化供应商到了这里也会死得很快。投入大量资金，最后买了一堆很不好用的铁疙瘩，弄了一堆走不通的信息化流程。精益管理的三大地基是标准作业、稳定性和改善。通过成熟的标准作业，确保4M1E的稳定性，在这个基础上再识别流程中的七大浪费，再改善。在这个基础上导入自动化和信息化，才能用得起来，每次改善幅度不会太大，再形成新的标准，构建新的稳定性，周而复始，持续改善，螺旋上升。

第二，精益管理让自动化和信息化的投入回报倍增。我们大部分企业的自动化和信息化改造是基于先入为主的"锤子思维"，这样思维下的自动化信息化改造，投入产出一定不会好。"锤子思维"来自马克·吐温的那句名言："手里拿着锤子，看什么都像是钉子。"我们很多管理者，满脑子只有机器人或者流程IT化，看什么都想把他/它用机器人或者IT换掉。这样做的结果是，自动化和信息化投入很大，效果却不一定好。正确的做法是"瓶颈思维"，通过流程或者价值流来找"瓶颈"，基于流程的改善消除绝大部分浪费，再来看是否要投入硬件和软件，要投多少。这种"改善后投资"，跟我们大部分企业"评估后投资"，投入回报差一倍是常事，甚至差一个数量级。

第三，精益管理通过机器人、自动化设备或者IT，实现的是流程和作业的"自働化（Jidoca）"而不是"自动化（Automation）"。自动化就是自动作业，自働化在自动作业的基础上，还要增加对本流程/作业质量的判断，质量没问题，就进入下一个作业或者流程，质量有问题，就停止。就像有人的智慧一样，会思考会判断，这样的自动化，丰田在"动"字上增加了一个"人"字旁，叫"自働化"。当然，最好确保本作业或者本流程不出现质量问题，这个叫防错，设计流程/作业时，就要想尽一切办法让它成为防错的。如果实在做不到防错，退一步，有了异常必须报警（这个叫安灯），通过人处理完异常后，再自动作业。不判断流程/作业质量，全程无人（后端增加检验人员）的流程，叫全自动化；判断流程/作业质量，有异常不需要停止，机器自己知道如何处理，全程无人的流程，叫全智能化。工业3.0时代，是人工智能处于初级阶段的时代，这个阶段的自动化和信息化的最高境界就是实现"自働化"或者防错，结果就是流程的"品质内置（Built In Quality）"。所以，判断一个自动化设备或者IT系统是不是精益的非常容易，看它的流程是否实现了"自働化"或者防错。

回到本节的第一句话：自动化和信息化的融合，让精益在企业管理中如虎添翼。这是一个真理！

自动化和信息技术的飞速发展是当今人类正在经历的过程，5G、物联网、人工智能等新技术的应用将加速生产方式的改变，并把我们带入工业4.0和管理4.0的时代。

花开遍地：精益管理思想在全球的广泛实践

1973年，石油危机给全球企业带来了灾难性的痛，汽车行业几乎所有企业都大幅度亏损；这场危机也让人眼前一亮，丰田公司在如此世道竟然还可以保持盈利。至此，丰田汽车逐渐进入欧美主流市场的"法眼"，丰田生产方式、改善和精益逐渐成为全球追捧的热词，它带来的不仅仅是一场学习企业管理的方法和体系的热潮，同时，还是一场推动企业文化和社会变革的劲风。制造业中全球500强的企业绝大多数都推行过精益管理，几乎全部汽车

管理进化简史

企业及其供应商、电子电器、手机行业的企业都是精益管理的践行者和受益者。服务型领域的领袖级企业沃尔玛、SAP、喜来登、UPS等也是精益管理的推崇者。互联网时代的新贵苹果、亚马逊、阿里、京东等企业在创新和管理中的精益应用，丰富了精益在新时代的精神内涵，提升了价值。

直到今天，精益管理在全球的实践范围之广、影响之深、创造的价值之大，足以与科学管理相媲美。而且，由于IE方法和工具逐步被精益管理体系包容，所以，精益管理成为科学管理的升级版，曾经、正在并将继续影响企业和社会的发展，直到下一个管理时代——敏捷管理时代——的到来。

本书整理了几个经典案例，期望为读者带来窥一斑而知全豹的功效。

精益投资和精益经营：美国丹纳赫

网络上有一个非常有意思的说法，丹纳赫在精益管理能力上，在欧美国家中排名第一，全球排名第二，仅次于日本丰田。其实，并没有全球企业精益管理能力的排名，网友们只是为了炫耀他们崇拜的丹纳赫而杜撰的一种说法，丹纳赫超强的精益管理能力也可见一斑。

丹纳赫公司是20世纪80年代由史蒂夫和米切尔·罗利斯两人将15个制造公司联合而成的。说起来几乎让人难以置信，这两个从华盛顿特区来的年轻企业家，已经对大野耐一提出的精益概念有所了解，并且，他们还说服大野的一些日本追随者，于1987年在美国开展业务，来支持丹纳赫的变革。他们深知精益思想可以改变企业的面貌，所以想到买一些企业后对之进行精益改造，从而从核心的房地产业务中走出来，使经营多样化。这样的努力成功了，他们最初买下几家价格极具吸引力的企业，然后以精益的方法使企业改变。

田纳西州那什维尔市的亨尼西工业公司是他们最初收购的企业之一，这是一家生产汽车修理工具和汽修千斤顶的企业。当时，罗恩·希克斯正是这家企业的经营副总裁，他对后来看到的事情非常吃惊，结果他也成了精益思想的专家。罗恩·希克斯回忆起1989年"顿开茅塞"的那一天说："我去参观了位于康涅狄格州布卢姆菲尔德市的雅各布斯制动器公司，那是丹纳赫的另一家公司。我发现，他们遵照大野的意见取消了传统的各个生产部门；同时设置了很多生产单元,在生产单元中,所有机床设备排列方式,是根据所生产的某一系列货车发动机部件的特殊需要安排的,也就是按实际工作顺序重新排列而成的。这样,采用他们称之为'单件流'的概念,就使得每个零件的生产过程都是连续流动的,而且各工序之间完全没有缓冲用的库存。真正让我感到吃惊的是,在我去访问的那天,他们正好在进行一项改善活动。他们认为,如果把那台大型设备从一个位置移到另一个位置,那么某一项工作流程会平顺得多。他们决定一早就开始干,并且很快组成了一支搬运队。几个小时后,他们移好了机器,又各自回到生产中去了。在亨尼西工作之前,我曾作为经营经理在通用电气公司工作了14年。在那里,若要移动这样一台大型设备,先得由公司代表大会形成决议。但是这里的这帮人就这么干起来了,而且干成了。那时,我突然感到我处于一个完全不同的世界里。"

丹纳赫起源于房地产投资信托公司DMG,成立于1969年,在1984年采用新名称后,重新专注于制造,正是在那时,该公司接触到Kaizen(改善)这个来自日本丰田不断改进的经营理念、后来被美国人Womack和Jones称为精益思想的管理体系。而带领大家接触、认知并实践这个改善体系的,就是1984年加盟丹纳赫公司的原执行副总裁亚特·伯恩(Art Byrne)先生。

1985年,日本的持续改善思想(KAIZEN)之父今井正明先生在康州举办研讨班,亚特·伯恩参加了这个研讨班,并深受启发。之后,他又邀请了日本改善"导师"来到由他主管的雅各布制动器公司现场辅导。他和他的团队以实际行动经受住日本顾问的考验。日本顾问当晚10点来到了丹纳赫的一座工厂,看了之后,宣布该厂的生产单元全都"不行"。然后,大家和日本顾问顶着工会的压力大干起来,重新安排设备,到凌晨2点时,生产单元再次运行起来。效果的确大大提高。日本顾问当时的看法是:丹纳赫的管理人员对如何经营其业务毫无办法,但是,比起他遇到的其他美国管理人员,至少还有些希望。

又经历了一些让人难熬的"考验"后,日本顾问才同意把丹纳赫公司作为他们在北美的唯一客户,做深入细致的工作。丹纳赫是北美最早采用精益

管理进化简史

管理理念和致力于"改善"的公司之一，该公司对改善的坚持促进业务系统的持续发展，从而，精益改善成了指导该公司五大核心价值观的核心文化。

丹纳赫成功推进精益改善文化，构建了著名的丹纳赫经营体系（Danaher Businesses System，DBS），并利用DBS这个精益经营体系在全球大举并购，成为赫赫有名的并购整合大王。

丹纳赫集团早期由一组离散的制造企业组成，20世纪90年代中期，这种支离破碎的结构被转变为围绕战略平台构建的结构，每个平台在庞大的全球市场中都具有可持续的竞争优势。在接下来的10年中，丹纳赫公司确立了在定义今天的市场中的领导地位，其工业仪器设备从1998年的水开始，此后逐渐扩展到2001年的产品识别、2004年的牙科、2006年的诊断和2009年的生命科学。2011年，丹纳赫销售额达到161亿美元，增长28%，在全球仪器公司排名中位列榜首。

丹纳赫的成功，还得益于历任CEO对改善和精益文化的信仰、对丹纳赫经营体系DBS的坚守和发展。前CEO劳伦斯·卡尔普（H.Lawrence Culp）就是其中的佼佼者。这位1990年从哈佛大学商学院毕业的学霸，一毕业就加入了美国丹纳赫公司。2001年，年仅37岁的他，当选为丹纳赫公司的CEO兼总裁，直到2015年卸任。

在卡尔普任职期间，丹纳赫总共花费了大约320亿美元的资金，兼并了50多家企业，涉及工业技术、测试和测量、环境、生命科学和牙科等五大领域。

卡尔普塑造的丹纳赫团队非常擅长"提高效率、通过减少库存和改善制造流程、减少公司内部的营运资金，并允许现金用于发展新业务"。"据熟悉其流程的人士称，卡尔普带领的丹纳赫成功核心是使用DBS评估收购的细致程序，他们寻找专业人士使用品牌产品企业，这些产品往往更有利可图并具有定价能力。他们还寻求成本管理不善的企业，这意味着他们可以通过DBS擅长的更加关注制造、供应链和后台运营等领域来获得更多利润。"

卡尔普还应用丹纳赫的精益经营体系为公司制定了几条长期的投资原则："业务的选择必须受'市场第一，企业第二'的信念驱动。第一，市场规模应超过10亿美元。第二，核心市场成长率应至少5%—7%，没有不适当的周期和波动。第三，寻找参与长尾的分散行业，有 2500 万到 1 亿美元的销售额，可以获得他们的产品而不用必要的管理开销。第四，尽量避免优秀的竞争对手，如丰田或微软。第五，目标领域要有适用 DBS 的可能性。第六，必须是以实际产品为中心的企业。"

卡尔普在任期间，带领丹纳赫从工业制造业公司成功转型为科技公司；其间，标普 500 的回报率为 103%，而丹纳赫的投资回报率高达 465%，公司的市值也增长了 5 倍。2018 年 10 月 1 日，GE 董事会通过不记名投票，劳伦斯·卡尔普接替约翰·弗兰纳里成为公司 CEO 兼董事长。卡尔普颠覆了 GE100 多年来一直从内部选拔 CEO 的传统，成为第一位空降的老大。为此，我专门写一篇文章《丹纳赫前 CEO 入主 GE，全球资本热捧精益经营》，来介绍丹纳赫的精益经营。

表面上看，丹纳赫是一个持续快速成长、高度多元化的国际性科技公司，实质上，丹纳赫是一家以管理制胜的企业。凭借其独有的精益经营系统（DBS），丹纳赫不断收购市场领先、技术领先但管理境况不佳的企业进行整合和管理升级，提升其运营质量和效率。在卡尔普的带领下，丹纳赫创造了 40 多个行业顶级品牌，集团的销售收入也从不足 40 亿美元增加至近 200 亿美元。丹纳赫发展迅猛，自 2003 年以来，投资者累计回报率高达 229%，在工业领域中位列第一。

通过收购整合，不仅丹纳赫取得了良好的经营绩效，而且 DBS 在兼并重组企业的实践中也得到了持续改善，其精益管理思想和方法论不仅适用于制造业，对服务业和金融业的改造也颇具价值。

丹纳赫经营体系源自丰田生产体系 TPS，为什么丰田的叫生产体系，而丹纳赫的叫经营体系呢？

丹纳赫自 20 世纪 80 年代（1987 年前后）学习了丰田生产体系后，以丹纳赫的实用主义和强大的执行力，将它从生产领域拓展到了整个企业的全部流程（研发、生产、质量、服务、运营成本等），甚至包括企业并购前的标的筛选、尽职调查，并购中的行业和企业分析，并购后的企业整合以及领导力的完善。所以，TPS 叫丰田生产体系，而 DBS 叫丹纳赫经营体系。

丰田的伟大，不仅在于丰田本身超过半个世纪的持续成功；更重要的是，有众多像丹纳赫这样的企业孜孜不倦地将丰田生产体系应用于本公司的业务，并根据自身的现状调整和创造性的实践，让丰田生产方式融入自己的管理体系，为企业和行业创造价值，并由此发扬光大。

2018年11月，我在北京约见原丹纳赫（北京）公司的总经理卢总，畅谈企业并购与精益经营。我相信，像丹纳赫这样的并购投资企业在全球、在中国会越来越多。

单元生产方式：日本佳能

佳能公司创立于1937年，其业务以光学技术为核心，涵盖了影像系统产品、办公产品以及产业设备等广泛领域。该公司的企业理念是"共生"，并以创造世界一流产品为奋斗目标，向多元化和全球化发展。其集团总部位于东京，并在美洲、欧洲、亚洲和大洋洲的各区域设有总部，相互紧密联系，构筑了全球化与本土化有机结合的经营体制。

精益生产方式在佳能的表现形式很有意思，叫"细胞线（Cell line）"或者"细胞生产方式（Cell Production）"。其实，很多日本企业将细胞生产方式的起源归于精益的起源公司——丰田。

细胞生产方式的精髓来自对生物细胞的学习和模仿，即每一个细胞在基因上都是全能的，然而各细胞又各司其职，表现在工厂生产中时，就是要每个工人像细胞一样熟练掌握尽可能多的工序，从而减少交接时间以提高效率。从细胞生产方式的思想出发，高度分工的流水线似乎就不是最好的形式了。所以在佳能经常看到的是，一张工作台，一个到四个左右的工人在台上工作，没有长长的传送带，取而代之的是人力车。

细胞生产方式在消除浪费方面是极其坚持精益原则的，例如它极大地缩短了等待时间。原有传送带生产方式中的工人经常有等待的时候，这就是精益生产最痛恨的浪费。在新的细胞生产方式中，这种浪费得到大大的改善。每个工人不是固定在一个位置上，简单地重复安装或插装某些零部件，而是在同一位置上组装一件完整的产品。这样，工人可以根据组装需要及自己在组装中得到的体会和经验，选择、调整和改进组装操作过程，这要比一个不断移动的传送带上只是机械地安装不同的零部件的方法主动得多。一件产品不是通过所有工人的配合来完成的，而是由几个工人（小团队或小单元）完成的，甚至可以由一个工人完成，这样一来，即使一个小单元中的工人因身体不适、状态欠佳而工作做得很慢时，整体生产速度也不会被大大减慢。由此，"细胞生产方式"又称"单元生产方式"。每个工人都知道工序，使得因作业不平衡、安排作业不当、停工待料引致的等待时间减少了，整体生产效率从而得到保证。

在中国，佳能大连分工厂那个经典视频广为流传，成为精益管理和单元线学习的科普教材。佳能废除16000米长的流水线后，不仅生产率平均每年提高50%，而且，其人性化的管理让美国心理学派的专家赞叹不已，工人们甚至可以边聊天边工作，几乎处于充分社会化的环境之中，结果却发现生产效率非常高。以佳能在大连设立的工厂为例，在采用细胞式生产方式后的一年内，生产率就提高了370%。

单元生产方式的设计初衷和精益管理一样，是面向适应品种多、变化快的灵活要求的。这种人力化的策略，克服了大型生产设备缺乏柔性的缺陷，日本管理学家称其为"依存于人的生产方式"。这是一种充分发挥人类柔性的生产方式，佳能在采取单元生产方式后，生产率大幅提高。

单元生产线非常适合平准化的生产原则，与丰田的柔性生产线一样，是实现基于客户订单的多品种小批量的两种最佳途径之一。例如，当订单多时就使用200个"细胞"，订单少时使用少一些细胞（如108个）就可以了，非常富于弹性。

20世纪80年代，日本早川先生创造性地在SONY大范围地成功运用单元生产方式，紧随其后，NEC、欧姆龙、佳能、松下等纷纷导入单元生产方式。90年代，单元生产方式盛行于日本，成为日本挑战中国制造、让制造回流日本的五张王牌之一。其他四张王牌分别是：客户响应、产品开发、专利技术、质量品牌。

工业3.0时代，工业能力和管理水平的提升，生产力被极大地释放出来，世界市场由卖方市场转变为买方市场。客户需求越发多样化、个性化和时尚化，企业的产品必须面向不同国家、地区、种族、信仰和文化，全球一体化促使这种竞争越发激烈，生产方式也不得不从"福特制"的大批量生产逐步转变为"丰田制"的多品种小批量生产。

单元生产方式，因其适合多品种、小批量、短交期、定制化、更新快的市场形态，而被创造出来并备受追捧。而且单元生产方式在提高效率、减少库存和降低生产周期上"疗效"也十分显著。不仅如此，单元生产方式因其同步化、少人化生产模式，工序一体化、职能一体化的团队合作模式和多能工培养的人才发展模式，极大地丰富了工作的挑战性和趣味性，极大地增强了员工的责任感和自主性，对于全球尤其是90后、00后等新生代员工已经成为主流的中国，具有巨大的社会效益和价值。

进入21世纪，包括三星、戴尔在内的全球3C领域主流企业竞相采用单元生产方式。单元生产方式在全世界电子制造业得到了广泛的应用。在中国，单元生产方式在不同时期的客户华为、海尔、联想、伟易达等企业也有不同程度的应用。但是，我认为，作为一种对电子行业如此"神效"而影响深远的单元生产方式，在中国的应用度和产生的价值是远远不够的。

改善文化：德国博世

1886年，罗伯特·博世先生在德国创办了罗伯特·博世有限公司。在初创时，与其说这是一家公司，不如说它是一间简陋的车间，是一间"精密机械和电器工程车间"。

120多年后的今天，总部位于德国斯图加特的罗伯特·博世有限公司，已经是世界第一大汽车技术供应商，并在全球50多个国家设有子公司和分支机构，拥有24万多名员工，2012年销售额达到674亿美元，其中在中国销售额达到274亿元人民币，在全球500强企业中多年位列前100名。2018年，博世集团位列全球500强第76名。博世的产品涉及物联网、汽车技术、工业技术、消费品和建筑智能化技术等领域。博世汽车技术部包括汽油系统、柴油系统、底盘系统、能源及车身系统、汽车多媒体、汽车电子、采埃孚转向机系统和售后市场等八大部门。

120多年后的今天，博世已经成为一个在制造业响当当的名字，已经成为德国人严谨可靠的代名词。这也得益于博世这家老牌企业在迈入工业3.0时代后，经历了一场旷日持久的精益变革的洗礼。

博世在20世纪90年代师从我的老东家改善协会（Kaizen Institute，KI；现在叫改善咨询集团KICG）学习精益管理。他们从今井正明那里获得了改善系统方法论的培训，高层管理者们回到公司后的感受是，"改善"是一套不可思议的哲学，他们在接下来的年月里持续用这套精益管理的哲学指导公司发展，不久就取得了很大的成效。实践精益取得短期效果并不难，如果要长期受益，让企业获得根本性的变化，却并非易事。尽管已经具备了改善的工具和流程，员工们却仍然缺乏时刻寻求改善的理念。管理层面临的问题是，不仅要使生产车间里的员工树立持续改进的思维模式，而且非生产一线的工作人员（包括管理层）也必须有此思维模式，而这些人往往并不参与持续改进的活动。

与当年的丰田公司和大野耐一遇到的情况一样，精益管理的推行遇到了人员方面的阻力，博世为这场变革做好了充分的思想准备和应对策略，博世采取了一系列强有力的措施，如培训、调离和解雇等，这在工会强大的欧洲是着实不容易的。博世管理层就是要使绝大多数员工相信，改善就是公司新的方向，并且反复强调全体员工都要参与到改善之中。

博世在公司内建立了"改善文化"，并根据不同国家的国情推广这种文化。"改善"文化在博世的特征之一就是，蓝领员工比起白领员工更受重视。这种文化下有意思的一项规定是，设备不是公司的，也不是股东的，而是属于操作人员的，以此来推动员工对设备使用、维护等各方面的TPM管理和改善。

由于把公司的未来建立在改善的基础之上，企业越来越强调降低成本、第一次就把事情做对等，以使公司经营活动更为高效。博世的改善取得了显著的成效，人力资源成了企业最重要的资产，员工们意识到了自己是公司这个集体的重要组成部分，彼此之间有了更多的公开交流，公司内部变得更为透明，员工受到的约束减少了，大家畅所欲言，共同创造出一个非常开放的环境，改善走上了良性循环的道路。

数年后，博世集团开始在全球实施名为"博世生产系统"（Bosch Production System，BPS）的新式生产系统，它的原型就是"丰田生产系统"。根据该生产系统的要求，博世的所有工厂都必须遵从相同的严格标准，用相同的评分体系予以评判，员工们都面临着严峻的挑战。

博世每年都对各公司进行 BPS 审核,满分为 800 分。开始各公司的得分并不高,但几年后,许多公司的得分超过了 400 分,这样的得分已经算是标杆了。博世还在集团内部展开各种活动推广精益,例如展开年度竞赛等,优胜者会获得奖励。这些活动极大地推动了 BPS 的进展。

2013 年,我带领葡萄牙的精益顾问总监 João Castro 先生在海尔做项目,他给我介绍博世的精益转型经验:精益变革必须自上至下(TOP-DOWN),领导力对改善文化至关重要,领导者自己必须有"勇于改变、自己参与改善、永不停止学习"的精神,而不能仅仅将改善工作委托给下属。

博世是欧洲企业如何建立超强改善文化的典范。

精益零售与精益供应链系统:美国沃尔玛

沃尔玛公司全称为沃尔玛百货有限公司,是一家美国的世界性连锁企业,以营业额计算为全球最大的公司,其控股人为沃尔顿家族,总部位于美国阿肯色州的本顿维尔。沃尔玛主要涉足零售业,是世界上雇员最多的企业,曾连续 5 年在美国《财富》杂志世界 500 强企业中居于首位。沃尔玛公司有 8500 家门店,分布于全球 15 个国家,主要有沃尔玛购物广场、山姆会员店、沃尔玛商店、沃尔玛社区店等四种营业方式。

我在这里对沃尔玛在门店方面的精益管理不做详细介绍,各位如果想了解,最好按"三现"的原则,到沃尔玛亲自体验。我的团队从 2013 年开始,帮助华润创业推进精益管理,华润创业在当时包含雪花啤酒、华润怡宝、华润万家和五丰食品等四大业务。在辅导华润万家的精益管理时,我们白天教授精益管理的理念、方法和工具,晚上带领学员到各大零售企业的门店进行流程穿越,其中也包括沃尔玛。通过应用"钢琴格"(我命名的一个精益工具)等工具的分析,我们发现了沃尔玛收银、会员卡办理等众多流程在 QCD(质量成本交期)方面的优越性。在跟沃尔玛员工聊天过程中,我们还发现,沃尔玛门店的员工并不知道运用这个流程跟精益有什么关系,他们只是严格按照岗前培训的要求执行。虽然华润万家的学员们通过应用精益方法和工具,对相应的流程进行了改善,某些流程的效率甚至超越了沃尔玛。但是,沃尔玛的精益零售水平,仍然值得尊重与肯定。如果没有像我们这样精益专家的指导，一般人根本无法识别出其中的差异，更不用说如何改善了。

沃尔玛作为零售企业，通过贩卖信息系统，实现了精益仓储、精益物流、精益零售，通过与供应商的信息共享，实现了精益供应链管理。

沃尔玛的贩卖信息系统，是精益管理与信息化完美结合的典范。仓储、物流和库存是精益管理的重要方面，是"准时化"原则的重要体现。沃尔玛通过贩卖信息系统，实现了高效率补货系统。系统能准确地计算货架的库存量，在低于其安全库存量时，立即下单给其区域仓储中心，这一点来自对"看板"的活用，信息系统替代了丰田汽车生产线上的手写看板。区域仓储中心收集、整合所有区域内的沃尔玛零售店的补货订单后，即可发货柜车至各零售店补货，而零售店的补货并不影响销售，因为它们多是在生意较淡的午夜开箱补货上架的。

沃尔玛的补货系统与宝洁公司关系不小，后者是全球最大的家用清洁品制造商，沃尔玛与宝洁有过一段脍炙人口的供应链大战。

20世纪60年代，宝洁凭借家喻户晓的洗剂品牌——汰渍洗衣粉傲视全美，几乎所有零售商都对其俯首称臣。对于总部设于偏远阿肯色州的零售商店铺沃尔玛，宝洁自然不看在眼里，双方在价格、库存上互不相让，各种冲突时有发生，双方经历了长时间的"冷战"。当时，宝洁总是企图控制沃尔玛对其产品的销售价格和销售条件，而沃尔玛也不甘示弱、针锋相对，威胁要终止宝洁产品的销售，或把最差的货架留给它。

最终，双方很快认识到对抗下去对双方都不利，而深度合作却可能好处多多。1987年，为了寻求更好的手段以保证沃尔玛分店里"帮宝适"婴儿纸尿裤的销售，宝洁负责客户服务的副总裁拉尔夫·德拉耶和沃尔玛的老板山姆·沃尔顿终于坐到了一起。在经营战略的发展史上，这个时刻被认为是协同商业流程革命的开始。

"宝洁—沃尔玛模式"的形成其实并不复杂。最开始，宝洁开发并给沃尔玛安装了一套"持续补货系统"，具体形式是：双方企业通过EDI（电子数据交换）和卫星通信实现联网，借助这种信息系统，宝洁公司除了能迅速知晓沃尔玛物流中心内的纸尿裤库存情况外，还能及时了解纸尿裤在沃尔玛店铺的销售量、库存量、价格等数据，这样不仅能使宝洁公司及时制订符合市场需求的生产和研发计划，同时也能对沃尔玛的库存进行单品管理，做到连续补货，防止出现商品滞销商品库存过多，而畅销商品断货的情况。这种方式，就是精益思想中杜绝浪费的一个杰出表现。

合作之后，沃尔玛从原来繁重的物流作业中解放出来，专心于经营销售活动，同时在通过EDI从宝洁公司获得信息的基础上，及时决策商品的货架和进货数量，并由MMI（制造商管理库存）系统自动进货。沃尔玛将物流中心或仓库的管理权交给宝洁公司代为实施，这样不仅自身不用从事具体的物流活动，而且由于双方企业之间不用就每笔交易的配送、价格等问题进行谈判，大大缩短了商品从订货、进货、保管、分拣到补货销售的整个业务流程的时间。

精益供应链是精益企业的一大优势，传统的企业是供应商管理（Supply Chain Management，SCM），精益的企业是供应商发展（Supply Chain Development，SCD）。

工业3.0时代，供应链面临的挑战越来越大，表现为：供应链越来越庞大，供应链越来越复杂，供应链的全球化和供应链的OEM专业化。精益的供应商发展由此诞生。

以汽车行业为例，在供应商管理体系下，主机厂和供应商之间以商业合作为主，主机厂通过考核、评价和优胜劣汰来管理供应商。在全球经济发展相对平稳的情况下，供应商管理体系没有问题；一旦全球经济大环境的剧烈变化，大宗商品期货价格巨幅波动，客户需求急剧变化、库存积压，甚至产品和原材料价格倒挂等问题，将对供应商管理体系带来巨大冲击，主机厂和供应商的商业博弈最终可能导致鸡飞蛋打。我国摩托车行业曾经发生过的主机厂和供应商之间的撕咬摊牌，对行业的打击是灾难性的，几乎断送了这个行业的前程。

供应商发展体系下，主机厂与供应商之间不再是简单的商业合作关系。主机厂通过对供应商整合，与I级供应商等企业实现全面拉动的供应链协作，在整个生产运营过程中，I级供应商的职能接近于主机厂的一个车间；主机厂通过辅导和持续改善，提升供应商的工业能力和管理水平，主机厂对供应商价格成本的降低，不再是简单粗暴的"要么降价，要么走人"，而是全价值链改善基础上的红利共享。

沃尔玛与宝洁的供应链大战,就是传统的供应链管理体系下的博弈与冲突。基于"持续补货系统"下的"宝洁—沃尔玛模式",就是供应商发展体系下的双赢,是精益零售中经典的精益供应链管理。

精益智造:韩国三星

成立于 1938 年的三星集团是韩国最大的跨国企业集团,公司包含三星电子、三星 SDI、三星 SDS、三星电机、三星康宁等十几个子集团。在美国《财富》杂志评选的世界 500 强中,三星并没有按照集团的名义进入榜单,而是按照子公司。目前,三星有三个子集团进入全球 500 强,三星电子是其旗下最大的子公司,是全球第一大手机生产商、全球营收最大的电子企业,2019 年三星电子在全球 500 强中排第 15 名。

三星是一个危机意识、革新意识极强和速度极高的企业。三星集团的第二代掌门人、会长李健熙有一句经典的名言:除了老婆、孩子,一切都要变。

三星人对时代最新的潮流、趋势和管理思想有非常敏锐的触觉,并设法通过组织系统在最短的时间获得、理解和驾驭它,并结合企业现状,把它融合成自己的一部分(韩语叫하나로,发音 hanaro,同一化的意思)。

20 世纪 90 年代初,三星跟日本前几名的电子企业相比,还有不少的差距。从 1993 年"新经营"活动开始,三星吹响了成为全球一流企业的号角。"新经营"不仅仅是三星业务结构的重新设计,而是一场旨在制造世界产品、提供全体客户满意,以及成为一个优秀的企业公民地位的阶段。

在管理上,三星在全球范围学习摩托罗拉和 GE 推行 6 Sigma,是全球首先推进 6 Sigma 管理最彻底的公司之一。我曾经是三星集团的 6 Sigma 黑带,从日常工作和会议的 DMAIC 模式,到强大的 6 Sigma 项目开展和项目管理体系(如 6 Sigma Park),再到每年一度的 6 Sigma Olympics 挑战大赛,强悍且丰富多彩的革新文化,让三星在 20 世纪 90 年代迅猛崛起。1997 年的亚洲金融危机使韩国企业深受其害,浴火重生后的三星集团更上一层楼,跻身全球第五大集团。

进入 21 世纪,以三星电子为代表的三星集团开始学习源自丰田的精益管理。以手机组装线为例来说明，2005年前，三星电子跟全球其他手机企业一样，几乎全部是100米以上100人以上长长的皮带线。2004年三星电子要求各事业部，从2005年开始，不允许任何手机生产线再使用传统的大批量生产方式的皮带线。为此，三星电子彻底抛弃皮带线的思维和套路，基于丰田生产方式和单元线的应用技术，从2005年至2010年五年间，率先研发了适合手机组装的弧形单元线、圆形单元线、Block（区块）单元线、1人单元线、1人自働化线、智能线，绝大部分线体是行业首创。尤其是"1人线和4人左右的多人线"的组合模式，既满足了客户需求的多样性，又解决了效率和设备投入的资金矛盾。下表是这些线体的比较。

不同线体的人均产量对比

序号	皮带线	单元线					智能线
		弧形	圆形	Block	1人	1人自働	
人均产量	45	36	36	42	75	108	136
设备投入	很小	小	小	小	大	较大	很大

注：数据为处理后的。

三星有自己的信息化子集团三星数据系统公司SDS，三星SDS是韩国最大的全球化IT解决方案提供商，年收入超过70亿美元，是韩国尖端的整体IT服务提供商和电子商务支持商，同时也是韩国主要的电子商务基础设施建设者以及解决方案提供商。所以，三星的信息化技术在各个行业都是非常领先的。

举例说明：

案例一：精益管理和MES系统在赛格三星的应用

我1995年研究生毕业后进入了一家专注于做传统电视机玻璃的国有企业仲康玻璃，公司在经营中问题一直很多。当时在这一行，我国跟日本旭硝子和韩国三星同时期从美国康宁引进全球最领先的技术和设备，生产线上Kuka机器人非常多，自动化信息化程度也很高，但企业产品的合格率却一直保持在30%—40%，远低于国际同行80%以上的水平。

我和公司大部分同事一样在当时是忠实的"技术决定论"者，确信技术落后是公司经营的主要问题，于是，上下同欲，率先在国内设计出了第一代14英寸显示器玻璃和25英寸电视机玻璃，我和同事并因此上了深圳特区报，受到了当时国务院副总理邹家华的接见。

产品研发的成功，虽然并没有改变合格率低、公司利润低的窘况，却加快了公司登陆 A 股市场的节奏，加大了外资企业对中国本土企业威胁的担忧，加速了旭硝子、三星等企业跟我们合资的谈判，也加重了我们在谈判中的筹码。1998 年三星与中康完成了合资收购，公司更名赛格三星。

合资后，三星的专家对全公司做了一个系统的诊断，结论让我惊掉了下巴：5% 是技术问题，95% 是管理问题！只要按照他们的要求做，三年就会赶上行业领先水平。

三星的专家说到做到，很快从韩国请来了管理咨询公司，董事长亲自带头在公司内大力推行标准化、TPM（全员生产维护）和精益管理等。一年、二年，标准化完整率、遵守率和落实率艰难爬升，自主保全 0 阶段、一阶段、二阶段痛苦达成，合格率 40%、50%、60% 稳步提高，公司彻底扭亏了，盈利了，赚大钱了。

令我惊讶的是，"三年后某一天，公司的产品合格率真的超过了 80%，提高到当时的全球同行顶级水准"。三星的管理理念对我产生了巨大的冲击，实际效果更验证了管理咨询的价值，我对企业管理也产生了浓厚兴趣，逐步转变为一名"管理发烧友"。

同时，公司中方高层以及越来越多的中方员工从死心塌地的"技术决定论"成长为如痴如醉的"管理发烧友"。我们去韩国三星总部学习，回来后结合公司发展的实际情况和中国员工的特点，我们将管理体系不断改进和优化。结果是，公司的生产能力逐日增强，营收和利润屡创新高。2002 年底，全球最先进的玻壳工厂——赛格公司龙岗新工厂建成，我们实现了弯道超车，超过了日本、韩国的行业知名企业，成为电视机玻璃制造行业内全球第一的工厂。

我们在 1999 年使用 MES 制造执行系统（Manufacturing Execution System）。是美国 AMR 公司（Advanced Manufacturing Research, Inc.）在 20 世纪 90 年代初提出的，旨在加强 MRP 计划的执行功能，把 MRP 计划同车间作业现场控制，通过执行系统联系起来。

2000 年前的中国企业基本没听说过 MES，而我们管理者和员工的日常工作都已经离不开 MES 系统了。

原赛格三星的MES日报表

1. 实现每天的 PDCA 闭环。每天早上 8 点上班后，首先去生产综合管理办公室领一张打印好的《生产日报》，从昨天零点到今天零点的所有情况就了然于胸：包括每条线的一次合格率、OEE、废品及缺陷、计划 D/T（停机时间）及偶发 D/T。根据这些数据，各层级的管理者自行做好参加早上 9 点总经理坐镇的品质经营会（全公司中层以上管理者参加的内外部信息分享会，尤其是客户情况与投诉信息）。下午 5 点，管理层离下班前还有半个小时，白班（早上 8：00—下午 4：00）的全部数据已经出来，跟制造相关的中层管理者参加当天的日清日结会议，会议的最高领导为生产副总。

2. 实时问题的追踪与解决。有了 MES 系统以后，生产线的数据可以每 10 秒更新一次。有任何问题，或者发现任何疑似异常的趋势，员工和管理者马上登录公司的 MES，及时分析数据，追查问题，有异常就要拉警报（安灯），召集直接上司等相关人员快速反应，规定时间内处理不了，就对问题进行升级，升级以后还处理不了，就要停线。有了 MES 系统，问题很难搁置，也很难导致大批量的异常或者报废。

3. 透明工厂，透明管理。有了 MES 系统以后，管理者在家里就可以实时了解工厂的状况，我们三星在全球同类型的五家企业就可以随时 PK，相互竞争，相互学习。

4. 精益与 MES 的结合。无论是 5S、标准化、TPM、6 sigma 还是 TPS 推进带来的流程、标准的改进，最终都会固化于 MES 系统中，成为新的流程和标准。比如生产节拍、工艺参数、设备维护和点检、员工作业标准，等等。

5. MES 是工业 3.0 时代过程信息化管理的一部分，是工业 4.0 的基础之一。只是我们中国普及得晚，若把它当成是工业 4.0 时代的特征甚至是象征，那就太可笑了。

案例二：三星信息系统的一体化

跟其他的集团公司一样，各业务单元由于公司成立时间不同，发展得不均衡，因此在信息系统建设方面基于投入产出的考虑，在不同时期导入了不同供应商不同版本的软件。比如，ERP 系统的选择上，有些企业用的是 SAP，有的企业用的是 Oracle，有的企业用的是 SDS……更何况企业还有 CRM、SCM、PLM、MES、APS、WMS 系统。

随着业务越来越繁杂，系统之间的不兼容性成了"剪不断、理还乱"的老大难问题。SDS 却在全球首次打通了这些系统，使所有系统实现了维护、使用的一体化（这也是하나로文化的体现）。

案例三：三星电子的员工自主经营系统

三星电子的每一个操作员工前面有一块显示屏，员工作业需要的生产计划、图纸、工艺、作业指导书、物料 BOM 等都可以从系统中调用，同时员工操作的每一个节拍后他的质量、效率和考核排名都实时更新，马上可视，彻底实现了过程管理的透明化。

通过这个系统，员工不仅成为自己的管理者，而且成为自己的经营者，实时关注自己的绩效、问题和奖惩，及时决定需要采取的措施。组织从最高层到最基层细胞实现了自主经营。

三星从 20 世纪 90 年代末开始，还成立了专门的自动化和低成本自动化部门，以此来加速企业的自动化改造和低成本自动化的全员改善。在三星，为了强调人的智慧与低成本自动化的结合，在低成本自动化的基础上增加了一个 I，叫作 LCIA（Low Cost Intelligent Automation，低成本智能自动化，或者低成本自动化）。

在三星集团下的大部分工厂中，精益、自动化和信息化的推动同属于革新部。从 2010 年，三星的革新部门逐步开始智能生产线的研究，由于当时全球硬软件供应商的智能化水平限制，智能化生产线的成本、效率其实是不划算的，但是，为后续智能线的批量发展奠定了基础。到 2015 年，三星的全球工厂开始推广精益智能线，智能线的 QCD（质量 Quality、成本 Cost 和交付 Delivery）有了改善（改善率在 40% 以上）。

我认为，三星无论在精益管理还是自动化、信息化方面，都非常值得我们中国 3C 领域的企业学习，是工业 3.0 时代除丰田以外，不可多得的标杆。三星集团的部分业务离开中国，是产业发展的企业战略需要。三星智能手机的出货量到（目前）截至 2019 年，在全球还是排名第一，不能把它误判为三星不行了。而且在模拟机时代前五名的手机在智能机时代还在前列的企业，也只有三星了。

精益创新：美国亚马逊

亚马逊，当今世界独一无二的精益互联网企业，一个经典的创新型学习组织。短短 20 年铸就的这个看似包罗万象的庞然大物，像一个巨大的飞轮令人艳羡地旋转。

2017 年，亚马逊力压 Google 和苹果，名列"全球创新 100"榜首。榜单前 10 名中科技公司占了 6 家，分别是亚马逊（第一名）、Alphabet（第二名）、英特尔（第三名）以及三星（第四名），此外微软（第六名）以及苹果（第九名）。"全球创新 100"的评价结果表明，亚马逊这个全球最具创新的企业名副其实。

亚马逊的核心业务包括 1995 年创立的全球第一家网购平台、2006 年首次推出的云计算业务 AWS 服务和 2007 年推出的 Kindle 电子阅读器。这些创新业务的运营和客户服务，要实现亚马逊确立的"最以客户为中心的公司"的目标，在管理上也必须不同凡响。

创新和管理，特质迥异，往往很难两全其美。创新偏好激进、发散和感性，管理侧重稳定、系统和理性；创新是火，既要标新立异，又要看准风口；星星之火，火借风势，风助火威，扶摇直上，形成燎原之势。管理是水，既要无孔不入，又要顺势而为；随风潜入夜，润物细无声；涓涓细流，汇聚成海。尤其是在创新和速度并重的互联网企业，往往视管理为羁绊，认为过多的管理会失去创新的动力。而亚马逊却恰恰将创新与管理这一对看似冰火两重天的体系融汇在一起，形成亚马逊独具特色的精益管理体系——"亚马逊客户卓越系统 ACES（Amazon Cutomer Excellent System）"，使创新和管理在这里达到了动态平衡，形成了共享共荣的亚马逊热带雨林般的生态。

精益这个源自丰田的管理体系，在全球早已经超出了制造业范畴，在部分大型服务企业也得到了较广泛的应用。尽管如此，当我与曾任亚马逊中国区某公司精益经理的林顾问，谈到亚马逊的精益管理体系——"亚马逊客户卓越系统"时，还是让我们这些全球精益专家有点惊讶，大开眼界：在一个年轻的互联网行业对精益理解得如此透彻，真的了不起！

接下来，就让我们一起来学习一下"亚马逊客户卓越系统 ACES"，基于电商业务、IT 业务的互联网企业最佳实践总结而成的精益管理系统。

管理进化简史

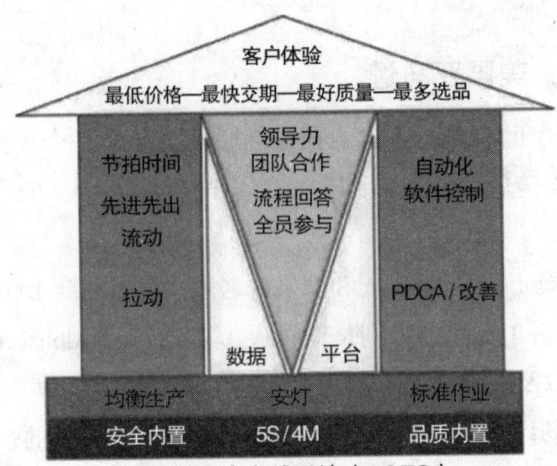

亚马逊客户卓越系统（ACES）

需要说明的是，上图是我们参照亚马逊的 ACES 绘制的。我们并不想冒犯亚马逊的知识产权，我们传播它的目的，是想让亚马逊客户卓越系统 ACES 和现在被广泛认知的丰田生产系统 TPS 一样，为全球企业的发展贡献价值，尤其是服务型行业。

亚马逊客户卓越系统 ACES 来源于精益管理的鼻祖丰田，它的理论基础是丰田生产系统 TPS（通俗地叫"丰田屋"），它是精益管理在亚马逊电商和 IT 等业务最佳实践的结晶。在亚马逊，各层级的员工已经把 ACES 变成了日常的工作方式，下面结合亚马逊的实际例子简要说明。

亚马逊卓越客户系统 ACES 总体上由五部分组成。

1. 一个屋顶——客户体验：客户体验是亚马逊一切事情的起点。围绕客户永远不变的追求——更低的价格、更多选品和更便捷服务，亚马逊的目标是在同行业中最低价格、最快交付、最好质量和最多选品。

2. 两大支柱——效率支柱（包括节拍时间、先进先出的流动、拉动），品质支柱（自働化、软件控制、PDCA/改善）。"软件控制"这个管理工具在丰田生产方式 TPS 中是没有的，这充分体现了亚马逊业务的电商和 IT 特色。

3. 两层地基——基础地基（安全内置，5S/4M，品质内置），运营地基（均衡生产、安灯、标准作业）。

4. 两扇大门——数据和平台。有了数据，就有了沟通的基础，有了解决问题的基础，这个应该是来自 6 Sigma 管理。基于客户需求做的任何软件，都应该平台化。

5. 一块门帘——精益文化（领导力、团队合作、流程改善、全员参与）。

懂精益的小伙伴对比 ACES 和 TPS，其中的绝大部分理念、方法和工具应该都不难理解。只是 ACES 系统增加了电商和 IT 行业特有的一些方法和工具。

举一个简单的例子来理解整个 ACES 系统。在任何工作现场，如果出现异常，比如员工发错货，就要立即按铃（Andon），10 秒内，快速反应团队必须赶到异常处查询情况并处理。这 10 秒，是工作中的一项基本 KPI，这种快速反应首先会改善客户体验，最终会改善外部客户体验。在解决发错货这个问题时，快速反应团队必须基于现场现物拿出数据，通过 WHY-WHY 分析法，找到根本原因。要想发错货的问题不再发生，就要建立货物识别这样的防错流程。一旦条码识别的货号与发货的区域不匹配，就会自动报警，连续出现 2 次以上货号不匹配时，物流分拣设备就会自动停止，这样的自动化设计，确保问题及时暴露。当这个流程比较彻底地解决了发错货这个问题后，就需要 IT 通过软件控制将这个改善后的流程固化到系统里，实现品质内置。

亚马逊的文化体现了这个企业的三大特征：首先它是一个互联网企业，其次它是全球最具创新的企业，最后它是对客户体验极致追求的企业。三大特征，长此以往，沉积为亚马逊的三大文化：资本驱动的互联网文化、智慧驱动的创新型文化和客户驱动的精益型文化。

精益管理已经成为亚马逊根深蒂固的文化之一，在美国大的互联网公司中，这可能是独一无二的。了解一下贝索斯推荐的那 12 本书，就不难想象，精益管理这个源自东方文明的东西，在出身华尔街的贝索斯坚决推动下，是如何植入亚马逊体内的。

Intuit 创始人、亚马逊前董事斯科特库克曾将亚马逊与发明品牌管理的宝洁和发明精益制造的丰田相提并论。"我认为亚马逊当属那些创造运营新方式的企业。"

集团级企业的精益变革：中国福耀

早在十几年前，福耀就跟全球著名的咨询公司合作、引进日韩籍顾问，在集团内开展精益管理。

随着客户个性化需求的不断提高，全球竞争日益激烈，企业的生存和发展也面临更大的挑战。2015年，集团的核心高管分批前往日本，参观丰田公司，全面对标丰田，下定决心，实现公司新时代管理上的新突破。

2016年，福耀集团与我们恒卓咨询合作，确定了"举全集团之力，全面导入精益管理"的公司战略。通过实践精益管理，逐步构建福耀管理体系FPS，把福耀集团脱胎换骨为汽车玻璃行业"高品质、低成本、柔性化交付、学习型组织"的全球精益标杆企业。

福耀集团转型升级战略地图

一场国内外罕见的企业精益运营变革正在福耀集团全面展开，它正在或者即将改写诸多创举，为中国企业的管理变革树立典范：

1. 规格高：曹德旺董事长亲自参与顶层设计，从集团总裁、全部副总裁到所有分公司总经理、副总经理悉数参与培训和项目实践。

2. 规划全：紧密围绕集团五年规划、年度计划展开，开创性地按照精益变革管理、精益人才培养、品质经营、过程品质管理、平准化运营和五星班组六大模块展开，是中国制造精益管理转型的经典之作。

3. 范围广：无论是国内的几个浮法工厂，还是十几个汽玻工厂，甚至美国、俄罗斯公司也不例外，全球几乎同步展开。

4. 周期长：项目从2016年导入试点，到现在已进入全面展开的阶段；2

到 3 年后形成具有福耀特色的精益管理系统；然后进入全面整合阶段，向前整合核心供应商，向后渗透到国内外的大客户，形成全价值链的竞争优势。不搞形式，不搞运动，有条不紊，持续推进。

5. 影响大：项目从启动那天起，就引起了国内外客户的关注和极大的兴趣，丰田甚至还专门派专家参与辅导。

福耀集团推进精益的成功，是典型的集团级企业精益推进系统方法论的成功，是福耀人和福耀文化在新时代上交的一份高分答卷。

四年来，精益管理每年都会为福耀带来 5 亿—10 亿元的收益。不仅如此，精益管理还带来了福耀工厂现场的变化、流程的变化和团队的变化。更重要的是，精益管理的推进，加重了福耀集团推进美国工厂等企业的管理筹码，这也是为什么福耀在面对美国工厂和美国人时，可以那么自信的根本原因。尤其是那些参观过福耀中国工厂的美国人，发现福耀人在美国跟他们说的，美国员工很难实现的，在中国工厂确实做到了，甚至超越了。

精益研发、精益生产和精益大生产体系：中国华为

华为从 2005 年开始，持续系统地请专业咨询机构辅导精益管理，14 年来从未间断过。这样的企业，据我所知，在中国绝无仅有。

中美贸易摩擦，见证了华为的危机意识、核心技术和领导力。这也是精益企业全面变革管理打造的核心竞争力。

在这里，我们选取华为的研发体系、精益生产和面向未来的大生产体系，通过我亲自参与其中的小故事，从几个侧面来为大家解读华为的精益管理体系。

1. 精益研发体系 IPD

集成产品开发（Integrated Product Development，IPD）是一套产品开发的模式、理念与方法。

IPD 的思想来源于美国 PRTM 公司出版的《产品及生命周期优化法》（*PACE——Product And Cycle-time Excellence*）一书，该书中详细描述了这种新的产品开发模式所包含的内容。

IBM 是全球第一个吃螃蟹的企业，1992 年最先应用到实践中。

管理进化简史

作为"微笑曲线"战略企业，华为先后在美国、欧洲、日本、印度、新加坡等地区构建了16个研究所，28个创新中心；2016年全球研发投入排名前十的企业中，华为名列第九，约92亿美元，已超过苹果、思科等巨头。

1998年，华为拜IBM为师开始实施IPD，是国内第一家引进和实施IPD的公司。IPD的应用，使华为产品的开发周期缩短了50%以上，研发费用减少了40%，产品稳定周期缩短。

IPD的基本理念和方法都是跟精益思想如出一辙，所以，我把它称为精益研发体系。其实，我在三星管理过产品和模具设计，我认为，三星的研发体系也同样来源于PACE，只是不叫IPD而已。当然，如果把更多的精益方法和工具如目视化、大部屋（Obeya）、方针管理等完整系统地融入IPD，这样的IPD系统效率会更高，产生的价值会更大，也更接近我定义的精益研发管理。

因为很多华为人在实践中体验了IPD对中国企业的价值，先后从华为出来创立的专门从事IPD咨询的公司就有数十家之多，这其中包括早在2000年出来创业的原华为副总裁胡红卫创立的汉捷咨询。

2. 精益生产 & 零缺陷

2016年3月29日，中国质量领域最高政府性荣誉——"中国质量奖"颁奖仪式在人民大会堂举行。华为公司凭借"以客户为中心的华为质量管理模式"获得第二届中国质量奖制造领域第一名的殊荣。在消费者心中，"华为品质"已成为品牌的最强背书。

从2005年，华为开始请丰田背景的日系精益咨询公司辅导，持续开展精益生产和零缺陷活动，并逐步形成了华为生产系统HPS。华为通过精益管理和零缺陷，每隔2年可以实现5个"减半"：发第一颗料到出第一个成品的时间减少一半；开封PCB开始到成品全流程WIP量减少一半；发料到成品入库的所有物流线距离缩减一半；各个工位不增值动作减少一半；废品率降低一半。

2012年，我在上海担任今井正明先生创办的KICG中国区副总裁兼大中华区改善学院院长。华为制造的李总裁（尊重华为人的低调，在此不出现他名字）在一位国内顶尖制造专家的陪同下，去上海看我。我不敢用"拜访"两个字，因为他们俩都是我的上司或者上司的上司级别，在别的同样体量的公司，一定是我登门给他们俩汇报。但是，李总，这位在网上基本上搜不到任何信息的华为制造总裁，主动登门来找我。从这一点可见华为人的务实与低调，彻彻底底的精益领导人。作为对他们低调的回应，我给他们一张没有任何行政头衔、只有资深顾问这个专业职称的名片，把这次见面降格为私人交流。7年来，从未在任何场合谈起过这件事，也再也没有主动联络过李总。

会谈中，首先，我用PPT给两位领导正式汇报了我们在全球推进精益变革的方法论和部分实践案例。李总问了我很多关于精益推进方面的问题，我都认真作答。从交谈中得知，在外部咨询公司的辅导下，华为在精益方面取得了很多成绩，李总在当年对精益理解的深刻程度也远远超过中国绝大多数顶尖企业的同僚；但是，看得出来，当时华为在精益推进方面也确实面临了一些困惑，李总对我们的精益人才培养体系等非常感兴趣。但是，请两家咨询公司同时辅导精益管理，在操作层面比较难实现，再加上那位制造专家是我的朋友，我主动放弃了与华为的合作。即便后来，华为的供应商找我，只要对方知道我跟华为那位朋友关系的企业，能不接的项目，也尽可能不做。

2014年11月，任正非提出"未来的战争是班长的战争"。华为过去二十几年，一直采取中央集权的管理方式，现在，华为正在通过现代化的小单元作战部队在前方发现战略机会，让听得见炮声的人来呼唤炮火，迅速向后方请求强大火力，用现代化手段实施精准打击。

"传统的企业拼高层，优秀的企业拼中层，卓越的企业拼基层"，传统企业组织的正三角形结构将逐步被现代企业组织的倒三角形结构代替。华为经过近26年的快速成长，也逐步发展成为倒三角形结构的现代组织，高层中层管理水平已经基本国际化，迫切需要将基层管理和基层员工提升到华为这个全球同行业领袖企业对应的水平上来。

2014年底，我已经离开KICG，成为恒卓咨询的董事长。华为的南方基地邀请我们去交流精益班组建设和员工技能培训中心建设的事情。

事情起源于2013年，华为制造李总裁到日本、德国参观时都看到了一个员工技能训练道场的东西，回国后要求人力资源部门找咨询机构帮助建设。他们找了很多已经有华为供应商资质的咨询公司来分享，也参观了这些咨询公司辅导建设的几个道场，都跟李总在国外看到的不一样。这样反反复复一年多，一直到2014年底，他们有意放弃国内的咨询公司，去日本或者德国找专家来帮助建设。

一个偶然的机会，华为南方基地人力资源部门从恒卓的网站上获得了我们可以建设员工技能道场的信息，怀着试一试的心理请我们去交流。听完我们在全国做的精益班组项目和员工技能道场的分享，再带他们参观完我们为广东一家客户建设的员工技能培训中心，实干的华为人如获至宝，整个项目的推进非常顺利并且富有成效。

2015年，松山湖华为员工技能培训中心竣工启用。企业的产品最终是由最基层的员工做出来的，他们是连接客户和产品的毛细血管。同样，一个企业的文化要想真正落地，必须深入基层每个员工的骨髓。员工技能培训中心，从他入职的第一天开始就发生转变，将基层员工培训体系完善至"最后一毫米"。

华为南方基地员工技能培训中心

凡是客户设备占有率高的运营商，华为会把客户的成功当成自己的事业，集中研发和市场部的人员，协调资源，帮助客户提升能力，帮助客户"盈利赚钱"。

华为的供应链由富士康、伟创力和比亚迪等全球顶级的供应商组成，如何带领这些"大象"一起跳舞，完成全球数量最多、品类最复杂的通信终端和手机产品的交付，需要练就高超的供应链管理能力。华为跳出传统的供应商管理，将供应商纳入企业运营流程，委派企业核心人才帮助一级供应商大力推进精益管理。

2017年，我在文章《中国制造转型升级标本（1）华为之"华"》中有这样一段叙述："华为总部有一个湖，2016年正式命名为天鹅湖，源于华为花了很大的价钱，从国外引进了八只黑天鹅。WHY？华为内部的解释是，任正非为了告诫员工，世界黑天鹅事件群飞，小心这些黑天鹅事件颠覆了华为。转型君（注：我的笔名）的理解，不仅如此，华为也在告诫员工，我们要努力研究黑科技，多创造一些黑天鹅事件颠覆别人。"2019年的今天，孟晚舟事件和华为被特朗普列入"实体名单"等一系列事件后，再来读这段文字，我的内心翻江倒海、五味杂陈，不是我的预测水平有多高，而是要敢于直面残酷的现实。

在这篇文章的结尾，我是这么写的："华为是中国制造的'恒大俱乐部'，转型君认为，这个比喻再恰当不过了。在落后的中国足球天幕下，有一颗闪亮的星星，那就是恒大足球俱乐部，在国际足联俱乐部排名中最高至35位，创造了亚洲的纪录。在转型升级的路上，华为也是这样一颗星星，它为中国制造树立了一面马首是瞻的旗帜，它不会一骑绝尘，但是一定会刻骨铭心。"

3. 面向工业4.0的精益大生产体系

2018年2月24日，华为创始人兼总裁任正非亲自策划的华为大生产体系，是以工业3.0时代的精益生产为基础的。

任正非特别重视精益生产在未来的实践，他在华为松山湖工厂的讲话中说："我希望未来五年以后的大生产体系架构，以精益生产为基础，以德国的工艺流程和工业软件为主体，把日本的质量管理嵌进去。"松山湖实验室要统筹规划未来整个大生产体系的系统性框架。

任正非要求，结合德国"高质量/高性能/高度自动化"和日本"小型/低成本/一个流自动化"的优势，把这些都融入大生产体系架构，以有综合竞争力的成本实现高质量、高度自动化和部分智能化生产。

任正非说："参考工业4.0的架构，大生产体系的主体就是沿着围绕从产品设计到投入生产的产品工程数据流、从客户需求到生产指令的生产信息流、从来料到成品出货的生产工艺流这三个端到端的过程进行打通、集成和融合。要系统性地规范工匠科学家、工匠专家的管理，提高这些领域人的待遇，适当增加编制，让研发和制造从一开始就是融合在一起、就是打通的。"

第11章
人才辈出的精益管理时代

管理 3.0 时代——精益管理时代，管理界人才辈出，各种管理如雨后春笋般出现，管理理论和实践如百花齐放。

为了方便大家了解和理解，我将其大致分为以下十类：

1. 丰田生产方式创始人：丰田佐吉、丰田喜一郎、大野耐一、新乡重夫、丰田英二等。

2. 改善和精益思想传播者：今井正明、詹姆斯·沃麦克和丹尼尔·琼斯、杰弗瑞·莱克、约翰·舒克、迈克·鲁斯、艾利·高德拉特等。

3. 质量管理大师：沃特·休哈特、威廉·戴明、约瑟夫·朱兰、菲利浦·克劳士比、石川馨等。

4. 现代管理学：彼得·德鲁克、亨利·明茨伯格、切斯特·巴纳德、罗伯特·卡普兰等。

5. 企业再造：迈克尔·哈默、詹姆斯·钱皮。

6. 战略管理与竞争优势：伊戈尔·安索夫、加里·哈默尔、迈克尔·波特等。

7. 领导学及领导力：保罗·赫塞、肯尼斯·布兰查德、约翰·科特等。

8. 组织行为与文化：斯蒂芬·罗宾斯、彼得·圣吉、艾德佳·沙因、戴维·尤里奇、阿里·德赫斯等。

9. 营销管理：菲利普·科特勒、杰克·特劳特等。

10. 创新：爱德华·博诺、克莱顿·克里斯坦森等。

我们在这里较详细地介绍了与工业 3.0 时代多品种小批量这种生产方式、

与精益管理强相关的管理思想家。而关于其他的管理学家,大家可以通过更多的媒体了解。

丰田生产方式——自働化:丰田佐吉

丰田佐吉是典型的"农民企业家"出身。他曾长期在农村居住,发明的纺织机,都是观察农村老太婆织布获得的灵感。他只有小学文化,木匠出身,却是世界上最伟大的公司之一——丰田公司——的创始人,同时还是多年后风行世界的"丰田生产方式"(精益管理)的奠基人之一。

丰田佐吉对丰田生产方式的重要贡献,在于他提出并亲自成功实践了"自働化"的理念。同时,他对丰田生产方式集大成者大野耐一的影响是巨大的。

1867年3月19日,丰田佐吉出生在位于日本静冈县湖西市棉织品产地浜松。13岁小学毕业后,他跟随父亲学习木工。10年后,他以高超的手艺和巨大的创新精神,成功发明了丰田式人力织机,获得了平生第一项专利。这种织机将织布的工作效率提高了40%—50%,证明了佐吉是一个天生的观察家和发明家。

1897年,丰田佐吉研制成功柴油机带动的狭幅动力木织机,也就是后来所称的"丰田织机"。同年,他与别人一起创立乙川棉布合资公司,用丰田织机生产棉织物。1904年赴美考察织布产业(此次考察对日后丰田在其长子的手中转型成汽车公司也有影响)。此后,在三井物产公司的资助下,丰田织机在日本被迅速推广,并于1906年成立丰田织机公司。当时,丰田织机生产的棉布曾倾销于中国市场。

1926年,丰田佐吉终于研制成功了自动换梭织机。这种自动织机上的张力机构、自动换梭机构、投梭机构等重要部分,基本上已经具有了现代织机的形制,曾在世界各国被广泛应用,是日本织机制造技术赶上当时世界先进水平的标志。

大野耐一在《丰田生产方式》中,引用原口晃写的《佐吉老先生纪闻》一书对佐吉发明自动织机的描写,证明他真的是一个发明天才:

没有看商品样本，也没有参看报纸和杂志，更没有请教他人，没有借助别人的知慧搞发明；没有学习数学，也没有学习物理学，完全凭自己思考、自己研究，完成了受人钦佩的一大发明。然而，其织机的原理完全符合科学原理。

……既没有顾问，也没有助手；既没有单独的特殊的研究室，身边也没有参考资料，自己的住室就是研究室，办公室。没有拜访的人，也不想叫人来拜访。从早到晚，连续几天，或仰视天棚，或凝视草席，静静地埋头思考。这样，一百多个专利就从他自己的头脑中产生出来了。

在管理方面，丰田佐吉是一个超越了他那个时代的管理者，他发明的"自働化"，是一种工业 3.0 时代先进的质量控制方法，他用"自働化"这个词来表达"自动化＋智能化"的意思，并且启发了后来的丰田生产方式，大野耐一感叹道：

现实的车间，特别是汽车产业中的机械，可以说全都不带这种（"自働化"）智能，经常产生废次品。那个时候，重新回来看丰田佐吉翁发明的智能自动纺织机，这真是了不起的智能自动机啊！

丰田佐吉在没有任何管理传承、不知道"智能化"为何物的情况下，把这种思想发明出来，并且还给它取了一个特殊的名字——自働化，表明他还是一个天生的管理学天才，拥有一种对控制系统天生的直觉，"自働化"最终也成了"丰田生产方式"的两大支柱之一。

丰田生产方式——JIT：丰田喜一郎

要尽可能地缩减工作流程，以及输送零件、材料流程中的松散时间，实现此计划的基本原则是采取"准时生产制度"，不要太早或太晚输送货物。

——丰田喜一郎

丰田喜一郎是丰田佐吉的长子。他决定把丰田佐吉的生产重点，从自动织机制造转向汽车制造，这一决定造就了丰田汽车公司。

丰田喜一郎出生于1894年11月6日。为了发展壮大自己的工厂，佐吉将喜一郎送到东京帝国大学工学系机械专业读书。大学毕业后，丰田喜一郎来到父亲的"丰田纺织株式会社"当了一名机师。10年后，他升任主管技术的常务经理。

喜一郎预感到汽车这一新兴行业具有广阔的发展前景，于是决定将其作为事业发展方向，他的这一想法，得到了父亲佐吉的大力支持。1929年底，喜一郎花费四个月的时间走访了英、美两国，考察了英国的汽车交通，尤其仔细考察了美国的汽车生产企业，彻底弄清了欧美国家的汽车生产状况。这次国外之旅，坚定了他发展汽车事业的决心。

丰田佐吉去世以后，公司总裁的职位由丰田喜一郎的妹夫（丰田佐吉的上门女婿）丰田利三郎担任。1933年，在丰田喜一郎的说服下，他同意公司设立汽车部，并将一间仓库的一角划作汽车研制车间。丰田喜一郎于当年4月购回一台美国"雪佛兰"汽车发动机，并对其进行反复拆装和研究。在研究这台发动机的过程中，他产生了指导日后公司发展的战略观点：生产廉价汽车。1933年9月，他着手试制汽车发动机，拉开了汽车生产的序幕。1934年，他购买了约180公顷土地，积极准备创建汽车厂。同年，他托人从国外购回一辆德国产的DKW前轮驱动汽车，经过连续两年的研究，于1935年8月，造出了第一辆"丰田GI"牌汽车。当时，丰田利三郎认为投资汽车产业风险过大，与喜一郎意见不合，于是两人分开各干各的。利三郎同意丰田喜一郎于1937年8月27日另立门户，成立"丰田汽车工业株式会社"，地址在爱知县举田町，创业资金为1200万日元，拥有职员300多人。

1945年8月15日是日本战败的日子，日本经济一片萧条。丰田喜一郎在这天说："要三年赶上美国！否则，日本的汽车工业就建立不起来。"大野耐一回忆道，喜一郎强调"无论如何要用三年赶上美国"，这给他的压力非常大，相当于用三年时间把丰田汽车的生产率提高八九倍。自那时起，丰田公司就形成一种"大干一场"的氛围（大野耐一语）。喜一郎还是"准时性"

（JIT）概念的提出者。从某种意义上说，丰田生产方式和精益管理，实在是被丰田喜一郎逼出来的。

丰田喜一郎的信心是从哪里来的？其实，他受戴明的影响非常大。他曾说："没有一天我不想戴明博士对丰田的意义，戴明是我们管理的核心，日本欠他很多。"

然而，喜一郎却没有在丰田汽车后来的发展中大展宏图，因为在1950年4月到6月，因为裁减人员而发生了劳资争议，喜一郎引咎辞职，就任汽车技术会会长。

1952年，丰田公司决定，喜一郎将在7月召开的股东大会上复出，再任公司总经理。然而3月，喜一郎却突发脑出血去世，享年57岁。他没有看到丰田汽车在后来的几十年里风光无限的发展。

丰田生产方式的实践者和整理者：大野耐一

> 没有人喜欢自己只是一颗螺丝钉，工作一成不变，只是听命行事，不知道为何而忙。丰田做的事很简单，就是真正给员工思考的空间，引导出他们的智慧。员工奉献宝贵的时间给公司，如果不妥善运用他们的智慧，才是浪费。
>
> ——大野耐一

如果某一天，丰田公司的创始人丰田佐吉老先生在天堂召开"丰田发展贡献表彰大会"的话，他一定发愁，到底他儿子丰田喜一郎的贡献大还是大野耐一的贡献大。

大野耐一（1912—1990）是公认的"丰田生产方式"之父，被日本人称为"日本复活之父""生产管理的教父""穿着工装的圣贤"。

大野耐一在丰田工作了一辈子。在屡经挫折和失败之后，他创造了一套完整的、超常规的、具有革命性的全新生产方式——丰田生产方式（TPS）。他的《丰田生产方式》是管理界的名著之一。

据《丰田创业史》所述：大野耐一所创始的丰田生产方式受到来自各方

面的赞扬，但他从不炫耀自己的理念，反而一再声称其思想精髓来自丰田佐吉和丰田喜一郎。

后来，丰田生产方式，在美国变成了"精益生产"和"精益管理"。

1912年，大野耐一出生于中国大连。1932年毕业于名古屋高等工业学校机械科，同年进入丰田纺织公司，这得益于他的父亲与丰田喜一郎的关系。1943年，大野耐一调入丰田汽车公司，在工厂的发动机制造车间担任车间主管，并逐渐通过层级体制晋升为高管。在此期间，可能是因为他总是公开谈论精益管理方面的问题，被剥夺了正常的行政职权，曾经一度被派去与丰田的供应商打交道，然而，这却为他后来的职业生涯作了铺垫。1949年，大野耐一升任该公司机械厂厂长，后来又历任丰田纺织公司和丰田合成公司会长。

大野耐一是人类历史上最痛恨 Muda 的人。Muda 是一个在管理界广为人知的日语单词，意思是"浪费"，专指消耗了资源却不创造价值的一切人类活动。有一天，大野耐一仔细观察了现场的作业员，对他们说："我可以请求您，每天至少做一小时的工作吗？"作业员听了非常恼火，因为他们自认为整天都在努力工作。其实，大野耐一的真正意思是："您每天有没有至少一小时，在做没有 Muda 的工作？"他看到作业人员在现场花去的大部分时间是 Muda，没有增加任何价值。

大野耐一是第一位意识到现场存在大量浪费的人。他指出了生产中的七大浪费：①过量制造的无效劳动；②等活的时间浪费；③运送的无效劳动；④加工本身的无效劳动和浪费；⑤库存的浪费；⑥动作的无效劳动；⑦制造次品的无效劳动和浪费。

大野耐一持续地致力于消除这些浪费，这成为丰田生产方式的重要组成部分。

大野耐一总是爱在车间走来走去，停下来向工人发问。他就一个问题反复问"为什么"，直到回答令他满意，被他问到的人也直到心里明白为止——这就是后来著名的"五个为什么"。

大野耐一推广丰田生产方式的过程近似残酷，他的办事方法也前所未闻。由于丰田生产方式改变了工人们的生产习惯，所以在初期没有人愿意跟他合作。

堀切俊雄回忆说："当时，我和大野耐一在一起工作。说实话，他让人害怕。大野耐一到哪个工厂，哪个工厂的领导就会躲起来！"

我前些年去日本时，听到当地企业家谈到大野耐一的一个趣事。他有一个助手名叫林春修一，非常高大强壮，性格粗野沉郁，有黑社会背景，工厂里的人都怕他。在大野耐一推行看板拉动的时期，工厂里如果有谁不配合，大野就会派林春修一去"修理"对方。

大野耐一在丰田引入及时生产的观念之初，就遭到来自四面八方的阻力，例如公司的财务人员，他们只相信书面财务报告，反对把资源分配给与现场有关的改善活动，理由是不能立即从底层的生产线获得收益。大野耐一敦促会计人员去工厂，告诉他们，每年要到现场走走，磨破两双鞋子不算什么，看看如何改善存货、效率和质量之类的，以及如何为降低成本做贡献，这些最终会带来更多的收益。

大野耐一晚年经常进行演讲，在某次演讲开始时他问道："诸位当中有没有财务人员？"看到一些人举起了手，他半开玩笑地说，"也许您不会理解我接下来要说的，即使您听懂了也不会去实施，这是因为，您距离现场太远。我知道您很忙，我想您最好还是回到办公桌前比较不浪费时间。"

大野耐一的名言之一是："解决问题唯有依靠生产现场。"每当大野耐一看到管理人员脱离了现场时，就会带他到工厂去，在地上画一个圆圈，要求他站在里面，直到他弄明白现场发生的状况为止。大野耐一也督促经理去现场，他会说："每天都要去现场，而且去的时候，不要磨破了鞋底却一无所获，最少要带回一个关于改善的想法。"

由于在推行精益生产时遭遇巨大的阻力，大野耐一也时常苦恼。但是，丰田的掌门人支持他，这保证了丰田关于生产方式的变革没有夭折。

为了推进丰田生产方式，大野耐一不断地鼓动那些高级经理，人们也开始慢慢地接受这种改变。"看板生产"至少花了10年时间才在丰田推行成功。

在大野耐一的领导下，丰田汽车公司创造了及时制生产方式。丰田生产方式的两大支柱，一个是"将质量融入生产"，另一个就是及时制。许多公司更喜欢将这种生产方式称作"精益生产方式"，那些采用了这种生产方式的企业，又喜欢将它改称为"某某公司生产方式"。

1973年，第一次石油危机爆发，整个汽车行业出现大量库存，这时的丰田不但没亏本，反而盈利。这时，那些当年骂大野耐一的人，才开始相信并接受了他的思想。

其实，在管理思想的传承方面，大野耐一的思想来自科学管理，例如泰勒是现场主义的先驱，吉尔布雷斯是消除浪费的鼻祖，戴明的PDCA是"改善"的精髓。然而，大野耐一在把科学管理挖掘到极致的过程之中花费了太多的时间和精力，同时还发展了大量具体方法和工具，以至于他在《丰田生产方式》一书中只字不提戴明和泰勒。1991年5月，在美国推行精益生产非常成功的线模公司总裁阿特·伯恩在与今井正明的一次长谈中说：

说及时制来自日本，是一种谬论。当您去听一些人的课，比如开发出及时制的大野耐一的课、并问他是从什么地方获得及时制的灵感时，他会告诉您：灵感来自美国。更确切地说，他的灵感来自两个方面：一个是亨利·福特，另一个则是美国的超市。事实上我觉得，与其将这种生产方式叫作"及时生产方式"，还不如称作"及时制造的观念"。并且我认为，在对生产系统的简化和"及时制造的观念"这些方面，实际上是没有日本和美国之分的。这其中的区别仅仅在于，两个国家的公司是否愿意抓住这样的机会去实地做一些事情。而实际情况是：在大野耐一的领导下，日本的公司能够坚持施行这一生产方式，并且，大野耐一花了30年左右的时间，最终建立了一个完善的及时制体系；而在美国，或许还有一些欧洲国家，我们却没有足够的耐心将这一改革进行到底。

丰田生产方式——SMED & Pokayoke：新乡重夫

有一个号称制造业"奥斯卡"的大奖，它就是新乡奖，全称新乡重夫卓越运营奖。

新乡重夫（1909—1990），出生于日本佐贺市，是一位日本工业工程师，世界领先的制造实践和丰田生产系统专家。他曾在台北的台湾铁路当过技术人员，专业从事融合工作。1945 年，他开始在东京的日本能率协会（JMA）工作，成为专注于改进工厂管理的顾问。在此期间，他积累了许多经验和技巧，之后分别在马自达的前身 Toyo Ind（1950 年起）和广岛三菱重工业的基地（1957 年）工作。

从 1969 年开始，新乡重夫参与了一些丰田汽车公司减少换模时间的工作，但在一开始，他是被当作指导老师请过去的。在《大野耐一访谈录》中，记录了下面的一段：

山田日登志：为了开展平准化，换件的生产准备就成了大问题吧。

大野耐一：换件的生产准备时间长，是一种浪费，这在早些时候就已经知道了，但是如何使时间缩短，在这方面花了很长时间。最初，是通过严格管理，训斥着叫他们干。但是，拿出父亲的威严来吓唬，这种教育方法不好，所以一直不行（笑）。那时，听说新乡重夫先生的教育方法很好。我们就把他请来了。

如果说大野耐一是精益思想有力的倡导者和推行者的话，那么新乡重夫则是精益思想早期实践方面的真正大师。在丰田期间，拥有丰富工业工程经验的新乡，根据操作现场的分析，制定特定技术，最终竟然将每次更换模具的时间从 1 到 2 小时（甚至半天）缩短到几分钟。快速换模是丰田"混流生产"的基石。新乡的方法后来闻名于世，以至于"单分钟换模"（又称"快速换模""一分钟换模"，SMED）一直和他的名字紧紧相连。

新乡重夫在品质管理方面做出了巨大的贡献，还出版了不少有关品质方面的著作。他根据自己 20 年事业生涯中的系统性方法和详尽的笔记，写了 18 部书，还写了无数管理文章。新乡重夫因为对"零损坏"品质追求的巨大贡献，被业界尊称为"Pokayoke 防错之父"。在新乡的众多成就中，有两项最被人称道，第一项就是快速换模（又称一分钟换模法），这是他在工业工程领域中发明的革新性概念之一；第二项就是他与大野耐一合力开发的丰田生产系统，也就是精益生产系统。

以下两件事，说明了新乡重夫开发精益生产方式中所起的重要作用。

1969年，丰田汽车公司更换1000吨级冲床的模具要花4个小时，而德国大众汽车公司只用2个小时。因此，大野耐一要求新乡赶超德国。新乡重夫花了半年时间，将内部调试从外部调试中分离出来，并逐步改进每一程序中所有的相关操作，最后成功地将调试时间缩短到1个半小时。

然而，大野耐一并不满足，他又要求新乡将调试时间减少到3分钟。一开始，新乡重夫觉得这根本不可能，然而最终他还是想出了新的方法。3个月后，3分钟换模的目标实现了。

一次，在福特汽车公司的研讨会上，新乡重夫看到一种冲床，要更换其中的模具需要5个小时。听了新乡重夫几小时的课后，福特公司的工程师们在新乡重夫的挑战下，仅用了12分钟，就把模具更换完毕了。

然而，新乡重夫仍不满意，他要求他们在10分钟之内完成。几个月之后，福特公司一位工厂经理报告说，更换时间已经缩短到2分半钟。

新乡重夫在西方世界可能比日本更出名，部分原因是他会见了美国企业家、美国生产力公司创始人诺曼·博德克（Norman Bodek）。1981年，博德克前往日本学习丰田生产系统，并偶然发现新乡重夫的书籍，于是与新乡重夫见面，交谈后对他肃然起敬。诺曼在《新乡重夫箴言录》一书中写道："把设备调试时间从几小时锐减到几分钟，是车间实现革命性变革不可或缺的第一步。其成果显而易见，库存锐减90%，产品从设计到投产的时间由12周缩短到4小时。"

新乡重夫曾用日语撰写了《丰田生产系统研究》，并在1980年将其翻译成英文，虽然该书在日本反响平平，诺曼对这本书却很看好，把带它到了美国，最终还重新翻译了这本原著，以及新乡重夫的其他书籍。诺曼还带新乡到美国讲学，在新乡的支持下成立了首批西方精益制造咨询公司。

1988年，犹他州立大学Jon M. Huntsman商学院表彰了新乡重夫的终身成就，并创立了新乡重夫卓越运营奖，以表彰世界级的精益组织及其运营的卓越性。

改善之父：今井正明

今井正明，1930年生，是改善、现场改善、精益制造和质量哲学领域的非常著名的顾问和创始人之一，他以理念的形式进一步发展了在组织内部不断改善的思想，使其成为全球的开拓者和领导者。他是日本质量管理大师，改善咨询集团创始人及主席，被尊为"改善思想之父"。

1955年，今井正明获得了东京大学的学士学位，对持续改善的热爱之情也是在这段求学期间培养的。

1962年，今井正明创立了剑桥公司，这是一家国际管理咨询和高管招聘公司。直到1976年，他以顾问的身份为200多个组织提供招聘和组织问题支持。1976年至1986年，今井正明是日本招聘和就业机构协会联合会主席。

1985年，今井正明成立了全球改善咨询集团，以帮助西方企业吸收日本式的质量管理理念。今井正明与同事合作开发了各种概念、格式和系统，其中Kaizen（不断改进）是起点。

1986年，今井正明出版了《改善：日本企业成功的奥秘》，随后该书立即在全球畅销，被翻译成16种语言，"改善"这一理念从日本向全球扩散。

1997年5月，今井正明出版了《现场改善——常识，低成本的管理办法》，这是《改善：日本企业成功的奥秘》的续集，以法语、荷兰语、葡萄牙语和德语译本同时出版。次年（1998年），西班牙文、印尼文和中文译本出版。

全球改善咨询集团目前在全球30多个国家设有分支机构。2011年，全球改善咨询集团进入中国，我担任中国区改善学院院长兼副总裁，两年的时间，公司翻了5倍多。我们先后两次邀请今井正明先生来中国讲学，让中国企业一睹先生的大师风范。可惜，2014年因为股东之间的法律纠纷，中国区的绝大部分顾问被动离开。如今，世界各地的许多组织和公司都采用"现场改善"理念，以追求以最低的成本、时间和精力，提高生产效率、速度、质量和利润。如今89岁高龄的今井正明仍活跃在世界各地，向全球企业布施"改善"。

日本学者认为，改善不仅是一种管理方法，而且几乎成为日本企业的"宗教"。改善始于由戴明和朱兰在日本推行的质量管理运动，但改善超越了质量控制而成为日本企业崛起的哲学思想和行动工具。今井正明对质量和改善之间关系的描述，代表了日本的科学管理理念："广义来讲，质量指任何能够得以改进的性质。在本研究中，质量不仅与产品和服务有关，还包括人们工作的方法、机器运行的方式、处理系统和程序的手段。质量囊括人类行为的方方面面，这也是为什么讨论改善比只提质量和效率更有意义的原因。"

下面是今井正明关于改善的一些名言：
（1）改善的起点是认识到需求。
（2）不要等待完美的解决方案。
（3）改善战略传达的信息时，每一天都要在公司某处进行某种改进。

精益学说创始人：詹姆斯·P.沃麦克和丹尼尔·T.琼斯

詹姆斯·P.沃麦克和丹尼尔·T.琼斯，两人是精益管理思想的重要传播者。1990年，他们与丹尼尔·鲁斯三人合著出版了《改变世界的机器》，1995年，沃麦克和琼斯又合著出版了《精益思想》。

《改变世界的机器》自出版后就成为业界畅销书，这部书是一项由多名国际专家组成的国际团队耗时5年时间的项目研究成果，首次把精益管理思想传遍了全世界。

当《改变世界的机器》于2007年再版时，精益管理思想已经取得了举世瞩目的成果。当《改变世界的机器》第1版在1990年出版的时候，采用精益管理的丰田公司，其规模只有通用的一半，福特的2/3。然而2007年该书再版时，丰田已经超过了福特，并赶超通用成为全球最大最持续成功的工业企业。

1990年，随着《改变世界的机器》一书的出版，沃麦克和丹尼尔·T.琼斯首次以作家的身份广为人知。从 1975 年到 1991 年，沃麦克领导了一系列全球生产实践的比较研究。其中，1985 年沃麦克与丹尼尔·T.琼斯对汽车工业的研究（国际汽车项目——IMVP）是导致产生《改变世界的机器》的重要项目，该项目资金超过 500 万美元。沃麦克在他的书出版后不久离开了麻省理工学院，并于 1997 年成立了精益企业研究所（LEI）。丹尼尔 T.琼斯则在英国创立了精益企业学院并任主席，他还是英国精益企业研究所的高级顾问，一直致力于帮助企业将精益过程思维应用于各种类型业务。

精益思想传播者：杰弗瑞·莱克

杰弗瑞·莱克（Jeffrey Liker）博士，密歇根大学工业与运营管理专业教授，日本技术管理、精益制造、精益产品研发认证等课程的共同创办人和主任，曾四次获得新乡奖。

莱克博士在《哈佛商业评论》《斯隆管理评论》以及其他重要刊物上发表过许多有关丰田的研究文章，他还是 Optiprise 精益企业与供应链管理咨询公司的创办者，其主持编写的《迈向精益：美国制造业者的经验》，获得了 1998 年制造业研究新乡奖。

2011 年 3 月 1 日，机械工业出版社出版了杰弗瑞·莱克的《丰田模式》一书，该书诠释了丰田所采用的 14 项精益管理实践，它们推动丰田形成了专注于质量和效率的企业文化。

质量大师：戴明

丰田公司东京总部的大厅里，有 3 张大照片。第一张是丰田的创始人丰田佐吉，第二张是丰田目前的总裁，第三张照片比前两张都大很多，上面的人就是威廉·爱德华·戴明（1900—1993）。

休哈特是统计质量控制的开创者，但是使产品质量理念在第二次世界大战后的日本得以复兴的，却是他的追随者戴明。

戴明在怀俄明大学拉勒米分校获得电气工程学士学位（1921年），在科罗拉多大学获得硕士学位（1925年），在耶鲁大学获得博士学位（1928年）。这两个研究生学位都是数学和物理学的。他在伊利诺伊州西塞罗的西部电气公司霍桑工厂实习，同时在耶鲁大学学习。后来，他又在美国农业部和人口普查局工作。

1947年，戴明前往日本，帮助筹备日本1951年的一次人口普查。当日本科技联盟（JUSE）的执行主任小柳见一在1950年邀请戴明讲授一些关于统计质量管理的讲座时，这位美国管理界并不重视的大师欣然接受了邀请。

JUSE理事主席石川馨是一个能量很大的人，他所做的甚至超过了戴明的期望：1950年6月24日，他邀请日本最有实力的21位企业家出席欢迎戴明的宴会（这21位企业家，控制了日本80%的资本）。在宴会上，戴明说："你们可以创造质量，这么做是有方法的。你们既然已经知道什么叫作质量，就必须开始研究消费者，弄清楚他们真正需要什么，要放眼未来，生产出能在未来具有市场价值、占一席之地的产品。"当时很多日本企业家认为，如果追求高质量，会付出高成本的代价，甚至可能在交货时间内完不成。戴明却指出，这是一个必须破解的"质量迷思"。他告诉日本企业家："我们之间大部分人，都认为制造高品质的产品所需的成本必然高于制造粗劣品，但这是一种错误的想法！事实上，重视品质的管理，因为会降低不良品的产出，因而成本也会比较低。"戴明还告诉日本企业家，如果质量问题是在设计阶段，纠正失误的损失可能只是一；到了制造过程，纠正失误的损失就是一百；而到了客户那里，纠正失误的损失，就会是一千甚至一万！

戴明送给日本企业家最大的礼物，是将他的恩师休哈特博士首创的PDCA循环宣传并在日本普及，人们甚至称之为"戴明环"。丰田公司的"不断改善"思想，以及西方的"全面质量管理"的思想，其基础和方法依据的都是PDCA循环。

戴明带到日本的诸多管理思想，就是丰田生产方式的源头之一。

戴明反对"数量化的定额任务"，他认为，所谓"优胜劣汰"的排序制度，只会造成冲突、士气低落、生产力下跌、产品品质差和创新被压抑。当有人问他:"日本企业应该如何向美国企业学习管理"时,戴明直截了当地说:"不要复制美国模式,只要运用统计分析,建立质量管理机制就好了。5年之后,您的产品质量将超过美国!"

5年之后超过美国?!这对于当时的日本人来说,简直是不可想象的。当时的日本,战争毁坏了一切,他们的企业早已病入膏肓,他们最大的愿望,只不过是恢复到战争前的生产水平而已。

日本人对戴明讲授的SPC(统计过程控制)大为着迷,企业总裁们不厌其烦地听戴明讲解统计过程、上线下线和波动规律。

然而很快,戴明发觉光教SPC是不够的,必须让企业经营者树立品质经营的理念,对质量进行不懈的追求。

戴明常常给日本企业家玩一种称为"红珠"的游戏:有三类玻璃珠,红色代表不合格,绿色代表合格,黄色代表需要返修。戴明让人们进去抓一把玻璃珠,有的人抓了一把绿,见到有一个红的或黄的,就会觉得自己很倒霉。戴明就问他,这是谁的错?显然,这不是抓珠子的人的错,错在系统里存在红色和黄色的珠子。引申到企业质量管理上,戴明说,如果出了质量问题,我们不能责备车间里的工人,因为错误很可能源于车间环境、原料或是管理者。戴明通过这个小游戏,试图启发日本企业家:企业管理者要对产品质量直接负责。丰田生产方式中不断追问的五个"为什么",其思想就是从这里起源的。

戴明学说为什么能让日本企业掀起"质量革命"呢?除了观念上重视质量和控制生产流程外,戴明还告诉日本企业家,质量不是靠检验出来的,而是来源于改进生产过程。丰田生产方式中"不断改善"的思想由此产生。

另外,戴明还建议打破部门之间的壁垒,不论是研发、销售、生产,各个部门都应该通力合作,共同思考产品在使用中可能发生的问题。

1950年戴明开始了他在日本的讲座,而且在此之后,他在日本进行演讲和咨询的时间长达30年。美国国家广播公司1980年的一期电视节目《如果日本行……为什么我们不行?》终于使美国观众认识了戴明。

戴明对日本质量的影响之大,使日本自1951年起就创立了戴明奖。这是日本质量管理的最高奖,是世界三大质量奖项创立最早的一个。自1951

年创办至今,已经有超过 160 个日本企业获得戴明运用奖,这些获奖者的产品和服务质量均获得了大幅度提高。日本企业家认为,他的教诲帮助日本建立了这样一个基础,正是在这个基础之上,日本的产品质量才达到了今天这样被世界广泛承认的水平。

当戴明的影响震动美国后,福特汽车公司同时制造了一款分别采用日本和美国制造的变速器的汽车样车。在汽车样车投放市场后不久,福特的用户们纷纷要求使用日本变速器的样车,而不要装有美国变速器的样车,为此他们愿意等待日本样车。由于这两种变速器采用相同的规格,福特工程师无法理解为什么客户偏好安装了日本变速箱的车型。最后,福特工程师决定拆开两种不同的变速箱看一看,结果发现,美国制造的汽车零件差异均在规定的公差范围内,而日本汽车零件实际上彼此几乎没有差异,尺寸更接近零件的标称值。例如,如果标准零件应该是一英尺长,正负误差为 1/8 英寸,那么日本零件的误差都在 1/16 英寸之内,这使得日本汽车运行起来更顺畅,客户遇到的问题更少。

戴明是《转危为安》(原名为《质量生产力和竞争地位,走出危机》)和《工业,政府,教育新经济学》的作者,他同时还写作了关于统计和抽样方面的书籍。

1993 年,戴明在华盛顿特区成立了 W. 爱德华兹·戴明研究所,该研究所的目的是促进对戴明系统知识深刻的理解,以促进商业繁荣与和平。

现代管理之父:德鲁克

彼得·德鲁克(1909—2005)是工业 3.0 时代全球最著名的管理学家之一,在我国获得很多赞誉,他是管理学科开创者,被尊为"大师中的大师""现代管理学之父",他的思想传播影响了 130 多个国家。

彼得·德鲁克祖籍荷兰,1909 年生于奥匈帝国统治下的维也纳,其家族在 17 世纪时就从事书籍出版工作,父亲是奥国负责文化事务的官员,母亲是奥国率先学习医科的妇女之一。德鲁克从小生长在富裕文化的环境之中,

管理进化简史

1931年获法兰克福大学国际法博士学位，1937年与他的德国校友多丽丝结婚，并移居美国，终生以教书、著书和咨询为业。

在美国，德鲁克曾担任美国通用汽车公司、克莱斯勒公司、IBM公司等大企业的管理顾问。他曾连续20年每月为《华尔街日报》撰写专栏文章，一生在《哈佛商业评论》上共发表38篇文章，至今无人打破这项纪录。他著述颇丰，包括《管理的实践》《卓有成效的管理者》《管理：使命、责任、实务》《旁观者》等几十本著作，这些书以30余种文字出版，总销售量超过600万册。其中《管理的实践》奠定了他作为管理学科开创者的地位，而《卓有成效的管理者》已成为全球管理者必读经典。

20世纪80年代，德鲁克思想被引入中国；2004年，德鲁克管理学全面进入中国的管理教育。

德鲁克的目标管理在全球被广泛使用，也是丰田生产体系中方针管理的理论基础。如果把德鲁克的管理哲学与精益管理思想进行一些比较，会发现许多有意思的地方。德鲁克的管理学抽象一些，文字优雅，理论性强，让人感觉富于思考和学问，相当雄辩。同时，德鲁克的书籍中也有精益管理的"改善"思想："如果公司一再发生同样的危机，他们应该花时间找出问题的根源，防止危机一再发生。这样做或许会耗掉很多时间，但是长远来看，将省下更多时间。"

2005年11月11日，德鲁克在加州克莱蒙特的家中溘然长逝，享年95岁。

平衡计分卡创始人：罗伯特·卡普兰

罗伯特·卡普兰，是平衡计分卡（Balanced Scorecard，BSC）的创始人，美国平衡计分卡协会主席。今天，平衡计分卡，作为一种前沿的、全新的组织绩效管理手段和管理思想，在全世界的各行各业得到了运用，它也是卡普兰博士一生最伟大的贡献。

1992年，在第1/2月号的《哈佛商业评论》上，卡普兰与戴维·诺顿发表了关于平衡计分卡的第一篇文章《平衡计分卡——业绩衡量与驱动的新方法》。这是一套企业业绩评价体系,它打破了传统的只注重财务指标的业绩管理方法,认为传统的财务会计模式只能衡量过去发生的事情。

在工业时代,注重财务指标的管理方法是有效的,但在信息社会里,传统的业绩管理方法并不完善。组织必须通过在客户、供应商、员工、组织流程、技术和革新等方面的投资,获得持续发展的动力。平衡计分卡方法认为,组织应从客户、业务流程、学习与成长、财务等四个角度审视自身业绩。在欧美,推动精益管理的企业在部署方针时,往往结合四个维度的平衡计分卡来进行。

1996 年,卡普兰关于平衡计分卡的第一本专著《平衡计分卡:化战略为行动》出版,标志着这一理论的成熟。卡普兰把绩效考核的地位上升到组织的战略层面,使之成为组织战略的实施工具。

平衡计分卡自问世之日起便扣动了许多企业管理人员的心弦,就连美国陆军也在多年前用上了平衡计分卡。平衡计分卡是一个全方位的架构,将企业的策略转换成一套前后连贯的绩效衡量,而且重视四个不同的方面对于战略执行的影响。它弥补了传统绩效衡量制度只重视财务的不足,平衡了股东及顾客的需求,也平衡了过去结果及未来可能性的衡量。

美国《哈佛商业评论》将平衡计分卡理论评为 75 年来最具影响力的管理学说。

企业再造之父:迈克尔·哈默

迈克尔·哈默(1948—2008),是美国著名的管理学家,企业再造之父。

迈克尔·哈默先后在麻省理工学院获得学士、硕士和博士学位。曾在 IBM 担任软件工程师,麻省理工学院计算机专业教授,以及 Index Consulting 集团的 PRISM 研究负责人。

20 世纪 80 年代之前,迈克尔·哈默还只是普通的管理咨询顾问。80 年代末,他总结自己的研究成果,诠释了"再造"一词,用来形容利用信息技术对企业业务过程的彻底改造,以实现企业业绩的大幅增长。

1990年,哈默在《哈佛商业评论》上发表了一篇名为《再造:不是自动化,而是重新开始》的文章,率先提出企业再造的思想。1993年,他和詹姆斯·钱皮合著的《再造企业:经营革命宣言》一书出版,迅速成为国际畅销书,连续六个月被《纽约时报》列为非小说类的头号畅销书,并在出版的当年被译成14种不同语言向世界各国传播。

《再造企业:经营革命宣言》一书中,哈默给"企业再造"的定义,简单地说,就是以工作流程为中心,运用现代信息技术的力量,重新设计企业的经营、管理及运作方式,在新的企业运行条件下,改造原来的工作流程,以使企业更适应未来的生存发展空间。该书的副标题用了"革命宣言",旨在强调"再造"是一个全新的经营理念。以后,他们又陆续出版了《再造革命》(1995年)、《管理再造》(1995年)、《超越再造》(1996年)等著作,丰富和发展了企业再造理论。

哈默这一全新的思想震动了管理学界,一时间"企业再造""流程再造"成为热门话题,受到了人们的广泛关注,全球刮起了一股再造旋风,为企业带来了显著的经济效益,涌现出大批成功的范例。据说,在1994年,美国3/4的顶尖大公司都展开了再造工程。

凭借再造理论及对美国企业的贡献,哈默博士被《商业周刊》称为"20世纪90年代四位最杰出的管理思想家之一"。1996年《时代》杂志又将哈默博士列入"美国25位最具影响力的人"的首选名单。

21世纪,流程再造的热浪退去,绝大多数人对流程再造的观念不再感到新鲜,流程再造也从神坛上跌落了下来。其实,即便在今天流程再造的基本思想也没有过时,过时的只是大家对于找到一现成的灵丹妙药的奢求。流程再造中消除不增值环节、持续改善的思想与精益管理是高度一致的,精益管理中的标准作业、U形线、单元线、"一个流"以及自働化、多能工等理念和方法同样适用于流程再造。

第12章
从落后到紧跟，工业3.0时代的中国企业

> 鞍钢是全国第一个最大的企业，职工十多万，过去他们认为这个企业是现代化的了，用不着再有所谓技术革命，更反对大搞群众运动，反对"两参一改三结合"的方针。现在的这个报告，更加进步，不是马钢宪法那一套，而是创造了一个鞍钢宪法。鞍钢宪法在远东，在中国出现了。
>
> ——毛泽东批示《鞍钢宪法》（1960年3月）

第三次工业革命开始之际，正值中国刚刚解放。当时的中国是一个一穷二白的国家。基础薄弱，民智未开，绝大部分地区还处于自然经济之下，相当于英国工业革命前的时代；国库里的黄金被蒋介石运去了台湾，再加上国际势力的封锁和挑衅，可谓内外交困，矛盾重重。

全国人民将在共产党的领导下，以一种特殊的方式首先经历中国的早期工业革命。随后，用了短短70年左右的时间，走过了发达国家几百年才走过的三次工业革命历程。

新中国成立后，国家领导人的最大梦想之一，就是加快国家工业化的速度。对私人工商业进行国有化改造，也是以这一梦想为基础的，是一个既定的目标。政府打算从流通领域入手，通过垄断生产资料供应和产成品销售的方式对制造业进行控制。

1949年，天津解放后，一些工人和店员像农民分土地一样开始分商店、分工厂，在短短一个月里发生了53次清算斗争，私营业主大为惊恐，企业开工不足30%，全城因此有上百万人失业。5月2日，刘少奇邀请天津的

128 位民族资本家座谈，发表了日后很出名也引起巨大争议的"天津讲话"。刘少奇在天津讲话后，关闭的企业急剧减少，开工率上升。他在天津初步形成了"合营过渡，和平赎买"的观点，也成为 1956 年之前的一个政策方向。

1950 年 8 月 10 日，四川船王卢作孚在北京与交通部部长章伯钧签署了《民生实业公司公私合营协议书》，这是新中国第一个公私合营企业。

当时，私营企业家属于资产阶级，然而基于清醒的政治判断，共产党在夺取了政权之后，对民族资本的接收采取了相对温和的办法。

新中国成立后，中国大陆的管理转向苏联模式的计划经济体制，而这种体制在当时的苏联，也是东拼西凑而成的。

在第一次和第二次世界大战期间，苏联人在管理上并无建树，因此只能向西方资本主义国家取经，并试图建立最佳的社会主义管理模式。例如，世界各国去美国福特公司永无止境的产业取经潮流约在 1911 年就开始了，并且持续了 40 年之久，众多取经者中就有不少苏联人。直至今日，在密歇根州迪尔伯恩福特公司的档案馆里，仍然还有一个与众不同的画廊，里面陈列着许多当年取经者和主人的合影。取经者中不但包括雪铁龙公司的安德烈·雪铁龙，雷诺公司的路易斯·雷诺，菲亚特公司的吉奥凡尼·阿格尼里等，还包括神龙见首不见尾的不留姓名的苏联人。这些苏联人企盼能把大批量生产技术加到列宁的公式中去，为"苏维埃加上电气化等于共产主义"发挥作用。后来，列宁又将公式修正为"苏维埃加普鲁士铁路管理加美国的产业组织等于社会主义"。然而，列宁对管理学的改装似乎不是太成功，能传授给中国人民的东西还是理论上的试验性的。

1953 年 3 月，北京与莫斯科就中国的第一个五年计划达成共识，苏方同意援助中国 156 个大型工业项目，这就是中国企业史上长期被神秘气氛笼罩的"156 工程"。该工程的第一个项目实际上从 1950 年就开始动工了，到"一五"结束的 1957 年完成大半，其余延续到局势大乱的 1969 年，实际建成的项目是 150 个，前后历时 19 年，投资总额为 196.1 亿元。这些项目从工业布局、产业结构、技术水平、公司治理制度等方面，对当代中国经济的影响都是革命性和决定性的。在对华援助时期，苏联展现了无私精神，向中方提供了大量资料和设计图纸，几乎把本国所有的最好技术都给了中国，使我国的工业技术水平在短短数年间就提高到了20世纪40年代的水平，在硬件方面部分地进入工业2.0时代。

1953年3月19日，政务院正式下文批准建设第一汽车制造厂，工厂设计全部交给了苏联汽车拖拉机设计院。建设一汽的设备总数达1万多台，基本上都是苏联供应的。援建设备的同时，苏联又帮助中国培养汽车人才。

1956年7月13日，第一批10辆汽车下线，它被命名为"解放牌"。"一五"期间，中国人不但造出了汽车，还试制成功了第一架喷气式飞机，建成了第一个制造机床的工厂，在武汉和包头新建了两个大型炼钢厂，兴建鞍山钢铁公司大型轧钢厂，还在洛阳和哈尔滨建成了拖拉机厂和轴承厂，在兰州建成了大型炼油基地。所有这些项目，都离不开苏联的扶持。5年中，有8500名苏联专家来到了中国。"156工程"在当时几乎没有任何公开的报道，日后更是被淡忘，数十年后也很少有人知晓。这些援建项目在很长时期里一直是中国经济主体的重要组成部分，建成的很多重工业、军工以及重大水利工程等，半个多世纪后仍然在发挥着重要作用。

在给中国带来了技术和设备的同时，苏联人也带来了计划经济的整套制度，并对我国的经济和企业制度产生了长时间的影响，"一五"计划和"156工程"就是这一管理体系第一次发挥效力的表现。在这一雄心勃勃的、严密的计划体制下，国家既进行投资规模、投资结构、投资布局等宏观决策，又在微观层面上担负着项目决策管理任务。这种体制的优势，是强大的计划性大大提高了资源聚集的能力，能够以"举国之力"办成大事；而它的劣势，则是自第一次工业革命以来西方管理学试图极力克服和避免的低效率、浪费、反应迟缓、官僚主义和短缺经济等弊端。

1956年1月1日，北京市私营工商业者提出了实行全行业公私合营的申请。到1月10日，只用了10天，全市的私营工商业宣告全部实现了全行业公私合营，已经跑步进入社会主义。

1月10日，毛泽东到上海申新棉纺织印染厂视察。在视察后，荣毅仁当即代表上海工商界集体给毛泽东写信，表示要在6天内实现上海全行业公私合营。1月20日，上海召开公私合营大会，工商界报喜队的一名代表装扮成

管理进化简史

"天官赐福"的样子来到会场向人们报喜，宣布全市 205 个行业、10 万多户私营工商业全部实行公私合营。

随后，全国各大中城市陆续地完成了工商业的社会主义改造。1956 年，私人企业仅仅用了一个月的时间就在中国消失了。

此后，中国企业全部在计划经济之下运行。

1958 年，中国共产党在全国发起了轰轰烈烈的"大跃进"运动。

以当时中国正在进行第一次和第二次工业革命的视角，就可以理解为什么会出现这次大跃进运动。在西方第一次工业革命期间，铁的稀缺性被打破了。1889 年巴黎埃菲尔铁塔的建成，标志着铁时代的结束和钢时代的开始。

进入钢铁时代，也是新中国领导人的梦想。1958 年，毛泽东提出钢产量 15 年要超过英国。可是仅仅 4 个月后，这个时间就缩短到了 7 年，又过了两个月，就缩短到了 2 年。为了完成当年 1070 万吨钢的目标，全国各地建起了数以十万计的小高炉，人们满怀热情地日夜炼钢，很多人把家里的铁锅、铁盆、铁门把等都捐献了出来，一时间遍地都是中国钢铁企业。1959 年 1 月，冶金部宣布，在全民炼钢的伟大运动中，钢产量达到创纪录的 1108 万吨，超额完成了一个不可能的任务（可惜在这 1108 万吨钢中，300 多万吨是废钢）。

1959 年中国发现大庆油田，并投入建设。1960 年，大庆产出原油 97 万吨。从大会战开始，大庆逐渐探明了一个含油面积达 800 多平方公里、地质储量达 22.6 亿吨的大油田。到 1963 年底，大庆开发建设了 146 平方公里的油田，3 年多时间里开采原油 1155 万吨。

1959 年到 1961 年，中国发生了"三年自然灾害"，国民经济由前一年的大跃进陡然跌入空前的萧条低迷。全国工厂企业关停近半，2000 多万名新招职工被迫回到了农村。

1964 年 5 月底，中共中央召开会议，作出了三线建设的重大战略决策，即把沿海一些重要的工业企业向西部和西北地区搬迁。此规划要在西南和西北纵深地区建立一个比较完整的后方工业体系。这次三线建设是继 1937 年战时大内迁之后的第二次"工业西进"，同时也是新中国成立以来最重大的工业投资运动。从 1964 年到 1980 年的 17 年间，中央政府把计划内 50% 的工业投资和40%的设计、施工力量投入三线建设，累计投入资金2052亿元，建成了1100多个大中型工业交通企业、国防科技工业企业、科研院所和大专院校，基本形成了交通、电力、煤炭、化工、石油、建材、钢铁等生产部门相互配套的体系，并且与地方中小企业连成了一个生产系统，同时形成了自上而下的生产指挥系统。据不完全统计，至少有300万名技术工人、工程师和大学毕业生被征调到三线。

三线的建设成果是十分显著的，在铁路、国防、原材料、能源工业、机械工业、汽车工业、轻纺工业等方面都取得了巨大成就，还在西部地区建成了100多个部属储备性仓库，新建了一批高等院校。到20世纪70年代中期，三线企业许多工业产品的产量达到了全国产量的1/3。其间，重新建了30多座工业城市，著名的有攀枝花、十堰、德阳、六盘水等；但也有很多问题，例如惊人的浪费和损失等。

1966年5月16日，中共中央召开政治局扩大会议，通过了《中国共产党中央委员会通知》，"文化大革命"全面爆发。

1973年3月，邓小平恢复国务院副总理的职务。4个月后，陈云也从江西石油化工机械厂被调回北京。他们协助重病在身的周恩来重启"吃穿用计划"，主持了新中国的第二次大规模设备引进。这是1978年对外开放的一个前奏。这次进口工程在日后发展为一种进口替代战略，它一直延续到20世纪90年代中期。

1976年，毛泽东、周恩来、朱德等中国三位最重要的政治家相继去世。10月6日，"四人帮"被隔离审查。

1977年7月，邓小平再度复出。在8月12日的中共第十一次全国代表大会上，中共中央通过决议宣布，持续了10年之久的"文化大革命"正式结束。

1976—1977年间，计划经济的弊端已经完全呈现出来，同时也大大延缓了中国的现代化建设，这为后来的改革开放创造了心理和体制空间。

1978年，是邓小平真正主导中国命运的元年。1978年之前的中国经济模型是十分纯粹的计划经济成长模型，国家是一个封闭自守的经济体，与西方经济体系基本"绝缘"。

管理进化简史

国有企业方面,在整个经济体制改革过程中,国有企业改革一直处于中心环节。1979年底,全国进行扩大自主权试点的国营企业已经有4200个,1980年又发展到6600个。

从1980年初期的放权让利增强企业活力,到1985年实施承包经营责任制以及股份制试点,再到1992年确立市场经济体制改革目标,1993年提出加快构建"产权清晰、权责明确、政企分开、管理科学"的现代企业制度,1997年以来国有经济开始了战略性调整。

1998年,为使国有企业摆脱困境,新任国务院总理朱镕基同意了美国柯达公司对中国胶卷工业实施全行业收购。这是一个对中国企业管理十分有意义的事件,因为柯达"将带来三样东西,一个是技术,一个是世界级的管理,一个是至少10亿美元的投资"。柯达在后来的实践中解决了国有企业改造的两大难题,即"钱从哪里来,人往哪里去"。

一直到2002年,国有资产管理体制改革等,我国国有企业改革几乎伴随着改革的全程,摸索中前进,逐渐成熟。改革开放之后,外资的进入伴随着乡镇企业的快速发展,使很多国有企业陷入困境,例如产品卖不出去,难以进入市场等,这迫使国有企业进行制度创新。政企不分、经营机制不活和历史包袱沉重,以上都是国有企业在改革时普遍存在的问题,因此国企改革一度被称为"最难啃的骨头",所经历的改革非常痛苦,往往运用上市和混合所有制解决资金问题、市场化经营、安置下岗职工、剥离非企业职能(如学校)等方式,许多改革成本是由社会负担的。今天的国企中,垄断型企业已经减少,央企100多家企业里,只有10家左右企业有自然垄断成分,绝大多数都在充分竞争领域里。

在民营企业方面,1978年,中国的民营经济开始萌芽。

1979年2月,中共中央、国务院转批了第一个关于发展个体经济的报告,允许"各地可根据市场需要,在取得有关业务主管部门同意后,批准一些有正式户口的闲散劳动力从事修理、服务和手工业者个体劳动",城市地区的个体工商户应运而生。上海成立了第一家民营合资企业,深圳经济特区也在1979年成立。

在农村地区,私营经济开始以个体户的形式出现,并催生了大量乡镇企业。1981年7月，国家首次承认个体创业者存在的合法性。

1988年，国家允许私营经济在法律规定的范围内存在和发展，私营经济是社会公有制经济的补充。6月，《私营企业暂行条例》颁布，规定了私营企业的性质："企业资产属于私人所有，雇工在8人以上的营利性的经济组织。"从此，产权意识苏醒了。

1992年邓小平在南方谈话中，明确提出三个"有利于"标准："是否有利于发展社会主义的生产力"，"是否有利于增强社会主义国家的综合国力"，"是否有利于提高人民的生活水平"。从而确立了我国市场经济的目标模式，推动民营企业进入新的发展阶段。

1997年，党的十五大明确提出"以公有制为主体，多种所有制经济成分共同发展"，"非公有制经济是社会主义市场经济的重要组成部分，对满足人们多样化的需要，增加就业，促进国民经济的发展有重要作用"，市场经济制度确立。中国民营企业异军突起，快速发展。

改革开放40年来，民营企业和民营经济从无到有、从小到大、从弱到强，创造了我国60%以上GDP，缴纳50%以上的税收，贡献70%以上的技术创新和新产品开发，提供80%以上的就业岗位——民营企业已经成为中国经济持续健康发展的重要力量。40年来波澜壮阔的改革，非常重要的就是产权和所有制制度的改革，形成今天庞大的企业家群体和企业家阶层，从计划经济走向市场经济，从单一公有制走向混合经济所有制。

邓小平1984年南下视察深圳和珠海等经济特区，之后出现了没有企业制度、产权制度的第一代企业家，如柳传志、张瑞敏、王石、任正非等。1992年邓小平前往武昌、深圳、珠海、上海等地视察，国家颁布了有限公司和股份公司的规范意见，掀起了中国精英阶层下海创业和创新的浪潮，中国真正有了股份有限公司。互联网的创新，海归派汹涌澎湃的回归，带来的风险资金又进行了第三次创业浪潮，创始人制度产生，企业家精神得到了更有力的制度保障。中国加入WTO后第四波创新开始，创业者进入一个成熟的资本和企业家创新体系，创业变成资本和企业家精神的融合。

从2001年12月11日开始，中国正式加入世界贸易组织（WTO）。

2002年，党的十六大提出，"毫不动摇地鼓励、支持和引导非公有制经

管理进化简史

济发展",中国企业"走出去"进程加快,国际化程度大大提高。

2008年,受金融危机的影响,多家中小企业倒闭,民营企业开始寻求转型,劳动密集型走向技术密集型,市场竞争力稳步增强。

2009年,中国汽车产销分别是1379.10万辆、1364.48万辆,成为世界汽车产销第一大国。

2010年,我国制造业产出占世界的比重为19.8%,超过美国成为全球制造业第一大国。

2012年,后金融危机时代,中国经济进入新常态,中国企业面临向工业4.0时代的转型。

2013年全球工业4.0的元年,但工业3.0时代在今天的中国还远远没有结束,它贯穿了中国从解放时期到改革开放40多年的历程。

本篇小结

"二战"之后,工业3.0时代悄然兴起,精益管理逐步取代科学管理成为主流精神,到20世纪90年代后,精益管理思想已经传遍世界的各个角落。

当互联网和计算机逐渐普及,工业3.0下半场开始,人类进入网络和数字化时代,生产和管理被这一潮流赋能而加速了发展,人类在生产中的智能越来越多地被人工智能替代。这种趋势的发展和积累,终于使人类在21世纪的最初十年,高调地进入工业4.0时代。

第四篇
管理4.0：敏捷管理时代

引 言

　　物理世界和虚拟世界正日益融合。越来越多的物体具备了智能传感器和促动器技术，它们借助物联网技术的发展实现联网。所有参与价值创造的实体形成网络，实现所有相关信息的实时共享，从而获得随时从数据中创造最大价值流的能力。这引发了下一阶段的工业革命，即"工业4.0"。

——德国《工业4.0实施战略》

　　从德国对工业4.0的这个描述，您能看出哪些关键词？CPS、智能、物联网、大数据、云服务、人工智能算法、最大价值流……与前三个工业时代一样，工业4.0时代的这些智能技术首先带来的是制造、物流和通信领域的三大革命，进而影响生产方式更快、更好、更廉价地满足客户需求，个性化的大规模定制将逐步取代多品种小批量的生产方式。管理方面，也将逐步进化到比精益管理更能促进大规模定制的管理4.0时代——敏捷管理时代。

　　今天，我们刚刚步入工业4.0时代，可以说，对于智能化时代的绝大多数事情，要把它讲得清晰而正确，对任何机构任何人来说，都是件"不可能完成的任务（Impossible Mission）"。

　　我们所处的这个时代瞬息万变，用户的需求，在鼠标单击的一刹那，就可能变了，在此之前，所有预测都只是猜测，这就是我们所说的"不确定的时代"。这个巨变时代的许多大事件会在不经意间以我们不期望的方式急转直下，引发所谓的"黑天鹅事件"。比如，在我们绝大多数中国人还没有自信到认为中国制造已经十分了不起的时候，特朗普就这样认为了，并且开始以种种方式限制中国制造了。

无论如何，我们应该为自己身处这个比前三个时代要精彩得多的时代而幸运和兴奋。本书写作的初心，是帮助读者厘清时代的发展脉络尽薄力。无论您在哪个层面上——国家、企业还是个人进行决策，我们只想为您提供一些理性思考的依据，以减少一些决策时的不确定性，提高您决策的成效。从前文所述的历史中我们已经得到了这样的认识：对于任何一个组织——国家、企业甚至个体——来说，任何阶段的转型升级都应该是一件常态化的事情。尤其重要的是，在从一个时代向另外一个时代过渡的关键时期，转型升级就显得迫切，因为随着工业革命和管理进化带来的无论是生产方式变化还是某些核心技术的奇点来临（比如工业 4.0 时代的人工智能技术），都会为社会带来创新，掀起新一轮的发展狂潮。这个时候，站在组织战略转型的角度，我们要把握的是方向和趋势，在此基础上构思组织的顶层设计，并随着趋势的变化持续地快速迭代。如果一定要都看懂了、讲清了再行动，在这个不确定的时代，其实是来不及的。

第13章
第四次工业革命：超乎想象的"爱"（AI）时代

德国提出工业4.0战略

前三次工业革命，都是研究机构在它们已经或即将结束时总结、整理、界定出来的，而第四次工业革命就不同了，到目前为止，还没有明确的技术创新事件节点表明第四次工业革命已经到来了。事情起因于德国基于国家战略提出工业4.0的概念，然后被各国媒体广泛传播，致使全世界的人民如今都认为工业4.0已经闪亮登场了。

2013年4月8日，在当今世界最大的国际工业展会——汉诺威工业博览会开幕，"工业4.0"概念横空出世，第四次工业革命的序幕拉开了。

此前，德国已经搭建了一个"工业4.0平台"，这是由德国信息技术、电信和新媒体协会（BITKOM）、德国机械设备制造业联合会（VDMA）、德国电气和电子制造商协会（ZVEI）共同搭建的平台。在这个平台上，德国工业企业和其他协会合作制定了《工业4.0实施战略》，以确保德国及其工业的可持续发展。

工业4.0的大体概念，是在2011年德国汉诺威工业博览会上提出的。

两年后，在2013年4月的汉诺威工业博览会上，德国联邦教研部与联邦经济技术部发布了《实施工业4.0战略建议书》。这是一个标志性的事件，表明人类已经正式进入了第四次工业革命的时代。

第13章 第四次工业革命：超乎想象的"爱"（AI）时代

如今，"工业4.0"已经成为全球最热门的话题之一，它描绘了制造业的未来前景，表明了人类将迎来以信息物理系统（CPS）为基础、以高度数字化、网络化、机器自组织生产方式为标志的第四次工业革命。

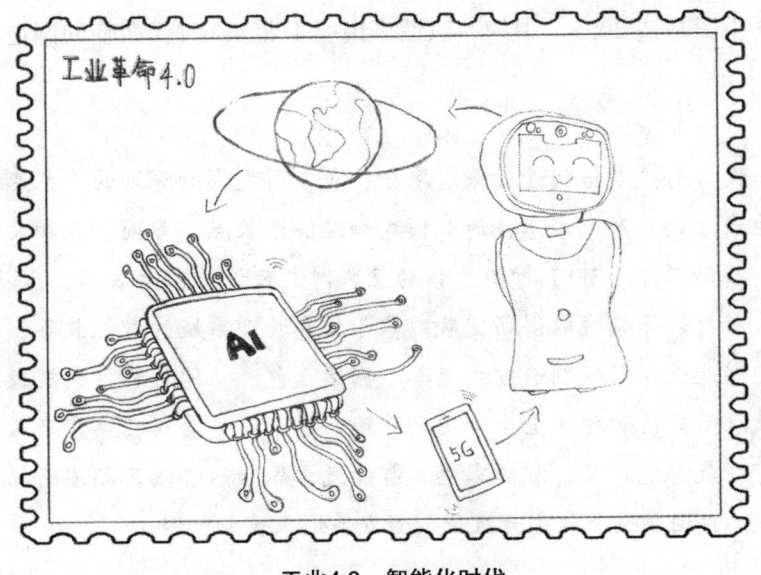

工业4.0：智能化时代

工业4.0时代的雾里看花

2019年，当我们站在宏伟的工业4.0殿堂门外向内张望时，发现有太多神奇的高科技技术朦胧隐约地散布在殿堂的深处，无法看得太清晰。然而我们知道，随着历史的推移，这些高新技术会步入我们的生活，成为现实。

另外，今天已经呈现在我们眼前的那些技术——已经成熟的、还在打磨的、正在测试的或者刚刚崭露头角的技术——已经让我们眼花缭乱、应接不暇了。历史地看，每一次工业革命的浪潮都远远高于上一次，技术创新总体上呈指数级的爆炸式增长，这很像CPU可容纳的元器件数目按照摩尔定律的指数级增长一样。

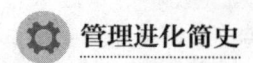

人类有史以来最深刻的技术和社会变革

工业 4.0 时代，网络进入工厂大生产，生产场所和所制造的产品都身处物联网中，流水线加入了更多的技术，是一个崭新的工业制造逻辑和方式。

用《中国制造2025》中的一段话来说明工业 4.0 时代面临的制造革命最为贴切：

新一代信息技术与制造业深度融合，正在引发影响深远的产业变革，形成新的生产方式、产业形态、商业模式和经济增长点。各国都在加大科技创新力度，推动三维（3D）打印、移动互联网、云计算、大数据、生物工程、新能源、新材料等领域取得新突破。基于信息物理系统的智能装备、智能工厂等智能制造正在引领制造方式变革；网络众包、协同设计、大规模个性化定制、精准供应链管理、全生命周期管理、电子商务等正在重塑产业价值链体系；可穿戴智能产品、智能家电、智能汽车等智能终端产品不断拓展制造业新领域。我国制造业转型升级、创新发展迎来重大机遇。

从制造的视角来看，工业 4.0 的本质就是，通过智能制造技术，来实现大规模定制，以快速满足客户极致个性化的需求。

由此可见，工业 4.0 时代的制造革命，不仅仅是一场智能技术革命，而且还是一个由智能制造带动的全方位深度的生产方式大变革和客户体验大变革。工业 4.0 时代，必将是人类有史以来最深刻的一场社会变革。

大规模定制

满足客户的个性化需求，是丰田汽车从创立那天开始就确定的与福特大批量生产方式不一样的特征。从这个开始，丰田以客户需求倒逼自己内部的交付周期（Leadtime）缩短和成本降低，并因此创造了一系列方法和工具，最终整理形成了现在的丰田生产体系 TPS；这就是丰田汽车的市值在工业 3.0 时代远远超出全球其他十大汽车企业的根本原因。

全球全行业的个性化定制是从汽车生产开始的。精益管理来源于丰田生产方式，整个汽车行业是精益管理应用最充分的产业，没有之一。

第 13 章 第四次工业革命：超乎想象的"爱"（AI）时代

工业 4.0 时代的生产方式是"大规模定制"（Mass Customization，MC），或者称 C2M（Customer to Manufacturing）；它包含局部定制和全面定制两种。目前，汽车行业在多品种小批量的生产方式提供的定制是局部定制，客户只能根据汽车销售商提供的部分零部件形状、性能和功能来获得小范围的定制。比如，某款汽车的颜色总共有银色、白色和黑色三种，那么客户想购买的汽车颜色只能三选一，不能选择其他常用的颜色，更不用说自创一种颜色了。

全面定制是工业 4.0 的未来，目前还没有出现。例如，未来某一个汽车主机厂实现了大规模定制，每一辆汽车的颜色都可以根据客户的需求实时配置，没有任何约束，以实现客户对于它个性的追求，这就是工业 4.0 时代真正意义上的全面定制。

总的来说，在工业 4.0 时代，随着智造技术的发展，价值越大的时尚产品会越早实现个性化定制，这是因为在时尚领域，个性化对客户来说是刚需之一，这也是为什么大规模定制在中国首先出现在服装领域的红领制衣、家具行业的尚品宅配和家电行业的海尔的原因。

1. 相信在不久的将来，眼镜墨镜、首饰珠宝、男女提包、情侣服饰等时尚产品会陆续进入大规模定制的行列，以满足高端消费的需求。比如，在颁奖典礼或者大型聚会中，明星撞衫是应该绝对避免的事情。目前，明星的礼服都是小众化定制的，生产周期长，设计费用和制作成本都不是普通人可以承受的。在不久的将来，明星大牌的服饰也将通过大规模定制来实现，他/她的粉丝可用同样的方式低廉地获得同款的个性化产品，其背后的粉丝经济规模是非常大的。

2. 无论局部定制还是全面定制，只要生产方式是大规模的，都属于大规模定制。当然，个性化定制都是从局部定制开始，逐步实现无限制的全面定制，也就是我们在工业 4.0 的本质里所说的"极致个性化的需求"。

人工智能 AI

工业 4.0 时代，也就是智能化时代，人工智能在各领域的商业化应用是工业 4.0 时代的核心特征之一，也是它区别于以前三个时代的根本特征之一。

甚至极端一点,工业 4.0 时代可以简称为"爱"(AI)时代。

1. 人工智能(Artificial Intelligence),英文缩写为 AI。百度对它的解释是这样的,人工智能是研究、开发用于模拟、延伸和扩展人的智能的理论、方法、技术及应用系统的一门新的技术学科。

2. 人工智能的典型事件发生在 2016 年,曾经的世界冠军、韩国围棋名将李世石大战 AlphaGo,最终以总比分 1∶4 大败,人工智能战胜了人类而令世界震惊。2017 年,AlphaGo 又以 3∶0 的比分完败世界围棋第一人柯洁。赛后,柯洁一度哽咽,面对强大的 AI,柯洁看不到任何赢的希望。通过几年不断比赛、学习和迭代,AlphaGo 近乎完美,无懈可击——这就是机器厉害的地方,它所达到的一些境界将是人类永远无法做到的。柯洁说,感觉 AlphaGo 越来越像围棋上帝了。

3. 人工智能的应用范围非常广泛,主要场景包括:机器翻译,智能控制,专家系统,机器人学,语言和图像理解,遗传编程机器人,自动程序设计,庞大的信息处理、储存与管理,困难、复杂的任务处理,等等。

目前,人工智能主要应用的领域和典型企业也非常多,真有点"海阔凭鱼跃,天高任鸟飞"的感觉。

1. 个人及家庭用智能助手(智能手机上的语音助理、语音输入、家庭管家和陪护机器人等)。典型企业和产品:苹果 siri、微软小冰、百度小度、科大讯飞翻译机等、Amazon Echo、Google Home 等。

2. 人工智能芯片(应用于手机、家电、汽车等领域)。典型企业:ARM、高通、华为等。

3. 智能机器人及外骨骼机器人(直立行走的人形机器人,可穿戴智能外骨骼等)。典型企业:Boston Dynamics、本田、软银、日本 Tmsuk、美国 Sarcos Robotic、以色列 Rewalk、日本 Cyberdyne、美国 Ekso 等。

4. 安防(智能监控、安保机器人等)。典型企业:海康威视、商汤科技等。

5. 医疗健康(医疗健康的监测诊断、智能医疗设备等)。典型企业:Enlitic、Intuitive Sirgical、碳云智能、Promontory 等。

6. 智能搜索与推介(网站、社交网络和媒体等)。典型企业和产品:

Google（YouTube）、百度（搜索）、腾讯（微信）等。

7. 电商零售（仓储物流、智能导购和客服等）。典型企业：阿里、盒马鲜生、京东、亚马逊等。

8. 金融（智能投顾、智能客服、金融监管等）。典型企业：蚂蚁金服、交通银行、大华股份、kensho 等。

9. 教育（智能评测、个性化辅导、幼儿教育等）。典型企业：科大讯飞、学吧课堂等。

10. 无人驾驶和共享出行等也属于经典的人工智能应用领域，我们在后面单独介绍。

当前，人工智能技术发展迅猛，也鱼龙混杂，企业更新迭代非常快。尤其是初创公司，好好的资本宠儿，甚至是"独角兽"，一步没踩好就有可能被抛弃，另一个香饽饽马上取而代之，颇有点"您方唱罢我登场"的架势。

关于人工智能技术突破的奇点，著名的人工智能专家奥伦·埃齐奥尼（Oren Etzioni）在 2016 年的调查表明，超过 2/3 的人（67.5%）认为"至少 25 年"才能实现超级智能（达到人类层级的人工智能）。① 关于人工智能未来对人类的影响，《超级智能》（Super-intelligence）的作者、牛津大学哲学家尼克·波斯特罗姆（Nick Bostrom）调查了最常受访的前 100 位 AI 研究人员，超过半数的受访者认为人类层级的机器智能对人类的影响将是"不太好的影响"或是"极其坏的影响（事关存亡的人类大灾难）"。伊隆·马斯克（Elon Musk）、比尔·盖茨（Bill Gates）和著名科学家史蒂芬·霍金（Stephen Hawking）也都在公开场合表达了人工智能未来会威胁人类的担忧。与众多人工智能的悲观论调不同，本书对人工智能的未来发展更加乐观。我们认为，人工智能对人类的潜在风险是巨大的，在这个方面就像基于原子核裂变发展起来的核武器。但是，我们相信，人类有足够的智慧控制人工智能的应用，正如到目前为止，全球并没有发生大规模使用核武器的战争。人工智能奇点的突破，才是真正的第四次工业革命的鼎盛时期。而人工智能的充分应用，将带来社会效率和社会财富数量级的提升，人类资源匮乏的矛盾将

---

① 艾伦·达福（Allan Dafoe）、斯图尔特·罗素（Stuart Russell）：《人工智能的真正风险》，《中国经济报告》2017 年第 2 期。

极大地缓解，届时，人类将步入一个绿色、和平、超乎想象的"爱"（AI）时代。

量子计算

量子计算机（Quantum Computer）是一类遵循量子力学规律进行高速数学和逻辑运算、存储及处理量子信息的物理装置。

量子计算机有很多优势，简单举例如下：

（1）拥有强大的量子信息处理能力。

（2）对信息进行量子分析，可以增强数据计算的准确性。

（3）量子计算机由于具有不可克隆的量子原理，不会受到病毒的攻击而导致电脑瘫痪，或者个人信息被窃取。

2009年11月15日，美国国家标准技术研究院研制出可处理两个昆比特数据的量子计算机。

全球第一家量子计算公司D-Wave于2015年6月22日宣布其突破了1000量子位的障碍，并远超DWave或其他任何同行开发的产品的量子位。

2017年3月6日，IBM宣布将于当年内推出全球首个商业"通用"量子计算服务。除了IBM，其他公司还有英特尔、谷歌和微软等，也在实用量子计算机领域进行探索。

2017年5月3日，中国科学院潘建伟团队构建的光量子计算机实验样机计算能力已超越早期计算机。此外，中国科研团队完成了10个超导量子比特的操纵，打破了目前世界上最大位数的超导量子比特的纠缠和完整的测量的纪录。

硬软件使能技术

1. 工业智能机器人等智能装备

（1）智能装备，指那些具有感知、数据采集、分析推理、决策控制等功能的设备、仪器、工具等的总和，它是先进的数字技术、加工制造技术和智能技术的集成和深度融合。

（2）智能装备的介绍，要从我自己的亲身经历说起。

（3）2018年6月，我带领一群中国企业家参访德国企业，学习德国的工业4.0。我们去了几家典型的德国智能装备企业。在这里，通过介绍其中两家，让大家理解德国智能装备企业的转型升级。

（4）一家是全球3D打印的冠军企业EOS。EOS营销和咨询部团队，给我们分享作为一个传统的样品（手板）快速成型设备企业，如何通过十几年的转型升级，一步步成为当今3D打印设备的一哥，其成长路径和新时代的工匠精神令在场的中国企业家赞叹和深思。

（5）另外一家是叉车企业的领军者之一德国永恒力，同样经过十几年的转型，如今他们已经成为全球智能立体仓库的引领者。

（6）通过这两家企业的转型升级，我们可以总结出装备企业转型升级的一些规律：

①既有转型，又有升级。EOS从手板快速成型设备到3D打印设备，永恒力从叉车设备到智能立体仓库，既是两个不同技术领域的转型，又是从服务工业3.0生产方式到工业4.0生产方式的升级。

②既发展了以前的核心业务，又孵化了未来的核心业务。EOS的手板快速成型设备依然领先于全球其他设备，永恒力的叉车仍然占据了全球销量亚军的宝座。

（7）智能工业机器人和智能装备领域有太多代表企业，但愿今后我有时间专门为此写一本书，向全球推介。

2. 智能制造系统

（1）在工业3.0时代，SAP作为ERP企业的领导者在全球家喻户晓。他们开发ERP的应用软件，自行或者用外包方式在不同业务场景实施。

（2）工业4.0时代的SAP有什么变化呢？2018年的一次SAP参访时，为了给我们中国企业家参访团作介绍，SAP的全球副总裁和一位技术专家专程从柏林赶回沃尔多夫市的SAP总部。

（3）今天的SAP在发展ERP系统的同时，向前渗透到客户的业务端，将IT和OT更好地融合，升级成为智慧城市和智能制造的系统解决方案提供商。

（4）除了德国的SAP以外，智能制造系统代表企业包括德国的西门子、

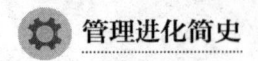

法国的达索、中国的金蝶等。

云服务和云计算

云服务（Cloud Serving）就是将企业所需的数据和信息都发送到网络上，使用互相连接的IT设备，实现数据的存取和运算等服务。

云计算（Cloud Computing）是一种分布式计算方法，它通过网络"云"将按需提供的巨大数据计算程序，分解成由多个服务器组成的系统进行处理和分析，并将结果以服务的形式交付使用。

工业4.0时代的基础是数字化，越来越多的企业开始将自己的业务从本地数据中心搬到云端。云计算和云服务不仅让企业业务变得成本更低、更灵活，还可以促使企业快速创新、拥抱各种已知和未知的业务变革。

市场调研机构Canalys公布了2018年度全球云计算和云服务市场调研报告。报告显示，2018年全球市场总体规模超过800亿美元，较2017年的550亿美元增长了46.5%。

在全球云计算和云服务提供商的年度排名中，美国依然独占鳌头，囊括了前三名。亚马逊AWS依然一骑绝尘，以254亿美元的营收和31.7%的市场占有率大幅领先于市场中的其他玩家。而微软Azure、Google Cloud和中国的阿里云则分列第二至第四名，这四强的全球市场占有率超过了六成。此外腾讯云、华为云也正在以每年接近翻倍的速度奋起直追。

物流AGV和无人机

1.AGV

（1）AGV（Automated Guided Vehicle）直译为自动导航运输车，通俗地称为物流机器人。AGV是装备有电磁或光学等自动导引装置、能够沿规定的导引路径行驶、具有安全保护以及各种移载功能的室内运输车。AGV广泛应用于工厂和仓库的物流配送运输中，是仓储、制造和零售领域广泛应用的无人驾驶运输设备。

（2）从第一辆AGV诞生至今，已经66年了。目前，全球在AGV应用方面有两种模式：以欧美为代表的标准装备型AGV和以日本为代表的简易型AGV。第一类AGV的优点是标准化生产，系列产品，载重范围大，尤其是载重物超过 1 吨的运输场景,缺点是价格较贵,不易改造。第二类 AGV 也叫低成本 AGV,还有一个名称叫自动导航小车 AGC(Automated Guided Cart),它简单、方便、实用,适合全员参与的自主改善,为以低成本自働化(Low Cost Intelligent Automation,LCIA)为主的柔性工厂所青睐。

2. 无人机

(1)无人机(Anmanned Aerial Vehicle),直译为无人的空中交通工具,通常意译为无人驾驶飞行器,简称无人机(UAV),是利用无线电遥控设备和自备的程序控制装置操纵的不载人飞行器。

(2)在中国,无人机的代名词就是大疆。李泽湘和汪滔创立了大疆,这个成长了 13 年的大疆无人机已经占据 70% 全球市场份额,是目前全球无人机市场绝对第一的王者,这个赋予了众多光环的企业是工业 4.0 时代中国物流革命的先锋,而汪滔也成为全球无人机行业第一位亿万富翁。

(3)我们把无人机归属于物流革命,其实,无人机的应用远远优于物流工具。前几天,山东大学 MBA 深圳班的学子们到我们一号工匠馆来学习,我带他们一起参观了酷农无人机,一个专注于农业领域应用的无人机平台。由此可知,无人机的用途非常广泛,简单地讲,可分为军用与民用。

(4)目前全球消费级无人机的领先企业除了大疆以外,还有派诺特(Parrot)、臻迪和 3DR 等。

共享出行

共享出行,也称智慧出行,经典的共享经济产业。它是指人们将自己的出行需求,通过线上智能约车平台发布,由抢单成功的司机和车辆履约完成交付,并获得相应服务费的一种新兴交通方式。它包括以 Uber、滴滴等打车软件公司,EVCARD 和盼达用车等共享汽车公司,以及摩拜等共享单车为代表的一大批创新出行模式。

1. 网约车服务

网约车服务的全球领导者首推 Uber,中文译作"优步"。它在 2009 年,由加利福尼亚大学洛杉矶分校辍学学生特拉维斯·卡兰尼克和好友加勒特·坎普(Garrett Camp)创立。旗下同名打车 APP 于 2010 年在旧金山地区推出。

网约车服务颠覆了路边拦车概念，利用移动互联网的特点，将线上与线下相融合，从打车初始阶段到下车使用线上支付车费，画出一个乘客与司机紧密相连的 O2O 闭环，最大限度优化乘客打车体验，改变传统出租司机等客方式，让司机师傅根据乘客目的地按意愿"接单"，节约司机与乘客的沟通成本，降低空驶率，最大化节省司乘双方的资源与时间。

中国本土的网约车服务——滴滴 APP 比 Uber 晚了 3 年。迄今为止，滴滴出行包括滴滴快车、礼橙专车、滴滴出租车、滴滴公交、滴滴代驾等业务。

2014 年 10 月，深夜的芝加哥，一名醉酒的乘客在搭乘 Uber 召车的途中，被司机用斧头打得头破血流。2018 年 8 月，滴滴顺风车业务因人身安全事故下线，至今仍然在整改过程中。

在全球范围抵制网约车服务的浪潮中，"安全性过低"是传统出租车司机抨击他们的重要原因，而这些安全事故则无疑会将这一点放大。如何确保司乘人员的安全，是全球所有网约车服务企业需要认真对待、持续改善的大事。其实，传统的出租车也无法彻底避免人身伤害事故，因为这本身是一个社会问题。但是，最关键的是承运方对事故的责任承担是否清晰、风险预防是否有预案，事故处理流程是否合理，危机管理是否恰当，这些其实都是企业管理问题。老实说，作为一名长期躬身于现场的企业管理者和经营者，对于滴滴打车服务中的社交化功能耿耿于怀，敢提出这样异想天开的"创新"服务，确实对出租车运营过程的安全风险缺乏敬畏之心。

2. 共享汽车服务

20 世纪 90 年代，欧洲汽车共享协会成立，点燃了全球共享汽车市场。此后，共享汽车在北美及日本等发达地区或国家如星星之火，开始燎原。从 2008 年至 2015 年，戴姆勒、宝马、博洛雷、通用、丰田等汽车巨头陆续推出成熟的汽车共享服务。至 2018 年底，全球已有 600 多个城市有汽车共享组织，遍布于全球 30 多个国家。

共享汽车服务在全球范围也遇到了一些经营方面的困扰。2019 年 5 月，全球最大的汽车共享品牌 car2go 宣布，将于 6 月 30 日正式结束在中国重庆的汽车分时租赁服务，并表示暂时没有重新回来运营的计划。

3. 共享单车服务

共享单车是指企业在校园、地铁站点、公交站点、居民区、商业区、公共服务区等提供自行车单车共享的服务，是一种分时租赁模式，是一种新型绿色环保共享经济。

共享单车实质是一种工业 4.0 时代智慧出行组合方案中的一部分，它真正解决了人们日常出行"最后几百米"的痛点和刚需。共享单车具有非常多的好处：方便、省钱、安全、绿色、高效"防堵"等。尤其是当我们走出国门，在美国洛杉矶和德国杜塞尔多夫看到中国的摩拜单车时，内心还是有种自豪感的。

可是，转眼一年多的时间，摩拜就"卖身"了，ofo 也快"关门"了，好可惜呀。对于共享单车，我的基本观点如下：

（1）共享单车是一个符合工业 4.0 时代趋势的好产品。

（2）共享单车是社会共有的财富。

（3）共享单车的运营问题不解决，既会失去巨大的社会财富，也会影响老百姓的便利出行。

（4）共享单车的运营管理是一个企业和社会共同要解决的问题。

（5）共享单车的运营问题，是一个管理问题，是一定可以解决的。

（6）承运方、政府可以联合专业的咨询机构探索共享单车这个新物种的长效管理机制。

无人驾驶

从 20 世纪 70 年代开始，美国、英国、德国等发达国家开始进行无人驾驶汽车的研究，在可行性和实用化方面都取得了突破性的进展。

2005 年，斯坦福大学人工智能实验室的主任领导的团队设计出斯坦利机器人汽车，该车在由美国国防部举办的大赛中夺冠。2009 年，号称无人驾驶之父的塞巴斯蒂安 - 特龙（Sebastian Thrun）领衔正式启动谷歌无人驾驶汽车项目。2014 年，谷歌就发布了一款无人驾驶汽车原型，在 2015 年正式推出谷歌无人驾驶汽车。

2016 年，谷歌无人驾驶成立新公司 Waymo。2017 年 11 月，谷歌宣布，

Waymo 终于可以实现在完全无人驾驶状态下的乘客运输,这些自主运行的测试车就将开始向公众提供交通出行服务。Waymo 在 2019 年 7 月一共提供了 4678 次乘客接送服务。

中国从 20 世纪 80 年代开始进行无人驾驶汽车的研究,国防科技大学在 1992 年成功研制出中国第一辆真正意义上的无人驾驶汽车。2005 年,首辆城市无人驾驶汽车在上海交通大学研制成功。

2017 年 7 月 5 日召开的百度 AI 开发者大会上,李彦宏乘坐搭载自家研发的无人驾驶系统的车辆上了北京五环。

2018 年 11 月 1 日,百度世界大会上,百度与一汽共同发布 L4 级别无人驾驶乘用车。2019 年底实现小批量生产,2020 年大批量投产,首批开放城市将会有北京、长春等。

除了 Google、百度以外,Uber、Tesla、苹果都已经对无人驾驶技术进行了投资,传统汽车厂商也纷纷加入战局。

共享出行,是对数据智能的挖掘,其成功的条件基本都建立在对数据智能的演算上,这使得人类的物流迅速拥有了巨大的智慧,这种物流本质上是基于数据和算法的智能物流模式。

除无人驾驶汽车之外,现在人们还开发出很多其他类型的无人驾驶交通工具,包括卡车、无人机、飞行器和船只。随着传感器和人工智能等技术的进步,所有这些无人驾驶设备的性能会迅速提高。不出几年,成本低、可供商用的无人机和潜水器将被广泛投入使用。

奥迪(Audi)和谷歌(Google)等大公司已经开始致力于无人驾驶汽车的开发试验,丰田公司也开始了这方面的探索,而其他许多企业也加大力度,寻找新的解决方案。无人驾驶汽车有望在能效和安全性能上超越需要有人掌握方向盘的普通汽车;此外,它们也可以缓解交通压力,降低气体排放量,并对现有的交通及物流模式产生颠覆性的影响。

物联网和大数据

物联网内的通信主要是针对"物"的,从此,我们不但可以与人通信,还可以与物通信,物和物之间也可以通信,这种变革所带来的想象空间将是无边际的。物联网（IoT），有时也称万物联网，是第四次工业革命中连接物理应用与数字应用的重要桥梁和纽带，它是借助互联技术和各类平台，在物（包括产品、服务与地点等）与人之间建立起关系，传感器以及其他可将物理世界中的物品与虚拟网络连接起来的各种方式，正在以惊人的速度传播开来。由于运算能力不断上升，硬件价格持续下降，智能传感器的价格已经相当合理，几乎将任何东西连上互联网都十分划算可行了。未来，所有物品都会智能化并能联网，从而促进更广泛的交流和数据驱动的新型制造与服务。

物联网的普及为大数据的收集提供了基础条件，大数据最重要的作用就在于为人们提供决策的依据。大数据的运用能够让诸多行业及应用领域的决策过程变得更快更好。

5G/6G……nG

与早期的2G、3G和4G移动网络一样，5G网络是数字蜂窝网络，在这种网络中，供应商覆盖的服务区域被划分为许多称为蜂窝的小地理区域。表示声音和图像的模拟信号在手机中被数字化，由模数转换器转换并作为比特流传输。

5G网络的特点和主要优势：

（1）数据传输速率最高可达10Gbit/s，比先前的4G LTE蜂窝网络快100倍。

（2）较低的网络延迟（更快的响应时间），低于1毫秒，而4G为30—70毫秒。

（3）超大网络容量，提供千亿设备的连接能力。

（4）频谱效率要比LTE提升10倍以上。

（5）流量密度和连接数密度大幅度提高，等等。

全球5G商用历程：2018年8月2日，奥迪与爱立信宣布，计划率先将5G技术用于汽车生产。2018年12月1日，韩国三大运营商SK、KT与LG U+同步在韩国部分地区推出5G服务，这也是新一代移动通信服务在全球首次实现商用。2018年12月18日，AT&T宣布，将于12月21日在全美12个城市率先开放5G网络服务。2019年6月6日，工信部正式向中国电信、中国移动、中国联通、中国广电发放 5G 商用牌照,中国正式进入 5G 商用元年。2019 年 10 月 31 日,三大运营商公布 5G 商用套餐,并于 11 月 1 日正式上线。

工业 4.0 时代,一系列新兴技术迅猛而来,而且大多是跨学科的,不同技术在内涵和外延方面的交叉,导致在分类上取舍困难,但愿对大家理解这些技术并转化应用有所裨益。

从优秀到卓越,中国和中国企业走上前台

2010 年,世界制造业总产出达到 10 万亿美元。其中,中国占世界制造业产出的 19.8%,略高于美国的 19.4%,从而登上制造业世界第一的"宝座"。同年,中国 GDP 首次超过日本,成为仅次于美国之后的世界第二大经济体。

2008—2018 年的十年间,中国的经济总量增长了 2.5 倍,人民币的规模总量增长了 3.26 倍,外汇储备增加了 1.5 倍,电子商务在社会零售总额中的占比增长了 13 倍,高铁里程数增长了 183 倍,汽车销量增长了 3 倍,网民数量增长了 2.5 倍,摩天大楼数量占到了全球总数的七成,城市化率提高了 12 个百分点,每年出境旅游人口数量增加了 2.7 倍。

2018 年,中国中产阶层人口数量达到 2.25 亿,每年买走全球 70% 的奢侈品,而他们的平均年龄只有 39 岁,大多出生于改革开放后的年代。

2018 年,在智能手机领域,有 4 家中国公司进入前六强;而在传统的冰箱、空调和电视机市场中,中国公司的产能均为全球第一;在排名前十大的全球房地产公司中,中国公司占到了 7 家。全球资产规模最大的前四大银行都是中国的。

在这十年里,在互联网及电子消费类公司中,腾讯和阿里巴巴的市值分别增加了 15 倍和 70 倍,闯进全球前十大市值公司之列。中国公司在《财富》世界 500 强(2017)名单中的数量,从 35 家增加到了 115 家,其中有 4 家进入了前十大公司的行列。

在这十年里，中国全社会研发投入快速增长，2018年为19678亿元，占GDP比重达到2.19%，位居世界第二位。相比之下，新中国成立伊始，全国科技人员不超过5万人，专门从事科研工作的人员仅600余人，专门的科学研究机构30多个，几乎没有大型科研仪器设备。如今，科技人才队伍不断壮大，形成了全球最完整的学科体系和最大规模的人才体系。国家统计局报告显示，2018年，按折合全时工作量计算的全国研发人员总量为419万人年，稳居世界第一位。

Wipo最新数据显示，2018年全年全球专利数量达到了25.3万个，相比2017年增长了3.9%，其中美国以56142个专利数量位居全球第一，成为2018年申请专利最多的国家，中国、日本、德国、韩国紧随其后。Wipo预计，未来两年内中国或将超过美国成为全球第一。

2019年7月22日，《财富》杂志发布了2019年世界500强榜单，这份榜单见证了一个历史性的时刻，那就是有129家来自中国，历史上首次超过美国（121家）。

世界范围内，有人在警告新的垄断即将出现，有人提出了新的"中国威胁论"，也有人在惊羡中国大型企业快速发展的同时，小心翼翼地预测它的虚胖和死亡。甚至连一些大企业自己，也无法适应陡然发育的体量。巨型央企的出现引发了新的争议，大型互联网公司，以及与之携行的万亿级风险投资集团，它们对产业经济和公共社会的渗透和控制，造成了新的惊恐和反弹。

中国和中国企业终于在第四次工业革命到来之际，追上了时代，搭上了这班高速列车，走入了前台聚光灯下，得到了全球各国越来越多的关注。

自新中国成立以来，让中国企业进入世界先进企业行列一直是国家的夙愿。

由于历史原因，中国没赶上18世纪下半叶开始的第一次工业革命和19世纪末开始的第二次工业革命，即便20世纪60年代开始的第三次工业革命，我们也是在错过了一大截后，依靠后发优势和摸爬滚打逐渐赶上来的。

自1978年改革开放以来，我国制造业持续快速发展，建成了门类齐全、独立完整的产业体系，在世界500种主要工业品中，中国有220种产品产量位居全球第一。然而与世界先进水平相比，中国制造业仍然大而不强，在自主创新能力、资源利用效率、产业结构水平、信息化程度、质量效益等方面差距明显，转型升级和跨越发展的任务紧迫而艰巨。

如果把2013年看作第四次工业革命元年的话，那么在这一年，中国的改革开放已经走过了35个年头。在这35年中，中国企业几乎涵盖了三次工业革命各个时期的发展成就，如今有极少数企业处于工业革命前的手工业阶段，大部分企业处在工业1.0和工业2.0阶段，一些先进的企业已经进入工业3.0阶段，还有一些优秀的企业——如华为、海尔等——已经走在通向工业4.0的路上。

总体来看，中国企业大概处于工业2.5以下的阶段。这一观点，用《中国制造2025》中的一段话来诠释更为精确：

但我国仍处于工业化进程中，与先进国家相比还有较大差距。制造业大而不强，自主创新能力弱，关键核心技术与高端装备对外依存度高，以企业为主体的制造业创新体系不完善；产品档次不高，缺乏世界知名品牌；资源能源利用效率低，环境污染问题较为突出；产业结构不合理，高端装备制造业和生产性服务业发展滞后；信息化水平不高，与工业化融合深度不够；产业国际化程度不高，企业全球化经营能力不足。

在第四次工业革命的大潮中，中国企业急流勇进，正在逐步实现中华民族伟大复兴的梦想。

2017年12月，中央经济工作会议在北京举行。中共中央总书记、国家主席习近平强调，"要推进中国制造向中国创造转变，中国速度向中国质量转变，制造大国向制造强国转变"。

随着"工业4.0"的开始，世界各主要国家都积极主动地作出了规划，被誉为"中国版工业4.0规划"的《中国制造2025》规划顶层设计于2015年发布。

2014年12月，"中国制造2025"这一概念被首次提出。2015年3月5日，李克强在全国两会上作《政府工作报告》时首次提出"中国制造2025"

的宏大计划。3月25日,李克强组织召开国务院常务会议,部署加快推进实施"中国制造2025",实现制造业升级。也正是这次国务院常务会议,审议通过了《中国制造2025》。同年5月19日,国务院正式印发《中国制造2025》。在第四次工业革命来临之际,"中国制造2025"计划,就是实现这一梦想的重要规划。

"中国制造2025"是中国政府作出的重大战略部署,目标是改变中国制造业"大而不强"的局面,通过10年的努力,使中国迈入制造强国行列,整体上跨越到工业3.0或以上的水平。

互联网时代,制造需要从大规模制造变成大规模定制,现在,国际上还没有关于大规模定制的标准。德国最早提出工业4.0,后来美国提出先进制造业,还有日本等国家也都提出制造的新模式。中国提出"中国制造2025",但是"中国制造2025"的具体模式还需要去探索。海尔在前些年提出了互联网工厂(COSMOPlat)模式,这是完全为用户个性化定制的模式。

第14章
工业4.0时代的典型企业：它是谁

没有成功的企业，只有时代的企业！

——张瑞敏

我们现在亲身经历的这场第四次工业革命，是历史上涉及范围最广的一场工业革命，它在世界上大部分国家同时展开。

实际上现在讲谁是工业4.0时代的典型企业还为时过早。就像在20世纪60年代谈论工业3.0时代的代表企业一样，那时候一定轮不到丰田，比较接近的可能是美国的GE。所以，现在谈工业4.0时代的典型企业，只能是猜测的"候选企业"；究竟它是谁，至少20年后才能见分晓，而且很可能不止一个。

在中国，目前来看，有可能成为全球工业4.0时代典型企业的候选者虽然并不多，但是，与工业3.0时代之前中国企业在全球的地位相比，其实已经发生了天翻地覆的变化。

海尔集团连续多年摘得全球最大的白色家电企业桂冠，是中国家电企业的代表企业之一。2014年，海尔创立了全球第一条互联网大规模定制的智能生产线——沈阳冰箱工厂。

青岛红领集团，全球服装个性化定制企业，流水线上的每一件西装都根据客户需求量身定制，每件衣服上都有一个RFID电子标签，包含全部个性化定制信息。

中国的尚品宅配，是全球家具个性化定制企业，由影星周迅为其代言。

该公司为客户提供卧室、厨房、书房、儿童房、客餐厅等全屋家具定制服务，许多服务都是免费的，如免费上门量尺、免费出3D家具效果图、免费配送安装及终身维护等。

中国华为，是世界5G技术的代表企业之一，5G是工业4.0时代的基础使能技术。华为最初生产销售电信设备，2013年，华为首超全球第一大电信设备商爱立信，排名《财富》世界500强第315位。华为因为手机的品质和品牌快速提升，逐步成为家喻户晓的全球知名品牌。在2019年的中美贸易摩擦中，华为成为焦点企业。如今，华为最有名的是它全球领先的5G技术。2019年10月，Interbrand发布了全球品牌百强榜单，华为排名第74名，比去年跌了6名，是中国唯一连续五年上榜的品牌。

滴滴和摩拜，两家都是共享出行和共享经济中的共享服务代表企业。共享出租车领域，滴滴快滴双雄争霸的局面，因为双方的合并而终结；而独步全球的Uber，在中国，却最终并入了滴滴大家庭。以摩拜为代表的共享单车是最后一公里的交通解决方案，虽然共享单车并非起源于中国，但是充满移动互联网时代智慧的无桩共享单车，却首创于中国，是中国为全球奉献的实实在在的创新。共享出行，是工业4.0时代典型的生活方式。如果用生活方式来界定，工业4.0时代的起始日期应该是Uber的第一辆出租车在芝加哥上线运营的时间——2012年4月。滴滴和摩拜目前遇到的困境，是过度消费创新、忽视运营带来的恶果，这些问题在制造业早就解决了。虽然不知滴滴和摩拜的经营能否长久，但它们代表的生活方式毫无疑问会长久地持续下去的。

云工厂和海智在线是共享经济中的共享制造代表企业。

阿里和腾讯，是中国云计算的代表企业，这两个企业都是非标零部件领域共享工厂的平台，都还处在创业融资的阶段，而且同类型的企业几乎处于起步阶段。把它们作为共享工厂的代表，是因为共享制造代表了工业4.0时代未来一种非常重要的生产方式，尤其是在全球供应链最齐全的中国，意义重大。

百度是中国无人驾驶的代表企业。

中国科技大学是中国量子计算和石墨烯的代表企业。

比亚迪是中国新能源汽车的代表企业。

科大讯飞是智能语音及语言技术的 AI 代表企业。

大疆创新是无人机（如航拍一体机）的代表企业。

国外全球知名的工业 4.0 典型的候选企业非常多。除了西门子安贝格工厂外，苹果和高通等是超 5G 技术的代表企业；SAP、Oracle 等是智能化时代的软件企业；特斯拉、丰田等是新能源汽车的代表企业；Uber（优步）和 Lyft，是打车共享经济的代表企业；Airbnb（爱彼迎）是一家联系旅游人士和空房出租房主的服务型网站，同样是共享经济的代表企业；微软和亚马逊等是云计算的代表企业；Google 是最著名的无人驾驶代表企业；IBM 是量子计算的代表企业；Boston Dynamics 是智能机器人的代表企业；英国 ARM 是人工智能芯片的代表企业；德国 EOS（光电系统公司）是工业 3D 打印的代表企业。

以上名单还可以列得很长，并且会随着工业 4.0 的推进，而扩展到全球各国越来越多的企业。

第15章
第四次工业革命时代的管理进化

工业4.0时代的特征

整个工业革命的发展过程,是一个机器智慧越来越高的过程。

第四次工业革命,是在数字革命的基础上发展起来的。它的特点是:互联网变得无所不在,移动性大幅提高;传感器体积变得更小,性能更强大,成本也更低;同时,人工智能和机器学习也开始崭露锋芒,生产和工作正在向着智能化方向发展。制造的革命表现在新一代信息技术与制造业的深度融合上,并已经像前三次工业革命时期一样,开始形成新的生产方式,产业形态和商业模式也在发生颠覆和创新,新的经济增长点也在不断涌现。

第四次工业革命的影响是全球性的,基于信息物理系统的智能制造(如智能装备、智能工厂等)正在引领生产方式革命,未来生产方式的主要特征是大规模个性化定制。而生产方式的革命,必定带来管理的深刻进化,如通过网络实施众包、协同设计、精准供应链管理、全生命周期管理等。

与第三次工业革命不同的是,数字技术正变得更为精深,一体化程度更高。工业4.0绝不仅限于智能互联的机器和系统,从基因测序到纳米技术,从可再生能源到量子计算,各领域的技术突破风起云涌。这些技术之间的融合,以及它们横跨物理、数字和生物几大领域的互动,决定了第四次工业革命与前几次革命有着本质不同。在这场革命当中,新兴技术和各领域创新成果传播的速度和广度，都要远远超过前几次革命。例如，纺锤是第一次工业革命的标志，它在全世界得到普及花了120年。互联网仅用了不到10年的时间，便传到了世界各个角落。

速度只是第四次工业革命的一个方面，规模收益也同样惊人。拿1990年的底特律与2014年的硅谷作一个比较。1990年，底特律最大的三家企业的总市值、总收入、员工总数分别为360亿美元、2500亿美元、120万人。相比之下，2014年，硅谷最大的三家企业的总市值高达1.09万亿美元，其2470亿美元的总收入与前者不分伯仲，但硅谷三家企业的员工数量，仅仅是底特律三家企业的十分之一，只有13.7万人。

与10年前或15年前相比，今天创造单位财富所需的员工数量要少得多，这是因为数字企业的边际成本几近为零。在数字时代，对于许多供应"信息商品"的新型公司而言，其产品的存储、运输和复制成本都几乎是零。

第四次工业革命的另外一个特点是，不同学科和发现成果之间的协同与整合变得更为普遍，或者说，跨学科跨界是工业4.0时代的又一个典型特征。不同技术相伴相生，催生出许多以前只能在科幻小说中才能看到的有形创新成果。

以当今计算机的聪明程度，我们根本无法预知几年后它们会有怎样的应用。从无人驾驶汽车和无人机，到虚拟助手和翻译软件，人工智能（AI）随处可见，并正在改变我们的生活。人工智能之所以取得巨大进步，既得益于计算能力的指数级增长，也得益于我们现在可以获得的大数据。

转型升级，对企业和组织来说，都应该是一个常态的过程。从微观角度来看，企业的每一个新的战略落地，甚至每一项改善和创新，都是一次小的转型升级。从宏观的角度来看，每一次全球大环境的变化，都会逼迫企业展开一次大的转型升级，尤其是两个工业时代的过渡阶段，新技术、新设备、新材料、新工艺以及新能源等"五新"基础的发展，会颠覆各个产业领域的业务流程，促使行业和业务重构。这个时候，企业和组织的转型升级尤为重要，几乎成为必需。

今天，我们处在第三次和第四次工业革命的交会期，已经并将继续产生一批又一批新产品、新服务，这些产品和服务可以在与原来同成本甚至更低成本的情况下，提高消费者的个人生活效率，最大的受益者还是消费者。成千上万的应用软件让我们的生活更便利，也让我们的总体工作效率更高。反过来，非常残酷的现实，也会让很多无法实现转型升级的企业被历史淘汰。

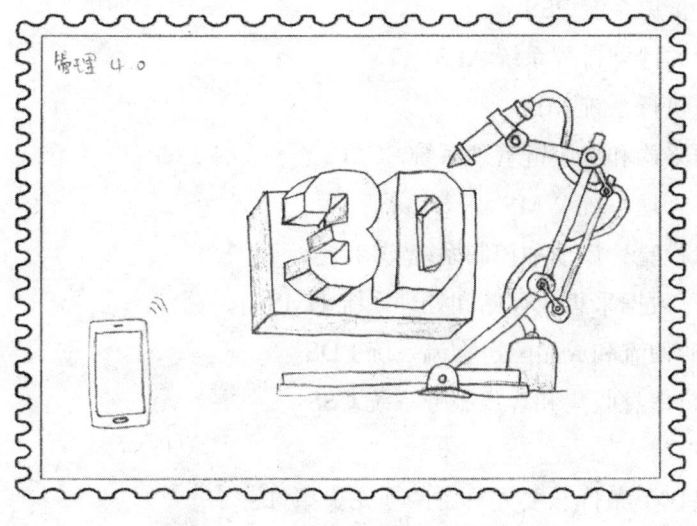

管理4.0：大规模定制的敏捷管理时代

敏捷管理的来源及内涵

工业 4.0 时代，5G、AI 等基础技术的广泛深入应用，促进 3D 打印等各种智能化信息技术的快速发展，大规模定制逐步在各行业普及，社会由此进入一个极致个性化的时代。

这种大规模定制的生产方式，势必会催生管理模式的进化，我们把工业 4.0 时代对应的管理模式，称为敏捷管理。其中"敏捷"两个字，来源于美国里海大学亚科卡研究所的"敏捷制造"。关于敏捷制造，我们会在第 16 章详细介绍。

那么，如何理解敏捷管理呢？

无论是工业 3.0 时代多品种小批量下的局部定制，还是工业 4.0 时代，大规模定制下的全面定制，只要实现个性化定制，必须具备以下条件：

1. 客户需求录入及订单转化的客户关系系统 CRM

2. 企业资源管理系统 ERP

3. 产品研发系统 PLM

4. 工厂抢单系统 PSS

5. 订单的计划排程系统 APS

6. 制造执行系统 MES

7. 物料采购和供应链管理系统 SCM

8. 仓库管理系统 WMS

9. 质量检验、反馈和控制系统 QIS

10. 工厂数据采集、存储和处理系统 DMS

11. 生产物流和成品配送物流系统 LDS

12. 客户信息收集和客户服务系统 CSS

……

要具备以上条件，要先具备两项先决条件。

1. 企业必须预先具备按照客户需求按单生产（MTO）的拉动生产系统。这就是丰田生产方式两大支柱之一的"JIT 准时化生产"。

2. 企业的自动化程度绝不能太低：其自动化程度越高，软件系统发挥的价值越大。当然，这种自动化最好是具备人的智慧的自动化，这是能判断流程和产品质量的自动化，是有了异常至少要报警（安灯系统）的自动化，是能够确保该流程不生产次品/废品的自动化，也就是可以防呆防错、实现品质内置的自动化——这样的自动化，就是丰田生产方式的另一个支柱"自働化"。

此外，产品设计的标准化模块化、产品工业的工艺成熟度、员工的标准作业程度和员工的职业成熟度等 4M1E（人、机、料、法、环）的稳定性，以及全员参与的持续改善等都是基础中的基础，这也是丰田生产方式的三大地基。

由此可见，敏捷管理是建立在精益管理的基础之上的，它首先要"精"，做到精美的品质、精简的流程、精细的服务。敏捷管理比精益管理更先进的地方是，它需要以全流程高度的信息化和智能化为保证，这就是它的"敏"，对客户信息敏感的触摸，对市场趋势敏锐的洞察，对交付过程敏捷的反应。在"精"基础上的"敏"，非常符合工业 4.0 时代"软件定义世界"的特性。

因此，把工业 4.0 时代对应的管理模式叫作敏捷管理是再贴切不过的了。

在敏捷管理时代，客户的需求也就是订单基本都来源于各种网络平台，通过抢单的方式进入供应系统。由于智能化的发展，大数据的共享，全流程几乎同时开始工作，大大缩短了生产和交付周期。而且客户在整个生产交付过程随时可以与供应系统交互，例如，查看他定制的产品目前的进度，并且如果他愿意，甚至可以参与到这件定制产品的生产中来，比如为他定制的产品调制一种独特的颜色、增加一个个性化的装饰或者签名等。而现场员工，可以实时获取从客户需求到客户需求满足这个端到端价值流的价值流程图和工程控制图。

敏捷管理的发展

工业 4.0 时代，在全世界的范围内，企业面临着需求高度分散、个性化需求增加、原材料短缺、能源成本增大、消费不振等因素的叠加等问题，企业被迫转型升级，信息化和数字化的发展，既是原因，也是方法，由此促使企业所处的竞争环境变得空前复杂。

企业管理方面的共识之一，就是以客户需求为整个系统的出发点，在精益管理的基础上，利用数字化的手段实现极致的个性化定制化，同时充分利用智能制造和智能服务在内的一切手段提升企业的绩效，这就是敏捷管理。敏捷管理时代，衡量一个企业智造水平和管理水平的指标分别是"智慧度（Intg）"和"敏捷度（Agl）"。

由于工业 4.0 时代刚刚到来，互联网和智能化的趋势又颠覆了传统管理理论，新的适应互联网时代的管理理论尚未成型，对新的管理理论和商业模式的探索，全世界的企业家和管理学家都站在同一条起跑线上，不但是在理论上更是在实践中，共同探索敏捷管理的进化。所以这个时代最成功的管理新模式——敏捷管理，到底如何进化，最终会走向何方，或许只能在几十年后才能揭晓答案。我们今天对它的理解，只能算是一知半解，需要进一步对它进行探索。

工业4.0时代的人才发展：人力资本时代

人成为第一资本

还记得吗？20世纪90年代前，中国企业的员工管理部门叫人事部，这个部门名字和职责的变迁也反映了不同时代的员工在组织中的地位和价值。

从工业发展的角度，我们把工业革命的四个时代，分别称为机械化时代、电气化时代、自动化时代和智能化时代。从管理发展的角度，我们又把它们分别称为工厂管理时代、科学管理时代、精益管理时代和敏捷管理时代。那么，从人才发展的角度，我们又把四个时代分别称为什么呢？如图所示。

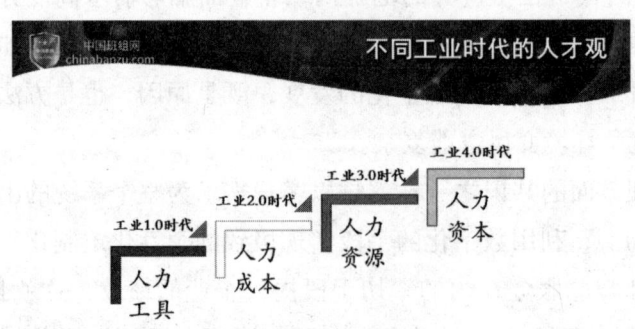

不同时代的人才观

从人才发展史来看，工业1.0时代，可以称为人力工具时代。在这个时代，工厂几乎都是比我们现在能想到的血汗工厂还血汗的工厂，人几乎相当于工具、牲畜，员工唯一的培训就算是简单的岗前操作训练，每天付出的95%以上是重复的体力劳动，工厂主关注的是员工的使用价值，管理者推行的是"大棒"管理，信奉大棒底下出产品。如果这个时代也有"激励"两个字的话，那么基本只采用激励三种方式的第一种——恐惧激励法。童工、虐待、呵斥打骂的现象随处可见，当员工的使用价值丧失或者衰减时，随时都可以被抛弃。英国《工厂法》的诞生背景，就是很好的例证。

工业 2.0 时代，从人才发展的角度，可以叫人力成本时代。这个时代的企业，开始关注人在岗位上每天的工作效率及人工成本。首先，通过计件制，区别发放薪酬，从主观上调动员工积极性。同时，科学地计算人力成本，通过关注事情完成的情况，反推过来关注与人相关的工程、作业和动作等。这个时代对人的认知还是"经济人"，信奉的是"X 理论"，即人离开监管，不可能努力工作。管理者推行的是"胡萝卜＋大棒"法，除了恐惧激励以外，激励的第二种方式——诱因激励法诞生，并逐步成为主角。除了岗前训练，基于成本降低的培训在企业管理中经常应用。通过工程分析、作业分析和动作分析来提升效率，并通过标准化来固化改善效果，从系统上提升企业收益。卓别林的电影《摩登时代》，就是这个时代的真实写照。

我们刚刚走过的工业 3.0 时代，从人才发展的角度，称为人力资源时代。这个时代，人成为企业最能创造价值的资源，通过选、育、用、评、留等人才开发手段，可以大大提升人力资源的价值。这个时代对人的认知是"社会人"，信奉的是"Y 理论"，即在目标明确的情况下，即便没有监管，员工也可以通过自我控制达成目标。绝大多数企业推行的是现代管理之父德鲁克的目标管理。除了诱因激励以外，激励的第三种方式——人性激励法走上历史舞台，马斯洛的"人类需求的五层次理论"、赫茨伯格的"双因素"理论等管理心理学风靡全球。造物之前先造人，逐步成为全社会的共识。第二次世界大战后，管理心理学陆续在欧美、日本等国被广泛应用，以前大家认为比较"虚"的管理理论，在指导实践中为企业带来了超乎想象的效果和效益。丰田在经历了 20 世纪 50 年代的劳资纠纷后，结合管理心理学的引入和应用，逐步构建了以人为本的企业文化和具有全球竞争力的人力资源管理体系，开创了"造人、造物、造钱"的员工和组织双赢的人才培养体系。

那么工业 4.0 时代，从人才发展的角度，应该叫什么时代？我们把它称为人力资本时代。工业 4.0 时代，企业越来越少，平台越来越多，员工可以属于平台，也可以属于平台外的某个企业，也可以是游离于平台和企业之外的独立个体，而且这种独立个体所占的比重越来越大。在这个时代，人成为最具价值的资本，每个人一生最大的投资，就是自己的成长。通过投资和学习,这些独立的个体,成为某个领域即插即用(Plug-and-Play,PnP)的知识工作者。终极结果是,每个人都是自己的CEO,人的激励再也不用别人来赋予,自我实现是全社会每个人最主要的激励方式。通过每天的抢单,成为当日平台的管理者或服务者。一个人究竟扮演什么角色,决定于今天你在这个平台可以提供什么样的即插即用的服务。也可以说,工业4.0的人力资本时代,企业的用工模式基本都接近当今咨询公司与顾问之间"全职和项目制兼职并存"的模式。人们对收入的认知与工业3.0时代前相比发生了根本性的变化:个人收入 = 赚钱 + 值钱,而且每个人"赚钱"的同时,主要的资金和时间投入到如何让自己更"值钱"的工作中。

能本时代

四个工业时代,从人才发展的角度,换一种分类命名的方法也很好理解。工业1.0时代,把人当工具,人即物,所以叫物本时代。工业2.0时代,关注的不是人本身,而是这个人今天的工作可以折算为多少工时,公司要为此付出多少成本,所以称为工本时代。工业3.0时代,以人为本,尊重员工,持续改善,所以叫人本时代。工业4.0时代,人的即插即用的能力,成为自我实现的资本,所以也叫能本时代。

即插即用的人才

管理4.0时代,能本时代,个体的即插即用的能力,成为自我实现的资本。

既然是即插即用,首先要求个体的专业深度,能满足岗位的专业要求;同时,要做到即插即用,还需要快速与上下"工序"连接,形成"线平衡",因此,情商、管理技能、沟通技能、领导力等成为人人必备的通用能力。简单地讲,即插即用 = 专业服务能力 PSS(Professional Service Skills)+ 商业领导能力 BLS(Businesses Leadership)。"即插即用成熟度"成为能本时代衡量一个人竞争力的最重要指标。

网络上有很多关于印度人学习MBA刷屏的文章,令我印象深刻。

这些文章的大意是,近10年来,美国的500强企业中,外籍CEO有

75位，其中10位是印度裔，9位英国裔（籍），此外，还有来自加拿大、巴西、土耳其、中国香港、中国台湾等在内的很多国家和地区的人士，但却没有来自中国内地（大陆）的人。从谷歌、微软、摩托罗拉、百事可乐、诺基亚，到Adobe、SanDisk、联合利华，再到万事达卡、标准普尔……这些耳熟能详的大公司，都被印度裔CEO包揽了，而这些CEO无一例外都在商学院获得MBA学位。

究其原因，最重要的一条，就是印度对商学院的重视程度超过全球所有国家。首先，印度独立后，政府就把发展商学院作为振兴国家的一项重要举措。其次，对于管理人才的培养，印度的商学院教育早早地便与国际接轨，比如印度最著名的印度商学院（ISB）是沃顿商学院（Wharton School）和凯洛格商学院（Kellogg School of Management）联合创立的一所非营利性商学院。最后，是在实践上的刚需，作为一个多民族、多宗教、多语言的国家，印度的政府机构管理比其他国家相对难度大，无论政府还是个人都不得不重视学习管理技能。最重要的是管理学在印度大学生中的普及程度，商学院课程几乎成了印度高校学生的"必选课"。

本人没有去过印度，有一天，在办公室附近吃早餐，遇见一印度公司的高管，顺便聊了几句，验证了印度人喜欢选修商学这件事情，他本人就是印度理工学院的本科毕业，香港科技大学的MBA。

反观中国，管理技能是我们中国企业高中基层管理者的软肋。笔者从事咨询行业12年，见过众多可以称为"书呆子"的高层管理者，甚至在许多知名企业中也不鲜见，更不用说中基层管理者。他们在技术岗位工作多年，因为工作出色开始兼任技术管理工作，他们缺乏一个高层管理者应有的情商、沟通能力和领导力，对人员管理和团队管理知之太少，又关注不够，根本谈不上领导艺术。中基层管理者的职业生涯，缺乏有规划的管理技能的培训培养，往往担当很长时间的管理岗位，一直处在不胜任的状态。部分从技术岗位，走向管理岗位的员工，甚至对管理技能这些"虚"的东西，一副鄙视的表情。我们在中国大部分咨询项目中，都首先要为企业中高层管理者，导入《从技术走向管理》的课程。中国企业的管理水平可见一斑。

与印度形成鲜明对比的是中国大学教育，虽然中国现在也有很多全球顶级的商学院。但是从初中、高中，一直到大学，甚至是硕士博士研究生，中国教育基本都采用的是一个人努力学习、考试得高分的方式。团队学习、团队合作在学习中很少使用。在大学中学习工科等专业的同时，选修管理学专业的比例低于10%。

面对工业4.0的能本时代，成为具备"专业服务能力PSS + 商业领导能力BLS"的即插即用的人才，是我们每个人转型升级的方向。

管理不是每个人一生必备的技能，但是人生因管理而精彩！无论沟通技能、演讲技能还是问题解决技能、人员和团队领导技能，都是改变一个人一辈子人生体验和命运的核心技能。

第16章
工业4.0和管理4.0的智慧贡献者

一个人知道自己为什么而活,
就可以忍受任何一种生活。
不能听命于自己者,就要受命于他人。
所谓高贵的灵魂,即对自己怀有敬畏之心,
每一段不努力的时光,都是对生命的辜负。

——尼采

尼采这段充满哲理的叙述,在工业4.0时代,用一种更富激情的描述,就是日本首富孙正义的话:"我们正好在可以挑战的时候赶上这次革命(第四次产业革命),真的是非常棒!""从现在开始,会有更加巨大的变革到来,现在我已经非常期待了,甚至觉得睡觉都是浪费。"

工业4.0时代刚刚开始,工业4.0时代所对应的敏捷管理,也只是我们基于前三个管理时代提出来的一个概念和构想。现在说管理4.0时代的杰出代表还为时过早。但是,迄今为止,在工业4.0和管理4.0理论雏形的形成中,全球也涌现了不少智慧塑造者,本章中我们介绍其中两个机构。一个是德国弗劳恩霍夫协会,这是全球工业4.0和智能制造的权威机构之一。另一个是里海大学亚科卡(Iacocca)研究所,它于20世纪90年代在美国国防部的资助下开展了敏捷制造的研究。随着工业4.0时代宏大画面的展开,遍布世界各地的无数个人和研究机构,将逐步在实践中完善管理4.0——敏捷管理的理论体系。

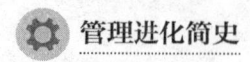 管理进化简史

德国弗劳恩霍夫协会:全球智能制造权威机构

弗劳恩霍夫协会,是德国也是欧洲最大的应用科学研究机构,2016年,汤森路透发布了全球最具创新力政府研究机构25强榜单。法国原子能与可替代能源委员会、德国弗劳恩霍夫协会和日本科学技术振兴机构在该榜单上名列前三名。中国科学院作为中国大陆入榜的政府研究机构,名列该榜单第16位。

"工业4.0"研究项目由德国联邦教研部与联邦经济技术部联手资助,在德国工程院、弗劳恩霍夫协会、西门子公司等德国学术界和产业界的建议和推动下形成,并已上升为国家级战略。

弗劳恩霍夫协会成立于1949年3月26日,以德国科学家、发明家和企业家约瑟夫·弗劳恩霍夫的名字命名。该协会总部位于德国慕尼黑,在德国有69个研究机构,员工约3万人。

弗劳恩霍夫协会致力于面向工业的应用技术研究,下辖60多家全球顶级的智能制造和工业应用领域的研究所,包括智能分析和信息系统研究所、计算机结构和软件技术研究所、图像数据处理研究所、微电子电路和系统技术研究所等。仅在2016年,其技术发明数达6762件,已申请专利608项。

弗劳恩霍夫协会致力于开展国际合作,在美国设有研究中心,在亚洲若干国家设有代表处。通过这些机构协会,在世界范围内促进业务与合作,展现未来科学的进步和经济的发展。

弗劳恩霍夫协会与中国科技、企业、教育界的合作已超过25年,其间由众多弗劳恩霍夫协会研究所参与实施的研发项目,已经成为中德两国工业4.0和科技合作的重要组成部分。为了进一步加强、促进弗劳恩霍夫协会与中国各界的合作,协会于1999年在北京设立了弗劳恩霍夫北京代表处,即弗劳恩霍夫应用研究促进协会。

2019年,弗劳恩霍夫应用研究促进协会与上海交通大学、上海市临港

地区开发建设管理委员会签署正式合约，成立上海交通大学弗劳恩霍夫协会智能制造项目中心，标志着德国弗劳恩霍夫协会在中国的第一个科研机构正式成立，这也是全球第10个弗劳恩霍夫项目中心。该项目中心针对工业4.0最前沿、最核心的技术开展公共研发，对汽车、航空航天、造船等各行业国家骨干企业、中德合资企业开展广泛的工业4.0共性技术服务。项目中心已初步建成了中德"未来智造体验中心"，这是一条面向未来制造模式、能够充分体现目前德国工业4.0和中国智能制造领先水平的演示生产线，它全面诠释了智造概念，展现了未来的车间场景，方便人们体验人机环境互动。目前，中德联合团队已取得一系列突破，包括工业4.0智能制造、共性技术、信息物理系统制造总线、实时数字孪生系统、人工智能互动纠错装配、人机共融协作制造系统等。

德国弗劳恩霍夫协会是德国工业4.0战略的核心发起和研究机构，是中国与德国工业4.0合作的桥梁，是一个全球智能制造权威机构。

里海大学亚科卡研究所：敏捷制造的研究机构

美丽的美国名校里海大学里，亚科卡研究所如今领导着许多项目，这些项目大多具有创新性，例如目前的研究所项目包括：亚科卡未来领袖地球村项目，亚科卡全球创业强化中心（原PA全球创业学校）项目，亚科卡"地球村在移动"项目（GVOTM），以及其他定制计划和合作机会等。这些项目致力于创造变革性经验，培养和增强下一代全球领导者的能力，给参加者带来跨文化的、高度多样化的身临其境的体验。研究所与其他组织合作，将这些经验的影响带给整个里海社区和全球的年轻领袖。多年来，研究所已经建立了广泛的全球大学和行业合作伙伴网络，其校友网络覆盖140多个国家[①]。

20世纪90年代，亚科卡研究所获得了美国国防部的资助，开始研究敏捷制造。当时，信息技术突飞猛进，信息化的浪潮汹涌而来，许多国家制订

---

① http://catalog.lehigh.edu/universityresources/officeofinternationalaffairs/iacoccainstitute/.

了旨在提高和增强自己国家在未来世界中的竞争地位、培养竞争优势的先进的制造计划。为夺回美国制造业的世界领先地位，美国政府把制造业发展战略目标瞄向 21 世纪。在美国国防部的资助下，里海大学的亚科卡研究所和美国通用汽车公司组织了百余家公司和国防部代表组成了核心研究队伍，开始了面向 21 世纪的敏捷制造研究。此项研究历时三年，于 1994 年底提出了《21 世纪制造企业战略》。在这份报告中，提出了敏捷制造这种新的生产方式。

"敏捷制造"的提出，部分是基于 20 世纪末美国制造业的衰落。

报告中，敏捷制造对未来组织的要求很高，来自三个要素：

一是柔性生产技术；

二是有知识有技术的劳动力；

三是能够促进企业内部和企业之间合作的敏捷管理。

企业将这三者结合起来，以期通过共同的数字化基础架构（如全美工厂网络），对迅速改变的市场需求和实际状况做出快速响应。

敏捷制造企业是一种高度集成的组织，信息在制造、运营、市场、采购、财务、仓储、销售、研究等部门之间连续流动，而且还要在企业与其供应厂家之间连续流动。

在管理方面，首先提出的创新思想之一是"虚拟公司"，这很像游戏中针对特定任务的虚拟团队，也可以理解为是专门完成特定计划的临时公司，只要市场机会存在，虚拟公司就存在；计划完成了，或市场机会消失了，虚拟公司就会解体。这对此前实体公司的管理是一种颠覆，虚拟公司在软件的辅助下针对计划或项目生生灭灭，非常敏捷。敏捷制造企业通过把分布在不同地方的企业资源集中起来，随时构成虚拟公司。在美国，虚拟公司将运用国家工业网络——全美工厂网络，把综合性工业数据库与服务结合起来，以创建企业并运作虚拟公司，排除多企业合作和建立标准合法模型的法律障碍。

本质上，敏捷制造的目标，是使制造企业具有组织上的柔性，以应对市场环境的飞速变化。在越来越多的产品必须投入瞬息万变的世界市场中去参与竞争这样严酷的环境下，产品的设计、制造、分配、服务等，必须用分布在世界各地的资源（公司、人才、设备、物料等）来完成，制造企业越来越需要及时满足各个地区的客观需求，这些客观需求不仅反映当地的社会、政治和经济价值，而且还反映人们对环境安全、能源供应等问题的关注。在这样的要求下，如果企业仍然采用传统的纵向集成形式"关起门来"什么都自己做的模式，是注定要失败的，必须采用具有高度柔性的动态组织结构，因此对敏捷管理的要求非常高。

在工业 3.0 时代，精益思想已经使生产和组织具有了相当大的柔性；而在工业 4.0 时代，整个组织更要富于柔性，甚至中间有很多虚拟的平台组织，善于以敏捷善变的方式应对外部环境越来越高的要求，达到资源利用的最高效率。

本篇小结

我们正处在工业 4.0 时代的初期，科学的发展向人类展现了无限美好的前景，科技创新的广度和深度从未像如今这样宽阔和深远，生产方式飞速转变，促使管理的进化也快速向各个方向展开探索，代表这个时代的典型企业如雨后春笋般出现，新技术的发展波及世界上绝大多数的国家和城市。中国也在历史上第一次站在了工业革命刚刚开始的风口浪尖上，并和其他发达国家一起，步入了充满机遇和挑战的新时代。

后 记

2007年春节过后，我离开工作了12年的三星，选择了我爱好的终生职业——管理咨询顾问，开始大量学习古今中外经典的管理书籍。看的书多了，脑海里自然而然地呈现出一幅管理进化的图景。

我把亚当·斯密《国富论》出版的1776年确定为管理学的元年，把往后管理学的大事件逐年进行梳理出来。经过两年多的时间，至2009年底，我在电脑里勾勒出一张200多年的管理发展史年表。我的内心充满了欢喜，茶余饭后，夜深人静，经常打开来"把玩"，细细品味，慢慢修订，无欲无求，怡然自乐。

2013年汉诺威工博会，德国正式发布《工业4.0战略》，工业革命的四个阶段由此确立。于是，我又将自1769年瓦特发明了第一台有实用价值的单动式蒸汽机以来的工业历史事件逐一展开，200多年的工业发展史年表也由此获得。以时间轴为坐标，上面写工业发展史，下面写管理发展史，这样就形成了我的第一幅《工业革命和管理进化历史年表》。

透过这张表，我发现了隐藏在工业革命和管理进化之间的秘密：每一次工业革命都催生了一种新的生产方式，伴随每一种新的生产方式，又形成了一种新的管理模式。我把四次工业革命对应的管理模式，叫作管理1.0、管理2.0、管理3.0和管理4.0。

2015年，我在深圳创立了国内第一个智能工厂示范道场，用20多米的灯箱展示了这张《工业革命和管理进化历史年表》。2015年国庆节，我在从日本回来的飞机上，完成了《管理4.0》的文章，发表在互联网上，并注册了著作版权。

此后，在济南市、东莞市等城市的干部培训中，在华润集团、福耀集团等企业的咨询培训中，以及在国内各种峰会上，我以《工业4.0下的企业转型升级》《工业4.0和管理4.0》等为演讲主题多次分享，观众兴趣浓厚，好评如潮。

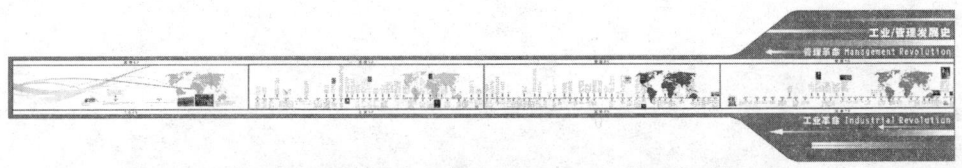

工业革命和管理进化历史年表（2015年，智能工厂示范道场）

工业革命和管理进化历史年表（2019年，湾际智造学院）

感恩2018年与华夏智库总经理张杰相识，"高谈"传播全球管理发展史对世界、国家、企业和个人的巨大意义和价值，"阔论"新时代中国管理思想家的梦想与使命，热血沸腾，确定出版这本书。我将它取名为《管理进化简史》。

感谢本书的主编曾照华老师，感谢中英文资料采编深圳中学谭舜天、美国宾州州立大学金宾江和香港浸会大学张语知，感谢插图廖花兰、项目经理魏勤、为本书"鸡蛋里挑骨头"的第一批读者以及所有关心本书的客户和朋友。